修订全本

曾國藩讀書録

陈书良 校点

岳麓書社·长沙

曾氏家藏读书录抄本封面
（原件藏于湖南图书馆）

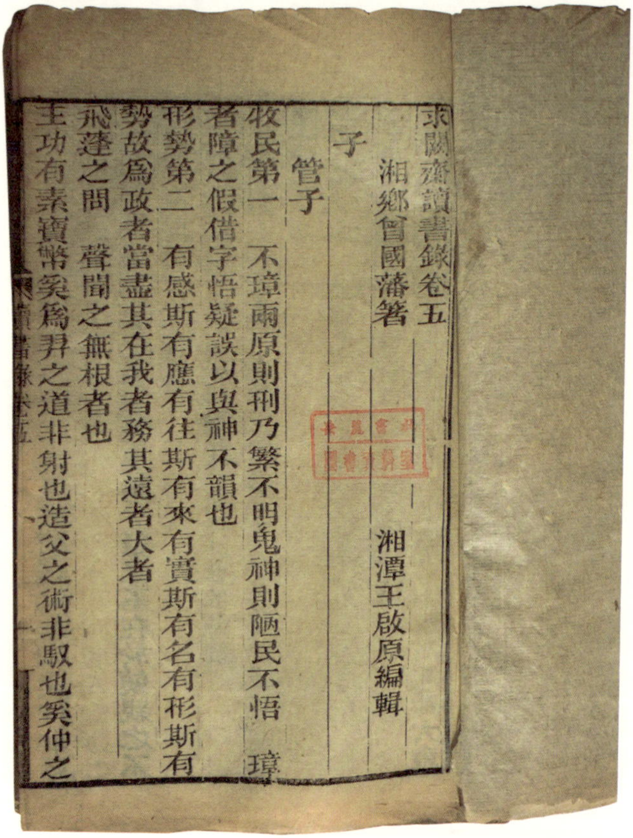
求闕齋讀書錄卷五
湘鄉曾國藩著　　湘潭王啟原編輯
子
管子
牧民第一　不璋兩原則刑乃繁不明鬼神則陋民不悟　璋
者障之假借字悟疑誤以與神不韻也
形勢第二　有感斯有應有往斯有來有實斯有名有形斯有
勢故爲政者當盡其在我者務其遠者大者
飛蓬之問　聲聞之無根者也
王功有素寶幣奚爲羿之道非射也造父之術非馭也奚仲之

读书录之光绪刻本

富厚堂藏书楼之外景

富厚堂藏书楼之书库

出版说明

本书为2011年修订版《曾国藩全集·读书录》之单行本。

本书以光绪二年湖南传忠书局刻本《求阙斋读书录》为底本，参校上海世界书局本《曾文正公全集·读书录》，并据湖南图书馆藏《求阙斋读书录》残抄本卷三补苴校正。新增加有关《诗经》的读书笔记，则出于曾氏后人的亲笔誊录。

传忠书局刻本及《求阙斋读书录》残抄本均标明"湘潭王启原编辑"，收集的是曾氏研读经史子集书籍的心得、考证及校勘。此次整理，对其所引古籍原文，据《黄侃手批点校白文十三经》、仇兆鳌《杜少陵集详注》等校正。

湖南图书馆藏残抄本页面上有曾纪泽朱笔批注数条，因有助于阅读，故以脚注置于页末。

本次出版单行本，重新核对了底本，修订了若干差错。

岳麓书社湖湘文化编辑部

2016年岁杪

目　录

经

史

子

集

经

毛诗[①]

《周南·关雎》

窈窕，叠韵。

关、啃，异同字。

善心曰窈，善容曰窕。

淑、俶，同音通用。

逑、仇，同音通用。

展转，叠韵。反侧，双声。

流，假借得训。

芼、覒，同音通用。择菜曰芼，择米曰䊠。

《周南·葛覃》

按：尊敬师傅之下当有缺文。

灌木、樌木，同音同义。丛木、最木，异音同义，皆谓木之

①此件由胡卫平先生提供。据胡云系出自曾氏玄孙女曾宪源家，乃宪源之父昭权亲手所抄录。抄录本末页有曾昭权自注：“曾祖读陈硕甫先生《毛诗传疏》，眉批最多，谨录一遍。癸酉冬昭权记。”陈硕甫即陈奂，晚清经学家，《毛诗传疏》为其研究《诗经》的代表作，曾氏曾携带此书至军营。1933 年冬，时任湖南大学教授的曾昭权利用寒假空闲，在老家富厚堂将写在《毛诗传疏》上的曾氏眉批，过录到商务印书馆版《国学基本丛书》的《毛诗》一书上。

聚生者也。左太冲《吴都赋》云："宗生高冈，族茂幽阜。"

斁、射，同音通用。

私，活字死用。

污，反用本义，与乱侄之乱、兼草之兼相类。

烦，黀之假借。

《周南·卷耳》

顷筐为浅筐，懿筐为深筐。

周，偏也。上下百官，各居其列，谓之周行。周偏则广大。按《鹿鸣》之"周行"，犹大道也。《左传·襄公十五年》之说近是，毛说非确。

崔嵬，叠韵，与隓隗音义皆同。

姑、辜、盬皆训且，依声得义。孤负、辜负，亦依声。

虺隤，叠韵。玄黄，双声。

吁为忬之假借字。

《周南·樛木》

履所以容足，引申之乃训为禄。

樛、朻，音义皆同。

《周南·螽斯》

《螽斯》之诜诜，《说文》之㽦㽦，《集韵》之辦辦，《皇华》之駪駪，《东都赋》之俎豆莘莘，《桑柔》之甡甡，并音近而义同。

薨薨，与《集韵》之薨薨、《广雅》之𦑣𦑣，音义皆同。

揖揖之与集集，蛰蛰之与斟斟，音义皆同。

《周南·桃夭》

因枭实，而凡实皆以蕡象之。此引申之训，因坟训大，而蕡亦训大。此假借而得训。

《周南·兔罝》

曰椓，曰杙，曰《尔雅·释宫》之樴。

逵、馗，音义皆同。

《周南·芣苢》

任、妊，古今异同字。

桴苡、芣苢，音义皆同。

《周南·汝坟》

调即朝之假借字。

蘖、枿、橚，皆同义通用。肄者，蘖、枿之假借。栓者，肄之异同或体字。

《周南·麟之趾》

题颠顶颡定，连类互训。

《召南·鹊巢》

秸鞠、鴶鵴、秸𪆫、结诰、击谷，皆依声以得义。

布谷、搏谷、获谷，皆依声以得义。

讶、迓，古今字。

方与旁字同意，犹并也。溥，普也。

方行天下，方告无辜于上，小民方兴，皆训并也，普也。此曰“方之”犹曰横行于其中也。

夫譬之“一人横行于天下”，与《立政》之“方行天下”同义。此引申得义。

《召南·采蘩》

僮僮、童童，同音通用。

《召南·草虫》

忡忡、冲冲，同音通用。

《召南·采蘋》

筴、夹，古今字。

湘，鬺之假借字。鬺与鬺，古今异同字。

《召南·甘棠》

茀、芾，同音通用。

废、茇，古今异同字。

愒、憇〔憩〕、塈，同音通用。

《召南·行露》

厌浥，连绵字。

以“岂不”二句作一句读，殊与经旨不合。

《召南·羔羊》

委蛇《毛》、逶迤《韩》、倭迟《四牡》、委佗《君子偕老》、委移《骚》、蜲迟《甘泉赋》、蝼蛇《西京赋》，皆同音通用。

它、纶、佗，同音通用。

从、踪，古今异同字。

绒、鞣、黩，同音通用。

缌、緵，同音通用。

《召南·殷其靁》

殷其训体。殷殷、隐隐，同音通用。

皇、偟、遑，古今异同字。

《召南·摽有梅》

某、梅，古今字。楳者，梅之或体字。

摽莩、莩蔈，同音通用。

塈、摡、置，同音通用。

《召南·小星》

嘒彼训体。

噣咮、啄注，同音通用。

心大而噣小，参大而昴小，故众妾自比于噣与昴也。

《召南·江有汜》

汜、涯，同义通用。

此与《葛藟》之"亦莫我有"、"莫我顾"、"莫我闻"，《日居月诸》之"不我报"，字法相等，皆可连类互训。

《召南·野有死麇》

麇、麐，古今异同字。

麠、獐，古今异同字。

朴樕《召南》、仆遬《息天躬行》、扑朔《木兰诗》，同音通用。

舒而训体。娧娧，本字。脱脱，假借字。

摧摧、莪莪，同音通用。蒙茸、尨茸，亦同音通用。

《召南·何彼襛矣》

襛襛、莪莪、茸茸，同音通用。

不曷，曷，词也。纶、缗、罠，同音通用。

《召南·驺虞》

彼茁训体。

《邶风·柏舟》

"匪不"四句，《韩诗外传》卷一三次引之、卷九引之，《新序·节士篇》引之，《列女传》两次引之。"匪不"二句，《汉书·刘向传》引之。"威仪"二句，《孔子闲居》引之，《左传·襄公卅一年》引之，《新书·容经》引之，《列女传》引之。

逮逮、棣棣，同音通用。

泛彼训体。

耿耿、儆儆、炯炯、警警，同音通用。

"我心"二句，《韩诗外传》卷一引之。

据依诸凭怙恃，同类互训。

"悄悄"二句，《孟子》引之，《荀子·宥坐篇》引之，《韩诗外传》卷十引之，《刘向传》引之。

有摽训体。寤辟，双声字。寤擗、晤辟，同音通用。

迭、耋，秩、戴，同音通用。

《邶风·绿衣》

维其，词也。凄其训体。

《邶风·燕燕》

差池，叠韵。颉颃、頡昕，同音通用。

㸌、将，古今异同字。“百两将之”，将，亦送也。

壬、妊，同音通用。

《邶风·日月》

逝，词也，《杕杜》之“噬”，《硕鼠》之“逝将去汝”，皆词也，不必训逮训及。

胡也、宁也、曷也、害也、遐也、瑕也，皆词之何也。

述、遹、术，同音同义通用。

《邶风·终风》

终字当依王氏《释词》。两言字，皆词也。

曀、壇，古今异同字。

《邶风·击鼓》

其镗训体。

踊跃，连绵字。

土，实字虚用。有忡训体。

挈、契，古今异同字。契阔，连绵字。

《邶风·凯风》

令人与佳人、美人、哲人、佼人等同类。

睍睆，叠韵字。

《邶风·雄雉》

泄泄、洩洩，同音通用。

伊，词也。伊、繄，同音通用。

《邶风·匏有苦叶》

厉、濿，同音通用。

有瀰、有鷕训体。

泮、判，同音通用。

《邶风·谷风》

黾勉，双声连绵字。黾勉、密勿、蠠没，同音通用，皆因音得义也。勉勉、勿勿、没没，亦皆音得义。

畿，机之假借字，阈也，壄，机也，皆门中央所竖之短木。

宴、燕，异同字。阅，说之假借字。《汉书·杨恽传》“我不能自容”，即此句之意。

皇、遑，古今异同字。

匍匐，连绵字。扶、服，同音通用。

御、禦，古今异同字。

肄，勩之假借字。未释。

《邶风·旄丘》

堥丘、旄丘，古今异同字。

蒙戎，因声得义。龙、茸，同音通用。

琐尾，双声字。尾，娓之假借字。

曰流离，曰鹠鷅，曰鹠离，曰留离，皆同音通用，亦或曰栗留。

褎如训体。

《邶风·简兮》

按：方将，犹旁行也。赫如训体。

《邶风·泉水》

毖彼训体。娈彼训体。

泲泶〔祢〕，皆当为所适国之地，非卫地也。出宿于彼乎，于此乎；饮饯于彼乎，于此乎，皆思归而设想拟议之词。

滋、兹，古今异同词。

言，词也，《传》训我，非。瑕，亦词也，《传》训远，非。

《邶风·北门》

适者，谪之假借字。讁者，谪之俗字。

遗加归委敦投，同类互训。

《邶风·北风》

雱，旁或体字。虚邪，虚徐，依声得义。

虚徐，叠韵连绵字。

《邶风·静女》

其姝训体。

爱、僾、薆，考异。踟蹰，连声字。

其娈训体。有炜训体。

怿、释考异。

《邶风·新台》

燕婉，叠韵连绵字。

有泚、有洒皆训体。

按作腆是。戚施、䶍黿、规觋，考异。

《邶风·二子乘舟》

景、憬，古今异同字。

瑕，犹何也。不瑕，犹无何也。《史记·袁盎传》："丝能日饮亡何。""亡何"，犹宋人语录"不怎的"也。有害，谓伤害义理也。可一死，可一无死，死伤勇，勇则害义理矣。言伋寿之死得无伤害义理乎，悲之深而反咎之，反《离骚》之义也。

《鄘风·柏舟》

泛彼、髧彼，皆训体。

髧、优、统，同音通用。

鬏，本字。髦、髳皆假借字。

特，匹，进退字。

《鄘风·墙有茨》

《书》：怀山襄陵。襄，没也，亦有除去之意。

《鄘风·君子偕老》

褕、揄，翟、狄，阙、屈，并同音通用。

蒙、冢，古今异同字。

继者，褎之假借字。

中谓之颜，旁谓之角。中谓之厈，旁谓之角。

《鄘风·桑中》

沬、妹，同音通用。牧、坶，音相近亦通用。

《鄘风·鹑之奔奔》

贲贲、奔奔，姜、彊，同音通用。

《鄘风·定之方中》

槷者，臬之假借字。

景，当仍揆测曰景。与上句望字，下句观字，连类互训。《公刘》诗"相其阴阳，观其流泉"，"度其隰原"，相、观、度三字亦连类互训。不曰相，曰度曰揆，此而曰景者，亦实字虚用之法。《公刘》之"既景"，乃周亦传登高望景以至四方。

霝、零、霝落，皆古今异同字。

《鄘风·蝃蝀》

蝃蝀、螮蝀，古今异同字。

隮、跻，同音通用。

《鄘风·干旄》

彼姝训体。

祝为织之假借，不甚确。

《鄘风·载驰》

漕、曹，或体字。

跋、軷，同音通用。

王引之以稚为骄稚。

童而角，幼而狂，句例恰合。

《卫风·淇奥》

奥者，澳，隩之假借字。

绿者，录之假借字。

竹者，篙之假借字。

匪者，斐之假借字。

切䃰、瑳磋错、礳摩磨，皆古今异同字。

宣、喧、烜，古今异同字。

会、髺、鬠、桧、括，同义通用。

箦、积，同义通用。

《卫风·考槃》

槃、般、盘，同义通用。

轴者，迪之假借字。

《卫风·硕人》

褧、檾，同音通用。絅者，褧之假借字。景亦假借字。

犀、栖，同音通用。

螓、蜻，古今同异字。

蛾者，娥之假借字。

倩、蒨，同音通用。嗎亦一声之转。

有骄训体。

孽孽、蘖蘖，揭揭、辙辙，皆同音通用。

杜诗“万方频送喜，无乃圣躬劳”，极言皇心欢悦之象。此诗“无使君劳”，极言庄姜初至、夫妇好合之状。

《卫风·氓》

敦丘、顿丘，同音通用。

諐、愆，或体字。

沃若训体。

黮者，葚之假借字。

媅、酖、妉、湛、眈，同音通用。

童容、潼容，同音通用。

《左传》庶人工商遂。咥其训体。

泮、畔，同音通用。

旦，怛之假借字。

悬，或体字。

《卫风·竹竿》

梢、萷、槊，同音通用。

之瑳、之傩训体。

攸，正字；悠，通用字；滺、瀀，皆俗字。

《卫风·芄兰》

遂兮、悸兮训体。

悸悸以为犹惴惴也。

甲、狎，同音通用。

韘、鍱，或体字。

《卫风·河广》

杭、杭，古今同异字。航，俗字。

企、跂，古今同异字。

《卫风·伯兮》

朅兮训体。

殳、祋、杸，同音通用。

谖、藼、蕿、萱、萲，皆同音通义。

《卫风·木瓜》

蚍螗，或体字。

《王风·黍离》

穪穪、靡靡，古今异同字。

摇摇、愮愮，古今异同字。

采、穗，古今异同字。

《王风·君子于役》

西、栖，或体字。

弋杙、桀榤，古今异同字。

《王风·君子阳阳》

阳阳，扬扬之假借字。

敖，朱传以为舞位。

《王风·扬之水》

其、己、记、忌、迈，皆词也，同音通用。

甫、吕，同音通用。

《王风·中谷有蓷》

暵、灘，同音通用。

蔫、菸、矮、蔫、暵，同类互训，皆色败也。

暵其、嘅其、条其、啜其，皆训体。

《王风·大车》

轞轞、檻檻，同音通用。

菼，薊之或体字。

璊者，蟎之或体字。

皦、皎，同音通用。

《王风·丘中有麻》

墝埆、硗确，同音通用。

《郑风·将仲子》

忍、韧，古今异同字。刃，假借字。

《郑风·大叔于田》

迾，本字烈、列，皆同音通用。

膻，本字襢。或体字袒，古今异同字。

趨，本字嫚。慢，假借字。

掤，本字冰，假借字。

韔，本字鬯，假借字。

《郑风·清人》

旁旁、骉骉，同音通用。

鷮、乔，同音通用。

消摇、逍摇，古今异同字。

駋駋、陶陶，同音通用。

擂、抽，或体字。

《郑风·羔裘》

晏，鲜盛非常说。

《郑风·遵大路》

擥、揽，古今异同字。

魏、敧，同音通用。

《郑风·女曰鸡鸣》

有烂训体。

劳、来、勤，同类互训，今俗曰辛苦。

《郑风·有女同车》

蕣、舜、蕣，同音通用。

将将、玱玱、锵锵，皆同音通用。

《郑风·山有扶苏》

疏、胥、苏，同音通用。

龙，一名茏，古作笼鼓。

《郑风·狡童》

佼、狡，同音通义。

《郑风·丰》

丰、妦，或体字。

丰冎训体。

《郑风·东门之墠》

有践训体。

《郑风·风雨》

胶胶、嘐嘐，同音互通用。

《郑风·子衿》

裣、衿，古今异同字。襟者，或体字。

挑、佻，同音通用。佻达，双声字。

宫县四面，轩县三面，宫轩二字，实字虚用。

《郑风·出其东门》

綦、綥，或体字。员，释词。

闉、堙，同音通用。

城曲谓之闉，其处较他处独厚，为四方之台，后世谓之望敌台，或谓之炮台，古者谓之阇。天子诸侯之门皆筑台，而中穿瓮门，故谓之台门，或谓之阙门。大夫则以台门为僭，此皆台下之门也。若台上有门则谓之飞阁，谓之飞闼，今流通谓之城门楼矣。

《郑风·野有蔓草》

零、灵，同音通用。

漙、团、霉，同音通用。

婉、畹，同音通用。

邂逅、解遘、解觏，同音通用。

瀼瀼、穰穰、囊囊，同音通用。

《郑风·溱洧》

涣涣、泛泛、汍汍，同音通用。

盱、讦，同音通用。

凡讦音皆有大意。芋亦大也，夸亦大也。

浏其、殷其训体。

《齐风·还》

肩、豜，同音通用。豣、狷，俗字。

还、茂、昌，训体。

《齐风·著》

宁、著，同音通用。

英者，瑛之假借字。

《齐风·东方之日》

彼姝训体。

《齐风·东方未明》

晞者，昕之假借字。

辰夜，守夜而记其刻数也。庄子曰："见卵而求时夜。"时夜，亦守夜也。辰字、时字，亦虚字而实用。

《齐风·南山》

有荡训体。

绥绥、夊夊，同音通用。

猎、躐，同音通用。

《齐风·甫田》

突而训体。

婉娈，叠韵连绵字。

娈、嫡，同音通用。

《齐风·卢令》

令、铃，古今通用字。

《齐风·敝笱》

唯唯，因声得义。读如巍巍，大也。毛训出入不制，但释强大之意。笺称行相顺从，则望文生训矣。

《齐风·载驱》

尔尔、沵沵，同音通用。

岂弟、闿圛，同音通用。

翱翔，双声。仿佯，叠韵。

《齐风·猗嗟》

顾而、抑若，皆训体。

按：美目扬兮之扬，犹燿也。光燿于眉宇之际，故《传》曰扬眉。

名者，明之假借字。

眳藐、矊藐，同音通用。

选、纂，同义通用。

御、禦，古今异同字。

毌、贯，古今异同字。

《魏风·葛屦》

纠纠、缭缭，同义通用。

掺掺、纤纤，同音通用。

提提，媞媞之假借字。

《魏风·汾沮洳》

英者，瑛之假借字。

《魏风·园有桃》

肴、殽，古今异同字。

䍃、谣，古今异同字。

按：行，巡游也。行国，犹言驾、言出游，与行稻、行□、行水、行春之行相类。

《魏风·陟岵》

屺、峐，同义通用。

𡨴，耆，同义通用。

《魏风·伐檀》

干、侧、漘、浒、涘、厓、湄、隒，同类互训。

按：素、白、干三字，同类可互训也。素如素餐、素封，谓无功而受禄，无功而受封也。白如白直、白着，谓无俸而入直，无雇钱而着役也。干如干没、干死、干愁，谓无故而没人之财，无因而死，无故而愁也。今鄙谚曰，平白无故者，有曰飘空者，即此三字之诂矣。

《魏风·硕鼠》

硕、鼫，同音通用。

贯、宦，同音通用。

勤力曰勤，劳力曰劳。悯人之勤而勤之，亦曰勤；悯人之劳而劳之，亦曰劳，不必改读。如《康诰》“周公咸勤”、《小雅》“杕杜以勤归”，古无改读者。然则《孟子》“劳之来之”，《周易》“劳民勸相”等类，均不必改读矣。

《唐风·蟋蟀》

悉䗖、蟋蟀，古今异同字。

莫、暮，古今字。

《唐风·山有枢》

娄、搂，同音通用。

宛其训体。

“宛其死矣”，与“暵其干矣”，句例同。物之将死，其色败，其气败，人之将死亦然。曰宛，曰苑，曰蔫，皆气败之状。音近而义亦同。

《唐风·扬之水》

凿、糳，同音通用。

颢颢、皡皡、皓皓，同音通用。

《唐风·绸缪》

子兮，词也。

姣，娎本字。粲，假借字。

《唐风·杕杜》

比、倾、辅、代、篚、傧，同类互训。

茕茕、睘睘，同音通用。

《唐风·鸨羽》

盬、盅、苦、沽，音近义同并通用。

《唐风·无衣》

奥、燠，古今异同字。

《唐风·葛生》

韬、韔、颖、襡，皆藏也，同类互训。

《秦风·车邻》

邻邻，辚辚之假借字。

陂、阪、岭、阜、岩，同类互训。析言之，则阪、岩壁尤为峭削，而陂、岭、冈、阜少迆逦耳。

《秦风·驷驖》

阜，实字虚用。阜财、阜成，兆民皆实用。辰牡，犹《中庸》之“时食”。

舍，犹脱也。《车攻》“舍矢如破”，括之脱弦曰舍，弦之脱括亦曰舍。

括、栝，异同字。

拔、柭，异同字。

《秦风·小戎》

收转二字，皆虚字实用。

本一车载盾，而即若以盾为车之盖。镝者，觼之或体字。鏾者，钗之或体字。纳者，軜之假借字。

有苑训体。

錞、镦，同音通用。

畝，本字伐，假借字。戦，本字干，假借字。鞑，当为本字柲。闭、紲，皆为假借字。

《秦风·终南》

将将、玱玱，同音通用。或作锵鸧。

《秦风·黄鸟》

瀸者，歼之假借字。

《秦风·无衣》

于，词也。

泽、袢，同音通用。

《秦风·渭阳》

璚、璿，皆琼之或体字。

《秦风·权舆》

夏，因声得义。

蘧蘧、渠渠，同音通用。

《陈风·宛丘》

汤，荡之假借字。

值、植，同音通用。持，植之义也。

帗、翇，古今异同字。

翌、皇，古今异同字。

翳、翺，古今异同字。

《陈风·东门之枌》

媻娑、婆娑，古今异同字。

于，词也。越以，词也。

蚍衃、蚍虾、芘芣，同音通用。

《陈风·衡门》

衡者，横之假借字。

栖迟，叠韵，因声得义。

此诗言不可以国小而不思所以自立。孔子曰：能治其国家谁敢侮之。

《陈风·东门之池》

遻、遇、晤、覯，同类互训。

沤、溇、冻、渐、渥、淡，同类互训。

凡麻纻之类，其质坚脆，以水沤之，则柔韧矣。吾乡取新竹之皮，以水沤之，可为绳索，名曰嫩竹篾。俗曰浸，或曰泡，皆与沤之义同。《毛》曰柔者，名其意也。

《陈风·东门之杨》

牂牂、肺肺，因声得义。牂牂，犹将将、央央。肺肺，犹淠淠、旆旆。茷叔曰旆旆，旟旐亦曰旆旆，但形容其盛耳，不必定指草木也。

《陈风·墓门》

谁昔，犹畴昔，词也，不必作陈佗解。

按：予，词也。跂予望之、将予就之、访予、落止予，皆句中之语助也。

《陈风·防有鹊巢》

侜张、诪张、朝张、侏张，同音通用。

令適、瓴甋，同音通用。

墼甓、令適、瓴甋，俗称则曰砖矣。

虉正字，虉俗字，鷊假借字。

《陈风·月出》

窈纠、蚴蟉、蠍蟉，皆同音通用。

窈纠、懮受、夭绍，皆叠韵。

夭绍、要绍，同音通用。

《陈风·泽陂》

俨、嬐，异同字。

《桧风·羔裘》

逍遥、消摇，雅俗字。

《桧风·素冠》

脔，本字栾，假借字。瘠，俗字。

《桧风·隰有苌楚》

沃沃、媉媉，同音通用。

《桧风·匪风》

匪风、匪车，犹曰不得为正风，不得为正车耳。

《小雅》“独为匪民”，谓不得比于高民。《易》“比之匪人”，谓不得列于正人耳。

发、喝〔偈〕、飘、嘌，训体。

怛、怛，异同字。

飘、嘌、猋，均因声得义。

摡、溉，异同字。

釜、鬴，或体字。

《曹风·蜉蝣》

蜉蝣、浮游，异同字。

蝨蝚，本字渠略，假借字。

黸黸，本字楚楚，假借字。

《曹风·候人》

洿泽、鹈鹕、污泽，同音通用。

味、噣，同音通用。

荟蔚、婉娈，皆叠韵。

《曹风·鸤鸠》

辟、裨、纰，同音义通用。

贰、忒，异同字。

《豳风·七月》

觱、觱，异同字。

栗洌、溧冽，异同字。

枱、鈶、耜，异同字。

离黄、黧黄、鵹黄、鹂黄、鹂黄，皆同音通用。

豜，本字肩，假借字。

朱传以穹为空隙。

瓠、壶，同音通用。

重、穜，假借字。

穋、稑，异同字。

《豳风·鸱鸮》

土，杜之假借字。

朱传训租为聚。

蔨苕、芀锴，皆同音通用。

马之肃肃，鱼之鳙鳙，鸟之修修，皆有掠落无萃之象，因声得义，如秋风萧萧及萧条、萧索、萧瑟、萧森等字，亦皆因声得义。

《豳风·东山》

蠋、蜀，异同字。

括楼、菩娄、瓡瓠，同音通用。

粦，本字燐。蟒，俗字。

荧，本字。萤，俗字。

按：《贾捐之传》："颛颛独居一海之中"，与此专专音义并同。陈列，《行苇》传训聚，失之。

《豳风·破斧》

按：四国只是泛言诸国云耳。

《曹风》"正是四国"、"四国有王"非有所指也，推之"奄受百〔北〕国"、"王帛万国"亦均可作四国看。

按：遒，速也，成也。

此等字正可以意逆而得之，不必定有故训也。毛训固也，亦以意逆得之者也。

有践训体。

《豳风·狼跋》

跋、踑，异同字。

踬、疐，异同字。

几几、己己、掔掔，同音通用。凡音同字异，经典彼此不同者，其义即在音而不在字。胡氏以己己为诎形，以掔掔为坚固，朱传以几几为安重，皆望文生训，非即音以求义也。

瑕与遐，皆词也。不瑕，犹曰亡何也。《袁盎传》曰："丝能日饮亡何”，谓常饮酒而无他故也。《泉水》“不瑕有害”二字，《乘舟》“不瑕有害”，《思齐》“烈假不瑕”，皆亡何也。

其曰遐不者，犹曰何不也。《南山有台》“遐不眉寿”，《隰桑》曰“遐不谓矣”，《棫朴》曰“遐不作人”，皆言何不也。《表记》曰“遐不谓矣”，亦何不也。毛传、朱传、郑笺于瑕皆训过、训疵，于遐皆训远，胥失之矣。

《小雅·鹿鸣之什·鹿鸣》

佻、恌，异同字。

愉、偷，古今字。

媅，本字耽。湛，假借字。

《小雅·鹿鸣之什·四牡》

按：周道，谓完整、平正之道，犹大路也，不必指岐周说。曰“周道如砥”，曰“踧踧周道”，曰“行彼周道”，逸诗曰“周道侹侹”，若概指岐周，则不可通者多矣。周行亦与周道相类，曰“寘彼周行”，曰“示我周行”，曰“行彼周行”。毛传于《卷耳》训为周之列位，则他处多不可通矣，不如朱传概训为大路为是。

倭迟，叠韵字。或曰威迟，或曰逶迟，或曰迡遲，或曰威夷，或曰陚夷，或曰郁夷，未之为言是也，详王引之《释词》。

《小雅·鹿鸣之什·皇皇者华》

侁侁、駪駪、莘莘，同音通用。

沃若训体。

《小雅·鹿鸣之什·常棣》

鄂鄂，训体也。韡韡，又训体也。经传无此句例。鄂谓锋棱外见，凡物之有锋棱外见者，皆曰鄂，如剑有锋锷，玉有玕鄂，地有垠堮，齿有龂齶。幽州人谓额曰鄂，亦谓其有棱角也。言语之有锋棱者亦曰鄂鄂。《大戴礼·立事篇》："君子出言以鄂鄂。"《史记·周世家》："不闻周舍之鄂鄂。"此鄂亦谓花瓣之陗削外见者也。各本作言外见者非。

裒、桴，异同字。

脊令，即今鹡鸰，同音通用。

御、禦，异同字。

侮、务，假借字。

酥、醑，同义通用。

《小雅·鹿鸣之什·伐木》

丁丁，朾朾，异同字。

嘤其训体。

矤、矧，雅俗字。

许许、浒浒、所所，同音通用。

有芎训体。

於粲。

漉者，所以去酒之浊泽也。曰漉者，常语也。曰釃、曰湑者，雅诂也。或用布，或用竹器，今人曰溲箕，古人曰筐，曰籭，曰簸，皆竹器之属。陶渊明用葛巾漉酒，布之属也。

有衍、有践训体。

按：漉酒与缩酒不同。缩者酒侵移茅内若有物，吸之无迹可寻也。漉者，别其浊泽，出其精华也。二者为用不同，而且自上渗下，则一也。故莤可作缩酒解，亦可作湑酒解。

坎坎、坎坎，同义通用。

《小雅·鹿鸣之什·天保》

单者，亶之别体字。

除官、除道、除戎器，俱有除旧更新之义。

方至之方，并也，普也。方行天下，惟鸠方之，小民方兴，方告无辜，于上皆同此。

饎、糦、饟，同音通用。

《小雅·鹿鸣之什·采薇》

烈、烈，异同字。

尔者，茶之假借字。

腓之为辟，未闻义例。

《小雅·鹿鸣之什·出车》

辇舆就马，即不俟驾而行之义。辇车就于牧地而后驾之，于赴君命也。

旆旆、淠淠、茷茷，同音通用。《生民》之“荏菽旆旆”，《陈风》之“其叶肺肺”，皆同音通用。

西戎即猃狁，变文言之耳。

《小雅·鹿鸣之什·杕杜》

有杕、有睆训体。

幝幝、啴啴，同音通用，痑痑，同义通用。

《小雅·鹿鸣之什·鱼丽》

按：偕，读为谐。《书》“八音克谐”，“庶尹允谐”，“谟明弼谐”，“往哉尔谐”，谐皆谓和也，犹善也，嘉也，偕也，时也，皆言政治之善也，犹今人言恰到好处也。

《小雅·南有嘉鱼之什·南有嘉鱼》

罩罩、淖淖，同音通用。汕汕、浐浐，同音通用。凡重字皆训体也，自以从《广雅》为当，毛义未妥。

《小雅·南有嘉鱼之什·南山有台》

黄字有作衰病用者，有作华盛用者。如言马，曰“我马玄黄”。言草木，曰“草木黄落”，曰“何草不黄”，曰“其黄而陨”，皆衰病也。言马，曰“日黄既驾”，曰“路车乘黄”。言人，曰“遐不黄耇”，曰“黄发眉寿”，皆华盛也。黄字即不指发言，亦无不可。

《小雅·南有嘉鱼之什·蓼萧》

蓼彼训体。

誉、豫，同音通用。

龙、宠，古今字。

鋚、鞗，异同字。

鸾者，銮之假借字。

雝雝、雍雍、噰噰，同音通用。

《小雅·南有嘉鱼之什·湛露》

厌厌，愔愔之假借字。

《小雅·南有嘉鱼之什·彤弓》

右、侑、宥，同音通用。

酬、酶，或体字。

《小雅·南有嘉鱼之什·菁菁者莪》

“菁菁者莪”与“蓼蓼者莪”，句例相同。彼自忧，此自乐，故知兴体不与比体同也。

《小雅·南有嘉鱼之什·六月》

栖栖，勤劳不遑之貌。

有颙训体。

翼、趩，同音通用。

阳纡、杨纡、杨陓、阳华、杨旴，同音通用。

白旆、帛茷，异同字。

轾、挚、蛰，同音通用。

臑、胹，同音通用。炰鳖，犹今俗称红烧甲鱼矣。

《小雅·南有嘉鱼之什·采芑》

有奭训体。

服、箙，古今字。

樊者，繁之假借字。

斯皇训体。有玱训体。鴥彼训体。

阗阗、嗔嗔，同音通用。

来，词之是也。

《小雅·南有嘉鱼之什·车攻》

有绎训体。《商颂》“庸鼓有斁”，《传》斁斁然盛也。《广雅》“驿驿，盛也”。此“有绎”，亦盛也。《论语》之“绎如”也，亦盛也。

柴者，訾之假借字。

《小雅·南有嘉鱼之什·吉日》

骑者，祷之或体字。

俟俟、骙骙，同音通用。

《小雅·鸿雁之什·鸿雁》

鸿鹄之鸿，畜鹅之雁，当作鸿雁。野鸟之鸿雁，其字当作鸡雁。

宣骄与劬劳，对文。宣有侈大之意，《易林》“大口宣舌”、“大口宣唇”，亦骄也。

《小雅·鸿雁之什·庭燎》

未央，犹未已也。

未艾，犹未息也。

《小雅·鸿雁之什·沔水》

陵在高原，亦不能集止之象。犹“载飞载扬”也。

谗言，犹讹言也，均见乱端，不可遏止之意。

《小雅·鸿雁之什·鹤鸣》

乐彼训体之语辞。“菀彼柳斯”，“蓼彼萧斯”，斯字亦语词，特在句末耳。

乐只君子，亦训体。

王引之氏以萚当读为柽，亦木名也。

按：渊深处有鱼，渚浅处亦有鱼，檀在上有用，萚榖在下亦有用，总见求贤无方之意。

《小雅·鸿雁之什·祈父》

饔、饔，或体字。

《小雅·鸿雁之什·白驹》

絷、馽，异同字。

无期，犹曰无疆、曰未央也。“逸豫无期”，犹曰万寿无疆，曰长乐未央也。“尔公尔侯”，祝其富贵。“逸豫无期”，祝其寿康。

《小雅·鸿雁之什·黄鸟》

两言字皆词。

按：明字只是通晓事理，不必定指夫妇之道。

《小雅·鸿雁之什·我行其野》

《史记》“太后儿子畜之”、“弟畜灌夫”，皆与此畜字相类。

《小雅·鸿雁之什·斯干》

芋，大也。凡从于声之字皆有大意。

棘、朸，异同字。

革、翱，异同字。

有觉训体。

幼者，窈之假借字。

裼、禘，异同字。

《小雅·鸿雁之什·无羊》

濈濈、䪺䪺、戢戢，同音通用。

骞腹者，垂腹之反，垂则多肉，骞则瘦削。

崩者，一羊疾而群羊随之，一羊死而群羊随之，有如山崩土崩而不可止也。

溱溱、蓁蓁、增增，同音通用。

《小雅·节南山之什·节南山》

节彼训体。

监、瞰，古今词。

有实训体。

憯、朁、曾，同义通用。

毗、魮、肶、痺、埤，皆同音通用。

君子如届、如夷，与君子如怒、君子如祉，句例同。

上声、无声、于声，多训大者。

《小雅·节南山之什·正月》

癙、鼠，同音通用。

瘐瘐、庾庾、愈愈，同音通用。

惸、㷀、茕、孚，同音通用。

并其臣仆，与臣仆相比并也。

有皇训体。

局、跼，异同字。

脊、蹐，同音通用。

有菀训体。

《小雅·节南山之什·十月之交》

崒、卒，同音通用。

仲、允、中、术，异同字。

棸子、掫子，异同字。

楀、㩲、萬、踽，异同字。

偏，本字扇，假借字。煽，俗字。

抑、懿、意、噫，同音通用，语词也。

作，犹孙子作战之作，凡兴大役、动大众是也。下章“作都于向”，殆皇父役民，以缮治私邑也。

噂、僔，沓、諮，异同字。

《小雅·节南山之什·雨无正》

熏、勋、沦，异字同义。

铺、痡，同音通用。

“靡所止戾”与《桑柔》“靡所止疑”，句例同。

《小雅·节南山之什·小旻》

回、邪、窶、衺，同音通用。

回遹、回穴、回泬，同音通用。

潝潝、翕翕、歙歙，同音通用。

訿訿、呰呰，同音通用。

止，郑训礼为妥。“人而无止”，“既愆尔止”，“淑慎尔止”，止皆训礼。“于乎小子告尔旧止”之“止”，亦当训礼。旧止犹曰旧章、旧仪也。

《小雅·节南山之什·小宛》

按：富，犹富于春秋之富，若曰为日甚长矣。后世言饮酒或称烂漫不休，亦曰富之象也。

蜾、螎，或体字。

题彼训体，下篇提提亦训体。题题，皆从是声，提提为群老之貌，则题亦老貌矣。同音通用。

岸者，犴之假借字。

《小雅·节南山之什·小弁》

弁彼训体。

于，助词。

鸒、鹎，或体字。

惄焉训体。

踧踧、儵儵，同音通用。

惄焉，犹惄然、惄如也。下如擣，如，之如，自以读为而乃合。

菀彼训体。有漼训体。

鹿斯与鸒斯、螽斯、萧斯、柳斯，句例相合。

苻、娄、疛、瘘，同音通用。

“疾用无枝”与“贾用不售”，句例相同。

墐者，殣之假借字。

浚、濬，同音通用。

《小雅·节南山之什·巧言》

按：已泰互词，已威犹泰威也。泰怃犹已怃也。

凡叠字皆训体，自可云貌。

荏、姌、荏、染，异同字。

蛇、訑，同音通用。与泄、詍、呭，音义俱近。

拳、捲、権、权，同音通用。

瘣，本字。微，假借字。癥，俗字。

尰、瘇，同音通用之字。重，假借字。

《小雅·节南山之什·何人斯》

按：梁取鱼之地，笱取鱼之器。“逝我梁”，喻失位也。“发我笱”，喻失职也。《谷风》《小弁》两诗之梁、笱，大致相同。此诗之“逝我梁”，亦喻失位也。言谮人者，使我失位而不复相过，一为存问，故深咎之。

陈者，行礼之庭。逝者，行而不复有也。“逝我陈”，亦喻失位也。

《小雅·节南山之什·巷伯》

萋、緀，异同字。

咠咠、缉缉，异同字。

唼唼、捷捷，异同字。

旭旭即好好之异文。

慅慅即劳劳之异文。

《小雅·谷风之什·谷风》

按：习习，犹有和舒之象。“维风及雨”，则变而凄凉矣。“维风及颓”，则变而暴戾矣。以兴交道之有常变也。

《小雅·谷风之什·蓼莪》

役者自称曰鲜民，与《何草不黄》自称曰“匪民”、《巷伯》自称曰“劳人”、《大东》自称曰“惮人”，词旨相类。

茀茀、弗弗，同音通用。

《小雅·谷风之什·大东》

有饛、有捄训体。

佻佻、窕窕、嬥嬥、苕苕，皆同音通用。

契契、挈挈、絜絜，同音通用。

跂、企、歧，同音通用。

睆彼训体。

有捄训体。

《小雅·谷风之什·四月》

有、闻、顾、存、在，同类互训。“莫我有”，犹云不相存问也。

《小雅·谷风之什·北山》

溥、普，异同字。

率、逹，古今字。

謼、评、呼，同音通用。

鞅掌，连绵字。

《小雅·谷风之什·无将大车》

按：支脂微齐部，有与真臻文欣部通用者，如旂，从斤声，本支脂部字也。而《庭燎》篇与晨为韵，敏从每声，本真臻部字也。而《甫田》篇与否有为韵，此以疧与尘相韵，亦其类耳。疧一作痻，狝读如权，为同类之讳，犹少迂耳。

《小雅·谷风之什·小明》

陈氏启源以二月初吉为周正之二月，建丑之月也，谓此为未归之时。日月方除、方奥，为夏正之四月，建巳之月也，谓此为昔往之时。奥者，燠之假借字。

《小雅·谷风之什·鼓钟》

将将、枪枪、玱玱、锵锵，皆同音通用。

《小雅·谷风之什·楚茨》

茨、荠、赍，同音通用。

三句一气，有如秦碑。

熯者，戁之假借字。

苾者，馥之假借字。

几者，期之假借字。

稷、谡、敕、饬，同音通用。

《小雅·谷风之什·信南山》

甸、嗽，同音通用。

畇畇、畬畬，同音通用。

信彼训体。

瀀者，优之异文。

足者，浞之假借字。

彧彧、翪翪、彭彭、稶稶，皆同音通用。

膋、膫，同音通用。

《小雅·甫田之什·甫田》

倬彼训体。

耘、芸、耓、䅲，同音通用。

耔、秄、芓，同音通用。

薿、𥢴、儗，同音通用。

齍，粢本字。齐，假借字。

《小雅·甫田之什·大田》

器实，犹曰庭实，曰府实，曰鼎实，曰笾实，曰豆实，曰口实也。

庭者，亭之假借字。

有渰训体。

来，词也。

《小雅·甫田之什·瞻彼洛矣》

有奭训体。

韐、鞈，异体字。

鞞、捭，异同字。

珌、琕，异同字。

按："鞞琫有珌"句，参差可疑者有四端焉。毛以鞞为容刀，许以鞞为刀室，则所谓琫上饰珌下饰，皆当指为一刀之饰，不得指为一室之饰矣。段氏申明毛、许之指，乃忽称珌在鞞末，是否珌为室之下饰，可疑一也。刘熙谓室口之饰曰琫，一末之饰曰琕，是以琕字代珌字耳。而段字谓琕即鞞之讹，可疑二也。杜预谓鞞为刀削之上饰、鞛为下饰，不以鞞为室，而以鞞为室之饰，可疑三也。凡诗中有字皆训体也，形容之词也，若以琫上珌下平列，则有字几不可读，大乖全诗之句例，可疑四也。愚意鞞为刀室下饰也，琫为刀本上饰也。鞞琫二字平列，与《公刘》之诗同。"有珌"云者刀饰之貌耳，不可与琫字平列，庶与"韎韐有韦〔奭〕"

句例相合。

《小雅·甫田之什·裳裳者华》

湑兮训体。

芸其训体。

沃若训体。

《小雅·甫田之什·桑扈》

有莺训体。

难、傩，同音通用。

其觩训体。

觩、斛、捄，同音通用，皆长而劲健之貌。

傲、绞，同音通用。

交者，绞之假借字。

《小雅·甫田之什·鸳鸯》

摧、刍，不同音，不得相假借。

秣、饫，同音通用。

《小雅·甫田之什·頍弁》

有頍训体。

《小雅·甫田之什·车舝》

思娈训体。

依彼、辰彼训体。

鲜，犹谚云稀罕也，《北山》“鲜我方将”此云。“鲜我觏尔”，犹云万一得相遇，则我心为之输写矣。

《小雅·甫田之什·青蝇》

营、营，异同字。

樊、楙，异同字。

《小雅·甫田之什·宾之初筵》

怭怭、佖佖，同音通用。

伐德，犹曰伐性。

《小雅·鱼藻之什·鱼藻》

有颁、有莘训体。

坟者，训体例用之字。颁者，正用字。贲者，同音通用字。

莘、簿，同音通用字。鲜，俗字。

《小雅·鱼藻之什·采菽》

觱沸，连绵字，与《豳风》“觱发”同音异义，要冽之象。

淠淠、茷茷、旆旆、哕哕、嘒嘒、钺钺，皆同音通用。

平平、便便，同音通用。

绋缅二字当平列，陈以缅维二字，连读失之。

膍、肶、毗，同音通用。

《小雅·鱼藻之什·角弓》

骍、解，异体字。

食则宜令之饱，饮则宜量其多少，此养老之义也。

君子则无蔽其义，小人则无绝其属，此亲亲之义也。

《小雅·鱼藻之什·菀柳》

有菀训体。

昵，当从《广雅》训病。蹈，当从《韩诗外传》作慆。

“彼人”不应指幽王。

《小雅·鱼藻之什·都人士》

“绸直如发”，朱传以为未详，最得阙疑之意。

《小雅·鱼藻之什·采绿》

曲局，叠韵连绵字。

“于狩”、“于钓”，即《谷风》就深、就浅之义。

《小雅·鱼藻之什·黍苗》

盖云，词也。与《小明》“曷云其还”相类。

《小雅·鱼藻之什·隰桑》

猗傩、猗那、阿难，音义皆同。

《小雅·鱼藻之什·白华》

远，读如远任人、远耆德之远，谓幽王疏远申后也。四“之子”皆应指幽王，三“硕人”皆应指申后。

“露彼菅茅”，“浸彼稻田”，均喻恩泽之浓涯，伤王之不然也。

迈迈、怖怖，同音通用。

有扁训体。

按：《小星》传犹共也，彼言贱妾之命不及夫人之尊，此言之子之恩泽不若白云之□获露也。

《小雅·鱼藻之什·绵蛮》

绵蛮，双声连绵字。

《小雅·鱼藻之什·瓠叶》

醋、酢互异。

醻、酬，异同字。

《小雅·鱼藻之什·渐渐之石》

渐渐、嶃嶃，同音通用。

巉、磛、嶄、（巖）〔巉〕、巉、巖，均同音通用。

不皇他，犹云不顾其他。

《小雅·鱼藻之什·苕之华》

芸其训体。王引之云，“芸其黄”自言其盛，与“裳裳者华”同。

牝羊无大首，犹乱世无富民。郝氏之说显与毛公不合。

《小雅·鱼藻之什·何草不黄》

有芃训体。

栈、棧、轏，异字同义。

《大雅·文王之什·文王》

“思皇多士”，犹云“於皇武王”、“於皇时周”也。皇天，天字或大字之讹。

《大雅·文王之什·大明》

忱、谌、訦，同音通用。

“保右命”，亦犹《假乐》云“保右命之”。凉者，亮之假借字。

《大雅·文王之什·绵》

王引之云，土者杜之假借字，杜水也。沮者，徂之讹字。“自土徂漆”，犹云自西徂东耳。

朊朊、膴膴，异同字。

絜本字挈，契同音通用。

“周爰执事”，犹曰详慎将事皇华。“周（原）〔爰〕咨诹”，犹曰详慎而后咨诹也。

陾陾、陑陑、仍仍，异同字。

薨薨、薨薨、薨薨，音义相近。

伉、闶，异同字。

胥、疏，异同字。

奏、走，异同字。

《大雅·文王之什·棫朴》

峨峨、俄俄、娥娥，同音通用。

淠彼训体。

沛、迪、芾、旆，皆同音通用。

倬彼训体。

遐，犹胡也，何也。

行舟而烝徒举萃，行军而六师毕至，皆以喻得人之盛，不必指伐崇等事。

《大雅·文王之什·旱麓》

瑟彼训体。

鸢飞、鱼跃，鸟兽鱼鳖咸若之意。

《中庸》言“上下察”，乃断章取义，非诗本旨。

载者，䵧之假借字。

《大雅·文王之什·思齐》

思齐、思媚训体。

痛，本字恫，通用字。侗，假借字。

不瑕，犹曰亡何也。“戎疾不殄”，犹曰“不殄厥愠”，如羑里昆夷大疾害之时，亦时时不绝，然光大之业，率无所损。

《大雅·文王之什·皇矣》

不获，犹曰不得。《汉书·灌夫传》：“轻重不得”，《王褒传》：“人鸟相得”，与此不获相类。

菑、甾、椔，异同字。

按：毛训畔援为畔道援取，郑训畔援为跋扈，韩训畔援为武強，皆不免望文生训。愚意畔援，散漫之象，或作畔换，或作伴换，皆散漫不严整也。《访落》之“继犹判涣”，谓倦于勤也；《卷阿》之“伴奂尔游”，谓从容不迫也，义皆相近，《汉书》叙传有“项氏畔换”，似亦因毛韩而误用“畔换”二字之本义。

将、崖、沥、湄、麋、漘、干、侧、涘、圻，同类互训。

观《中庸》所引则声色乃对举之文，疑夏革二字亦对举也。夏者文章焕发之象，如《书》之“夏翟”、《周官》之“秋染夏”、《仪礼》“考文”之类是已。革者文物变更之象，如《革卦》“大人虎变”、“君子豹变”，“正朔、服色、徽号”之类是已。长者犹曰数数然也，文王亦有所谓声与色者但不大耳，文王亦有所谓夏与革者，但不数数然耳。

镗、衡、衜，同音通用。

言言、𨍲𨍲，茀茀、勃勃，音义略同。

仡仡、圪圪，异同字。

《大雅·文王之什·灵台》

濯濯，鲜洁之貌，与趯之义不相近。𨗨，言精洁也。濯濯厥灵，言精严也，犹云精曜华烛也。牛山濯濯，言洁净也，犹云涤涤山川也，义皆可通，但与趯字训不相近耳。

翯翯、皜皜、㕡㕡、皬皬、鹤鹤，皆同音通用。

於论、於乐训体，犹“於皇武王”、“於铄王师”、“於粲洒扫”之句例。

枸、笱、椅、簴，同音通用。

鼖、鞼、贲，同音通用。

逢逢、韸韸，异同字。

《大雅·文王之什·下武》

不遐，当作亡何解。

《大雅·文王之什·文王有声》

伊減、伊匹，疑皆训体。与下文伊濯相类，但不知減字、匹字若何形貌耳。

《大雅·生民之什·生民》

嶷、㠜，异同字。

列者，裂之假借字。

采、穗，异同字。

种，雍种，谓以土附其根也。吾乡种芋多用缦田之流以土培拥之，京师种树亦然。

部、台、檯，异同字。

舀，本字抭，或体字。揄，假借字。

米再舂，使趋于凿者，本须润温，不必改作烦揗。

释、淅、渍、汰、择，皆同义通用，今俗谓之淘米矣。

《大雅·生民之什·行苇》

敦彼训体。

泥泥、柅柅、苨苨，同音通用。

以缉御训接武，则有字不可通。疑毛别自有说，或有字为语词乎。

臄、谷，或体字。

钧者，均之假借字，参亭犹参均，今俗称曰匀称。

埶、质、的、臬、槷，同类互训。

正鹄今俗呼为靶子。

《大雅·生民之什·既醉》

有仆训体。

《大雅·生民之什·凫鹥》

按：草木之中立翘出者，谓之茎。水之中流径直者，谓之泾。山之中绝横亘者，谓之陉。皆因声得义。《礼记·月令》注有灶陉，亦谓灶上突起之区，疏所谓以土为之者也。

《大雅·生民之什·假乐》

正义自当何以非传之指。（参看陈疏）

《大雅·生民之什·公刘》

舟者，匋之假借字。

造，至也，进也。《周礼》：“凡四方之宾客造焉，则以告。”《司马相如传》：“搢绅先生二十有七人，俪然造焉。”《盘庚》：“其有众咸造。”皆至也。宾客之至者，曰造。延宾客而进之，亦曰造。“乃造其曹”，犹云乃进者众也。

三句用韵，已开秦碑之先声。

《大雅·生民之什·泂酌》

馔、馈、饎，或体字。

涤、濯、洗、絜、拭、溉、摡、瀞，同类互训。

《大雅·生民之什·卷阿》

有卷训体。

来，词也。

伴奂，叠韵连绵字，不应分广大文章为二义。郑训为自纵弛之意，方与《皇矣》之畔援、《访落》之判涣皆通。

遒、酋，古今字。

遂也，成也。

“有冯有翼”，贤人之才也。“有孝有德”，贤人之德也。“以引以翼”，贤人之辅佐我王也。

《大雅·生民之什·民劳》

汔、危、殆、幾、蟣，同类互训。《丙吉传》“岂宜褒显”之“显”，亦其类也。幾幾乎、廪廪乎、岌岌乎，亦其类也。

能与耐通，而迩即耐迩也。《书》曰“不能厥家人”，《左传》

曰“不能其大夫，至于君祖母”。柔、能，自是对文。陈说非也。

诡随，叠韵字。

《大雅·生民之什·板》

痯、管，异同字。钱氏答问之说《稽古编》已言之。

唸、㕧、殿、屎，同音通用。

“如埙如篪”三句，言在上者化民之易也。然导之善固易，导之恶亦易，导之善而善则有益于民，导之恶而恶则有损于民矣，故无凡益也。

《大雅·荡之什·荡》

谌、忱，异同字。

“女兴是力”二句，谓君有滔慢之德，诸臣起而力任滔慢之事。

而，读如尔，“〔而〕秉义类”谓尔之秉性本善也。

“强御多怼”，谓暴戾自用，不能率其性□自然耳。

王谓王也，王并未强尔以酒，尔不宜从式以成王之过。从谓阿谀顺旨，长君之恶也。式谓自作不典，逢君之恶也。此借文王之言痛责诸臣也。

颠沛、蹎跋，同音通用。

《大雅·荡之什·抑》

民有三疾，狂、矜、愚也。庶人之愚，不过民疾之常耳，哲人之愚则远罪也。

有觉训体。

王引之氏于《康诰》之“敷求”训曰“遍求”。

《说文》：苟，自急敕也，从勹，从口，慎言之意。“无曰苟也"，无谓业已日敕也。

不遐，亦犹亡何也。

《大雅·荡之什·桑柔》

菀彼训体。

倬彼训体。

仓兄，连绵字，与《九辩》之怆怳同。

有翩训体。

稼穑，严氏《诗缉》之说最善。

立，成也，立王犹曰成王。下章之惠君，与此立王，皆不常见之语。

文曰文人，武曰宁人。契曰玄王，汤曰武王。诗书随文生名，此称厉王为立王，亦犹是也。

有隧、有空，皆训体。王氏引之说。

来，词也。

《大雅·荡之什·云汉》

倬彼训体。

遗、助、闻、虞，均言不复收恤我，今俗言不理我也。《葛藟》"亦莫我顾"、"亦莫我有"、"亦莫我闻"，《江汜》"不我以"、"不我与"、"不我过"，《日月》"宁不我顾"、"宁不我报"，句例与字义皆相近也。

涤涤，犹牛山之濯濯。

畏，去也。

"瘨我以旱"与"瘨我饥馑"句意同。

《书》之"公无困我"，苏诗之"磨我废百书"，意亦相近。

《大雅·荡之什·崧高》

迈、己、其、忌、记，音义俱近。

《大雅·荡之什·烝民》

穆如训体。

《大雅·荡之什·韩奕》

有倬训体。

锢、锡，或体字。

幭、篾、幂、幦、幎，音义皆相近。

有且训体。

溥彼训体。

《大雅·荡之什·江汉》

铺字阙疑。

来极之来，词也。

《大雅·荡之什·常武》

“不留不处”，郑笺作不久处。

于是者，是也。毛云诛其君吊其民，亦谓天所利其土地，不久处于是也。

陈训留，为刘失之。

笺云，绍，缓也。王引之云，《陈风》“舒夭绍兮”，夭绍亦舒缓之姿也。

阚如训体。

《大雅·荡之什·瞻卬》

懿、噫、抑，同音通用。

巧言以谮为轻，以谗为重，谓谮犹可涵，谗则不可信也。此以谮为轻以背为重，谓始谮而终则背矣。

逊、遏，同音通用。狄者，假借字。

《大雅·荡之什·召旻》

兹，犹长也。滋长之张，后人从水，古只作兹，引亦犹兹也。谓职是而致乱之道，曰兹斯乱，亦曰长耳。下章弘，大也，谓职是而致乱之道，曰兹斯乱，亦曰大耳。郑笺、朱传俱失之。

《周颂·清庙之什·清庙》

於穆训体。

越，郑训于，朱从之。陈训对扬，其义差长。文王之神在帝左右，多士之精神亦发越飞腾，熻熻乎如与文王相接也。

《周颂·清庙之什·维天之命》

溢我，犹曰毖予也。

《周颂·清庙之什·烈文》

《白虎通义》以封靡为大罪，未必果与毛之大累同，陈以累破作纍，犹臆说也。

《周颂·清庙之什·天作》

“彼作矣”、“彼徂矣”，二句句例相同。朱传读岐字绝句者，非也。

《周颂·清庙之什·昊天有成命》

此篇朱子以为祀成王之诗者，近之。

《周颂·清庙之什·我将》

右，助也。《易》曰“自天祐之”，《系》曰“天之所助者顺也”，是祐亦助也。祐、右，字异而义同，朱传大误。

伊嘏训体。嘏，大也。

《周颂·清庙之什·时迈》

实字宜当作发语词。

“右序有周”与下文“明昭有周”，句例同。

《周颂·清庙之什·执竞》

喤喤、锽锽，将将、鎗鎗、锵锵，铊铊、玱玱，穰穰、让让，并同音通用。

以傩释反，以重释反，均深得毛意。

《周颂·清庙之什·思文》

思文，词也，犹“思乐泮水”、“思皇多士”之思。

《周颂·臣工之什·臣工》

於皇训体。

庤、徛、峙，同音通用。峙乃糗粮，音义亦同。

鎒、槈、耨，同音通义。

曰斛、曰鍵、曰锸、曰锹、曰铫、曰鉁、曰铧、曰铧、曰臿、曰畚、曰梟、曰梩，皆一物也。《诗》之所谓钱，俗之所谓锹也。

曰定、曰槈、曰斪、斸、曰鐯、曰钁，又皆一物也。《诗》之所谓镈，俗之所谓锄也。曰铚，曰截、颖，俗之所谓镰也。

《周颂·臣工之什·噫嘻》

噫为咄嗟之貌，义尚可通。欧阳公书牍中言愁叹之事，有曰咄嗟而已，则不可通。

《周颂·臣工之什·振鹭》

邕、雝、雍，同音通用。

《周颂·臣工之什·丰年》

亦字疑当作语辞，读为抑。

《周颂·臣工之什·有瞽》

骑鼓，以四足踏于地，即足鼓也。建鼓，疑以两竹竿夹鼓行，则前后两人负之而趋，故曰负建。鼓止则植立于楹间，故曰楹鼓。两人负鼓以行，有似肩舆之状，今军中操演往往有此，故曰建大将旗鼓。

《周颂·臣工之什·潜》

潜、涔、橬、槮、罧、糁，六字音皆相近。潜，假借字也。潜，实字而虚用之。韩文“母有多子”，其句例正法此也。

《周颂·臣工之什·雍》

宣，开通也。哲，睿智也。二字应平列。笺说失之。窃疑“荐广牡”句指天子，“相肆（祠）〔祀〕”句指辟公，“宣哲”句指辟公，“文武”句指天子。朱传以“宣哲”句为文王尽人之道，盖亦失之。

《周颂·臣工之什·载见》

有鸧训体，声也，字亦通作玱。《采芑》之“八鸾玱玱”，即与《商颂》之“八鸾鸧鸧”同义。《采芑》之“有玱葱珩”，即与此诗之“有鸧”同义。朱传得之，郑笺失之。

《周颂·臣工之什·有客》

亦，语词，朱传是也。

淫，犹溢也，多也，大也。《左传》“平丘之会，淫刍荛者”，侈溢之意也；“淫刑以逞”，多之意也。《书》“淫舍牿牛马”，大之意也。陈说失之。

《周颂·臣工之什·武》

於皇训体。允，发语词。允文，亦训体。

《周颂·闵予小子之什·闵予小子》

直上直下，不成文义。朱传引《楚辞》“登降堂只”，以证此句之例，得之。

《周颂·闵予小子之什·访落》

“访予落止”，与“将予就之”句例相近。止、之，皆词也。予，亦句中之助词也。

将，犹自持也，自立也。韩文《曹成王碑》“侃侃自将”[①]，

①此句出处误，应为韩愈《赠太尉许国公神道碑铭》。

《汉书·陈遵传》“效子者难将”。

将者，自强也；就者，日进也。二字对举。下《敬之》篇“日就月将”，亦对举之词。

“绍庭上下”，指成王言，不知神之所在于彼乎于此乎，上下求索也。“陟降厥家”，指武王言，犹曰“文王陟降”、曰“陟降庭止”也。

《周颂·闵予小子之什·敬之》

佛者，弼之假借字。

《周颂·闵予小子之什·小毖》

“莫予荓蜂”二句，胡承珙曰：言往日之事无有掣曳而误我者，乃我自求至螫之害也。

《周颂·闵予小子之什·载芟》

有嗿、思媚、有依、有略、有厌、有实、有飶、有椒，皆训体。

略者，挈之假借字。

《周颂·闵予小子之什·良耜》

伊纠、斯赵皆训体。赵，犹剡也，覃也，利也，犹《周礼》之“挈尔而（削）〔纤〕”也。

《周颂·闵予小子之什·丝衣》

其纤、其觩，皆训体。

《周颂·闵予小子之什·酌》

於铄训体。

《周颂·闵予小子之什·桓》

厥士之训事，间之训代，但阙疑。

《周颂·闵予小子之什·赉》

敷，布也。宣布文王之德，而陈列爵赏以锡人也。时，句中语助。思，词也。“敷时绎思”，犹云布而陈之耳。

《周颂·闵予小子之什·般》

於皇训体。

《鲁颂·駉之什·駉》

孙武之作战篇，亦谓始事也。

《鲁颂·駉之什·有駜》

咽、渊、鼘，同音通用。

《鲁颂·駉之什·泮水》

哕、钺、锣，同音通用。

思乐训体。

《法言》“汉绌群材，群材绌群力”，或即此屈字之意。

扬，亦吴也，诗人自多复语耳。

其觩、其搜训体。

翩彼、憬彼训体。

《鲁颂·駉之什·闷宫》

自“上帝临汝”以上，皆周初之盛事，颂僖公而称引及此，诗人之夸也。

《采薇》“彼尔维何”尔，亦盛也。

“崩”至“承”，通为一韵，朱传分章非也。

《商颂·那》

有绎〔斁〕、有奕训体。

贯中上出之鼓，今世不见。

疑以两柱夹之，如今之肩舆也。

《商颂·烈祖》

“思成”二字，郑笺太迂。疑思字句中语助也，《关雎》“寤寐思服”、《丝衣》“旨酒思柔”，思字皆句中语助也。“赉我思成”、“绥我思成”，犹云玉汝于成耳。

《商颂·玄鸟》

方命，笺曰遍告是也。方行天下，方告无辜于上，小民方兴。方，犹遍也。

《商颂·长发》

王引之云，幅者福之假借字。陨者，云之假借字。

桓拨，疑亦连绵字。

有截训体。

达，通也。国人皆信从之则通矣。小国亦达，大国亦达，犹《论语》之“在邦必达，在家必达”也。东渐西被塈讫，达也。“道不行于妻子”，不达也。“大赉四海，万姓悦服”，达也。“天位殷適，不挟四方”，不达也。此诗之“莫遂莫达”，达字亦当作如是解。

《商颂·殷武》

挞彼训体。

有截训体。

有梴、有闲训体。

周易

《晋》：“上九，罔孚裕，无咎。”①

裕，难矣。《中庸》“明善诚身”一节，其所谓“裕”者乎？

《家人》：“上九，有孚威如。”

“有孚威如”即《论语》“望之俨然”意。要使房闼之际、仆婢之前、燕昵之友，常以此等气象对之方好。

“象曰：威如之吉，反身之谓也。”

治家贵严，严父常多孝子。不严则子弟之习气日就佚惰，而流弊不可胜言矣。故《易》曰“威如吉”。欲严而有威，必本于庄敬，不苟言，不苟笑。故曰：“威如之吉，反身之谓也。”

《睽》

凡睽起于相疑，相疑犹如自矜明察。我之于某君，其如上九

①应为“初六，罔孚裕，无咎”。

之于六三乎？吴氏谓合暌之道，在于推诚守正，委曲含宏，而无私意猜疑之弊。戒之勉之，此我之要药也。

《中孚》

读《中孚》卦，因思人必中虚，不著一物，而后能真实无妄。盖实者，不欺之谓也。人之所以欺人者，必心中别著一物，心中别有私见，不敢告人，而后造伪言以欺人。若心中了不著私物，又何必欺人哉？其所以自欺者，亦以心中别著私物也。所知在好德，而所私在好色。不能去好色之私，则不能不欺其好德之知矣。是故诚者，不欺者也。不欺者，心无私著也。无私著者，至虚也，是故天下之至诚，天下之至虚者也。当读书则读书，心无著于见客也。当见客则见客，心无著于读书也。一有著则私也。灵明无著，物来顺应，未来不迎。当时不杂，既过不恋，是之谓虚而已矣，是之谓诚而已矣。以此读《无妄》、《中孚》、《咸》三卦，盖扞格者鲜矣。

“寂然不动”①

“神明则如日之升，身体则如鼎之镇。”此二语，可守者也。惟心到静极时，所谓未发之中，寂然不动之体，毕竟未体验出真境来。意者只是闭藏之极，逗出一点生意来，如冬至一阳初动时乎？贞之固也，乃所以为元也。蛰之坏也，乃所以为启也。谷之坚实也，乃所以为始播之种子也。然则不可以为种子者，不可谓之坚实之谷也。此中无满腔生意，若万物皆资始于我心者，不可谓之至静之境也。然则静极生阳，盖一点生物之仁心也。仁心不

①见《易·系辞上》。

息，其参天两地之至诚乎？颜子三月不违，亦可谓洗心退藏，极静中之真乐者矣。我辈求静，欲异乎禅氏入定冥然罔觉之者，其必验之此心。有所谓一阳初动，万物资始者，庶可谓之静极，可谓之未发之中、寂然不动之体也。不然，深闭固拒，心如死灰，自以为静，而生理或几乎息矣。况乎其并不能静也，有或扰之，不且憧憧往来乎？深观道体，盖阴先于阳，信矣。然非实由体验得来，终掠影之谈也。姑记于此，以俟异日。

“夫易，圣人之所以极深而研幾也。”①

研幾工夫最要紧。颜子之有不善，未尝不知，是研幾也。周子曰：“幾善恶。”《中庸》曰：“潜虽伏矣，亦孔之炤。”刘念台曰：“卜动念以知幾。”皆谓此也。失此不察，则心放而难收矣。

周官

《天官·大宰》：“八曰官计，以弊邦治。”② 注：“弊，断也。”

《小宰》“六计弊群吏之治”，《秋官·大司寇》“以邦成弊之”，《小司寇》“以辅众志而弊谋”，弊皆断也。《士师》“断狱弊讼”。弊与断字平列，弊亦断也。蔽亦有断义。《小尔雅》：“蔽，断也。”《论语》：“一言以蔽之”；《左传》：“蔽罪邢侯。”

“岁终，则令百官府各正其治，受其会。”

谓一岁之大计也。我大清五月各省进奏销册，即岁会也。《小

①见《易·系辞上》。

②以下至《鳖人》条均属《周官·天官》。

宰》："令群吏致事。"注云："使赍岁尽文书来至。"

《小宰》："四曰听称责以傅别。"注："傅别，谓为大手书于一札，中字别之。"

如今之合同，中字裁分，各执其半，又如两联票矣。

"七曰听卖买以质剂""谓两书一札，同而别之。长曰质，短曰剂。"

此即今之两联票也。一札而左右两书皆同，其中别之处作数大字，即今之编号也。

《宰夫》："叙群吏之治，以待宾客之令，诸臣之复，万民之逆。"注："郑司农云：'复，请也。元谓复之言报也，反也。反报于王，谓于朝廷奏事。'"

按：复，白事也。《孟子》"有复于王者曰"，《曲礼》"愿有复也"，《大司寇》"凡茕独老幼之欲有复于王者"，皆谓白也。先郑于《司士》注云："逆，独受下奏。"于《宰夫》注云："逆，谓迎受王命者。"后郑于《宰夫》注云："逆谓上书，自下而上曰逆。"国藩谓复、逆一也。复者有白于上也，逆者有干请于上也，亦即白也。《宰夫》曰"诸臣之复，万民之逆"，《司士》曰"诸侯之复逆"，《小臣》曰"三公孤卿之复逆"，《御仆》曰"群吏之逆，庶民之复"，皆以达下情也。

"凡失财用物辟名者，以官刑诏冢宰而诛之。"注："辟名，诈为书，以空作见，文书与实不相应也。"

按：名，犹俗曰认。《吕后本纪》："诈取它人子名之。"此亦无其物而伪作文书以诈名之也。

"赐之飧牵，与其陈数。"注："飧牵，客始至所送礼。"

飧，客至而送酒席也。牵则兼送猪羊矣。《左传》：“饩牵竭矣。”亦有饩有牵也。

《内饔》：“鸟皫色而沙鸣。”注：“沙，澌也。”

按：病人失音者，可谓之沙声。

《鳖人》：“凡狸物。”注：“自狸藏伏于泥中者。”

按：自遁藏伏之物，皆可名曰狸物。犹曰鼠伏，曰狙伺。

《地官·大司徒》：“其民专而长。”① 注：“专，圜也。”

按：专，徒丸反，读如团，谓面圜也。

《乡大夫》：“五物询众庶。”注：“郑司农云：‘询，谋也。问于众庶，宁复有贤能者。’”

按：上文已献贤能之书于王矣，乡大夫退而再询：“此外更有贤能者乎?”使众庶更举之。

《廛人》：“总布。”注：“杜子春云：‘总当为儳。’谓无肆立持者之税也。”

按：今世手持货物者，若抽取厘税，则苛矣。

《遂大夫》：“属其地治者。”注：“属，犹聚也。”

《史记》“屈原属草稿未定”，《左传》“属有宗祧之事”，犹值也。

---

①以下至《遂大夫》条均属《周官·地官》。

《春官·大宗伯》："以疈辜祭四方百物。"[1] 注："疈，牲胸也。疈而磔之，谓磔攘及蜡祭。"

按：疈，犹破也，折也。谓破牲之胸也，所以禳灾。《诗》："不折不副。"副即疈也。

《肆师》："及果筑鬻。"注："筑，煮。筑香草煮以为鬯。"

按：鬻、煮同字。香草，郁金也。筑，如今俗云捣碎。捣而煮之，以和于秬鬯之酒也。

《鬯人》："禜门用瓢赍。"注："赍，读为齐。取甘瓠，割去柢，以齐为尊。"

按：割去柢，刳去瓠中之瓤子也。即《庄子》之"剖瓠以为尊"。

《天府》："上春，衅宝镇及宝器。"注："衅，谓杀牲以血血之。"

此与"解衣衣我，推食食我"、"春风风人，夏雨雨人"字法相同。

《典瑞》："四圭有邸以祀天、旅上帝，两圭有邸以祀地、旅四望。"

四圭有邸者，于一玉之中，中央琢为璧，四面各琢一圭。圭之末四出，其本为璧。邸者，本也，柢也。两圭有邸者，中央琢为璧，两头各琢一圭，邸如足之相对也。

《司服》："庞衣服。"注："庞衣服，所藏于椁中。"疏："此则明器之衣服，亦沽而小者也。"

---

①以下至《司常》条均属《周官·春官》。

镈师厥晋鼓，籥师厥羽籥，典庸器厥笋虡，司干厥干盾，视瞭厥锺磬，司兵厥五兵，皆明器也。

《典同》："高声硍。"注："高，钟形上大也。高则形上藏，衮然旋如里。"

按：硍声在钟里旋转不散也。硍即声之硍硍然。

《视祲》："三曰鑴。"注："谓日旁气刺日也。"

按：气如锥之直刺也。《汉书·翟方进传》"故使掾平鑴令"，亦谓刺取其劣迹也。

《大祝》："三曰禬。"注："禬，祭名，告有灾变也。"

《天官》"女祝有禬"，亦除灾害也。《春官·大宗伯》有禬礼，谓同盟有丧失财物者，谋补救之也。

"辨六号"注："号，谓尊其名，更为美称焉。"

古者凡物皆立之名。辨号，即正名也。

"来瞽令皋舞"注："皋，读为卒，嗥呼之嗥。来、嗥者，皆谓呼之人。"

按：来读为徕。《东坡志林》谓若"优施来之，赵高来之"是也。《左传》："鲁人之皋。"皋，缓也。《礼运》："皋某复。"皋，引长声也。

《巾车》："钖樊缨。"注："钖，马面当卢，刻金为之，所谓镂钖也。郑司农云缨谓当胸，玄谓缨谓马鞅。"

按：钖，即《庄子》之所谓月题，当胸在腹之上，即钩膺之处也。鞅，则夹马颈者。

疏："路，大也。王之所在，故以大为名。诸侯亦然。《左氏义》，以为行于道路，故以路名之。若然，门寝之等，岂亦行于路乎？"

按：王之五路——玉路、金路、象路、木路、革路，皆大之也。载柩之车，曰柩路，亦大之也。又鼓人有路鼓，亦与路车路马同一尊大之称。

"凡良车、散车，不在等者，其用无常。"注："不在等者，谓若今辎车后户之属，作之有功有沽。"

按：凡曰功曰攻曰工曰坚曰致曰精曰良，皆器之善也。凡曰苦曰窳曰楛曰沽曰盬曰粗曰麤曰疏曰散，皆器之恶也。

《司常》："通帛为旜。"注："通帛谓大赤，从周正色，无饰。杂帛者……"

按：九旗之帛皆用绛，特中画他色耳。此不画者即曰"通帛"。

《夏官·序官》："环人。"[①] 注："环，犹却也，以勇力却敌。"

按：环人掌察军慝，巡邦国，搏谍贼。盖周环巡视之意，殆如今之巡捕矣。

《羊人》："宾客供其法羊。"

此法字义与法驾、法从、法宫相同。

《司兵》："掌五兵、五盾。"注："五盾，干橹之属，其名未尽闻也。"《司戈盾》："及舍，设藩盾，行则敛之。"注："藩盾，盾可以藩卫者，如今之扶苏与。"

《说文》："盾，瞂也，所以捍身蔽目。"扬子《方言》："盾，

---

①以下至《撢人》条均属《周官·夏官》。

自关而东或谓之瞂，或谓之干。关西谓之盾。”《说文》：“橹，大盾也。”《玉篇》：“橹，城上守御望楼。”《韵会》：“战阵高巢车亦为橹。”《太公六韬》：“陷坚阵，败强敌，武翼大橹，提翼小橹。”是干也，盾也，橹也，其制不可得而尽见。然大抵干盾形制较小，一手执之可以卫身蔽目。藩盾则形制自大，或二三人执之不等。城上望楼之橹，则一方倚城，三方必有遮蔽。战阵巢车之橹，则一方出入，三方必有遮蔽，与盾之仅蔽一面者异矣。至《六韬》之大橹小橹，则亦仅蔽一面，差同干盾也。《通鉴》晋义熙八年，刘裕至荆州伐刘毅，军人担彭排战具。注：彭排，即今之旁排，所以扞锋矢。孙愐曰：樐，彭排。《释名》曰：彭，旁也，在旁排敌御攻也。梁普通五年，北魏将崔延伯等既破莫折天生，进击方俟丑奴于安定，别造大盾，内为锁柱，使壮士负以趋，谓之排城，置辎重于中，战士在外。唐代宗初立，仆固怀恩等破史朝义于洛阳，马璘单骑奋击，夺贼两牌，突入万众中，贼左右披靡。注：牌，古谓之楯。晋宋之间，谓之彭排。南方以编竹为之以捍敌，北人以木为之。《左传》“乐祁以杨楯贾祸”，盖北方之用木也久矣。国藩按：刘毅之彭牌、马璘之牌，即古之盾也，崔延伯之排城则较大矣，殆与《周礼》之藩盾、《六韬》之大橹相类。

《田仆》：“设驱逆之车。”注：“逆，衙还之，使不出围。”

衙还，谓遮列之。

《职方氏》：“其畜宜六扰。”

此即《左传》扰龙之扰。

《撢人》：“使万民和说而正王面。”

此面字与《书》之“面稽天若”、“谋面，用丕训德”，均不甚可解。

《秋官·大司寇》："使州里任之，则宥而赦之。"[1]

此即今令人取保，乃释放犯人也。

"凡庶民之狱讼，以邦成弊。"注："邦成，若今决事比也。"

今六部皆查成案，刑部又有比案，即邦成也。《士师》"掌士之八成。"疏："八者皆是断事成品式。"

《朝士》："凡盗贼军乡邑及家人，杀之无罪。"注："若今时无故入人室宅。"

按：家人，即庶人也。《鲁世家》"为家人"，《晋世家》"迁为家人"，皆庶人也。

《野庐氏》："比国郊及野之道路。"注："比，犹校也。"

按：比，犹言展省也，今世曰稽查也。

《司仪》："不朝不夕。"注："不正东乡，不正西乡。"

《尔雅》："山东曰朝阳，山西曰夕阳。"即以朝夕为山名也。春朝朝日，秋夕夕月，即以朝夕为祭名也。

《冬官·考工记》："车轸四尺。"[2] 注："轸，舆后横木。"

按：轸，当在车箱之底。舆底之轸，驾于轴上，其间惟有两

---

①以下至《司仪》条均属《周官·秋官》。

②以下各条均属《周官·冬官》。

伏兔贴之耳。

“轵崇三尺有三寸”注：“郑司农云：轵，軎也。玄谓轵，毂末也。”

按：轵者，毂上众凿所以内辐者。

“加轸与轐焉”注：“轐，谓伏兔。”

按：轐，即輹也。汉时谓之伏兔，唐时谓之车屐。在轴之上，轸之下，两头各施一轐，中空见光也。

“视其绠，欲其蚤之正也”注：“蚤，当为爪，谓辐入牙中者也。”

按：辐之一头壮者入毂，谓之轵；一头纤者入牙，谓之蚤。

“信其程围，以为部广。部广六寸。”

戴氏曰：“盖斗谓之部。部广六寸，厚一寸，中隆一分。”国藩按：二十八弓共一部，犹三十辐共一毂，以其隧之半为之较崇。阮氏曰：“輢，立木达辄，谓之较。”国藩按：阮君之意，以輢为车旁之板。凡板必有柱以维之。柱在三尺三寸以下则直立，其三尺三寸以上则势向外曲，如角之张，则较也。同一车耳也，在板谓之辄，在柱则谓之较。两角外张，有开张宽广之象。故《诗》美武公曰：“宽兮绰兮，猗重较兮。”

“参分轵围，去一以为轛围。”

戴氏曰：“式下人所对谓之轛。”阮氏曰：“轛，横軨也。”国藩按：軨者，车箱两旁午交之木。直者曰轵，横者曰轛。軨如窗之格，輢如窗之纸，无軨则輢板无所附矣。

"任正者，十分其辀之长，以其一为之围。"

戴氏说，任正，即辀也。阮氏说，在后轸之下，别有一任正木，为辀所植根之处。其说甚长。国藩谓：任正即后轸，其围较左右三轸更大耳。

"十分其辀之长，以其一为之，当兔之围。"

戴氏曰："两轐之间，谓之当兔。"阮氏曰："当伏兔者，谓之当兔。"国藩按：当兔，亦一横木也。后轸、前轸与中间之当兔，凡三横木，如三字；辀午贯其中，则如王字。当兔之下，正与轴相值。二轐上衔、当兔木下衔轴之处，如屐形，可衔可脱。衔当兔之处，则连为一体，一成而永不脱耳。

"五分其颈围，去一以为踵围。"

戴氏曰："辀后谓之踵。"阮氏曰："辀后投〔役〕任正谓之踵。"国藩按：阮氏以任正为后轸下之一大木，辀所植根之处，是踵者犹云柄也，犹辐之有菑也。

《治〔冶〕氏》："胡三之。"注："胡，其孑。"

戴氏曰："戈戟下垂者曰胡。"国藩按：戈之胡如半月，戟之胡如腰镰。其曲刃处名胡者，象领下垂胡之形也。名孑者，象孑字偏曲之形也。

《凫氏》："铣闲谓之于。"注："于，钟唇之上祛也。"疏："以于为祛者，钟唇厚犹褰祛然。"

按：褰祛，犹云振唇也。钟唇微扬，若祛之微举也。

“钲上谓之舞”

今俗称舞曰钟顶。

“钟带谓之篆”注：“带所以介其名也。”

按：钟之周围横痕一道，谓之带。于之上一道曰鼓，鼓之上一道曰钲，钲之上一道曰舞带。形如锲入然，故曰篆也。

“于上之攠谓之隧”注：“攠，所击之处攠弊也。隧在鼓中，窒而生光，有似夫隧。”

按：今钟上受杵之处，往往窒深如圆月形，即隧也。

《玉人》：“终葵首。”注：“终葵，椎也。”

按：珽玉以椎为首，长六寸，当是圆首；自六寸以下则方。

“祼圭尺有二寸，有瓒以祀庙。”注：“瓒如盘，其柄用圭，有流前注。”

瓒，以圭为柄曰圭瓒，以璋为柄曰璋瓒。前有黄金勺，勺端有鼻，鼻下有流，所以注酒。故《诗》曰：“黄流在中。”

《矢人》：“鍭矢参分，杀矢参分，一在前，二在后；兵矢、田矢五分，二在前，三在后；茀矢七分，三在前，四在后。”

一在前者，前有铁，重与二在后者亭平也。五分而二在前，则铁稍轻矣。七分而三在前，则铁更轻矣。

“刃长寸围寸”

矢之匕中博，自博处至锋，谓之刃。长一寸，全匕则长二寸。矢匕中有脊微高，围寸，并脊计之，博则不满寸矣。

《梓人》："颀脰。"注："颀，长脰貌。故《书》颀或作牼。郑司农云：'牼读为鬜，头无发之鬜。'"

按：《庄子》："而视金〔全〕人其脰肩。"肩与颀同音通用。

《匠人》："四阿重屋。"注："四阿，若今四注，屋四面皆有霤也。"

按：四面垂霤曰阿，吾乡谓之天井，因而一面垂霤亦曰阿。

"九夫为井，井间广四尺，深四尺，谓之沟。方十里为成，成间广八尺，深八尺，谓之洫。方百里为同，同间广二寻，深二仞，谓之浍。"

按：一夫受田百亩，两夫之间，必有一沟。方里而井，方十里为成，两井之间，必有一洫。一成则九洫矣。方百里为同，两成之间，必有一同。一曰〔同〕则九浍矣。又按《遂人》"百夫有洫，千夫有浍"；《匠人》则"十井九十夫即有洫界之，千井九千夫乃有浍界之"，大同小异。

《弓人》："凡昵之类不能方。"注："昵或作枳，或为刹。刹，黏也。"

按：𥝩正字，昵、暱借字。

"冰析灂"

按：灂，漆纹也，有似水波鳞鳞之纹。

"夫筋之所由幨"注："幨，绝起也。"

按：幨与"轮虽敝不蔽"之蔽同义。

"今夫茭解中有变焉，故校。"

茭解，谓隈与箫相接之处。弓干之端，析为两歧，而以箫剸入。干势向内，箫势向外，形制有变，故抗弦有力，是以校也。

“下柎之弓末应将兴”

下柎，谓柎不高而力弱也。兴谓把处有摇撼之患。

仪礼

《士冠礼》：“抽上韇。”注：“韇，藏筴之器也。今时藏弓矢者，谓之韇丸也。”

按：韇以韦为之，下韇自下韬而上，上韇自上韬而下。

“有篚实勺、觯、角柶”注：“柶状如匕，以角为之者，欲滑也。”

按：柶与匕，其状皆如今之羹匙。但少牢及公食大夫之柶，用以扱羊与豕于铏，以木为之，其柄宜长，故旧《礼图》云：“柶长尺，櫎博三寸，曲柄长六寸。”櫎，即叶也。士冠礼之柶用以扱醴于爵中，以角为之，其柄宜短。想叶博不过一寸许，曲柄不过三寸耳。《礼图》无士冠礼之柶，无可考证，以意拟之耳。

“三醮，有干肉折俎”

干肉之醮，三醮皆用脯醢，惟末醮有干肉。折俎，特杀之醮。始醮亦荐脯醢，再醮加两豆两笾，三醮加俎。郑注：“二醮时彻去始醮之脯醢。”张尔岐云：“三醮不彻再醮之豆笾。”国藩以为末醮既不彻豆笾，则再醮亦不宜彻脯醢。

“爵弁纁屦，黑绚繶纯，纯博寸。”疏云：“爵弁尊，其屦饰以缋次者，案《冬官》画缋之事云，青与白相次，赤与黑相次，玄与黄相次，缋以为衣。青与赤谓之文，赤与白谓之章，白与黑谓之黼，黑与青谓之黻，绣以为裳。是对方为缋次，比方为绣次。”

按：东青与西白对，北黑与南赤对，天玄与地黄对，三者缋以为衣，故曰对方为缋次也。东青与南赤相比近，南赤与西白相比近，西白与北黑相比近，北黑与东青相比近，四者绣以为裳，故曰比方为绣次也。

《士昏礼》：“姆加景。”注：“景之制，盖如明衣，加之以为行道御尘，令衣鲜明也。景，亦明也。”

按：吾乡嫁女，在舆着布青衣如上，或亦景之遗意欤？《隋书·礼仪志》作“加幜”。

“皆祭举、食举也”注：“举，即脊与肺也。”

按：凡祭礼，有祭肺，有举肺脊。祭肺专祭而不食，祭时亦不举。举肺脊则祭时举之，既祭又食之，故名此肺此脊曰举祭。举者，祭此肺脊也。食举者，食此肺脊也。

“执皮，摄之，内文”注：“摄，犹辟也。”

张尔岐曰：“执皮之法，襞积衣使文在内。”国藩按：摄，敛也。辟与襞通。谓褶叠而敛之，使文在内耳。

《士相见礼》：“凡言，非对也。”注：“凡言，谓己为君言事也。”

按：凡言，该下与君、与大人、与老者、与幼者、与众、与居官者六等，不必专指为君言事。

《乡饮酒礼》：“宾坐奠爵，兴辞。”

疏云：“宾西阶前东面坐奠爵，兴，辞降。”此宾辞降之位也。

上节云："主人坐奠爵于阶前，辞。"此主人辞降之位也。均云"阶前"者，主人与东阶相直，宾与西阶相直耳。实则去阶稍远，将近碑前，非降阶即辞也。张氏惠言之图云如此。

"北面"

按："北面"二字，指主人也。若循上文西北面献宾、东西面酢主人之例，则此当云"北面酬宾"。

"每一人献，则荐诸其席。"

按：张尔岐云："'席次宾介西。'介字衍文也。"三宾席次，宾之西，介席则在南耳，与三宾席不相次。

"执觯兴"

按：执觯者之导饮，与主人之导饮略同。但彼则主人，阼阶上奠觯；此则执觯者，西阶上奠觯。彼则宾于西阶上答拜，此则宾于席末答拜。彼则宾降辞洗，此则不辞洗。彼则宾奠觯于荐东，此则宾奠觯于荐西。兹数节为异耳。

"立饮"

即导饮也。

"司正退立于序端，东面。"

按：观经文"受酬者降席"句，似司正于赞堂上三宾受酬之时，则在西阶北面之位。其于赞堂下众宾受酬之时，则在序端东面之位。如《疏》之说，则宾首一人受介酬者，司正则于西阶位赞之，其余则皆于序端位赞之矣。疑《疏》与经《注》微有不合。

“皆进，荐西奠之。宾辞，坐取觯以兴；介则荐南奠之，介坐受以兴。退，皆拜送，降。宾介奠于其所。”

按：二人举觯，与上节一人举觯悉同。“皆拜送”者，二人皆于西阶上拜送也。“奠于其所”者，宾仍奠于荐西，介仍奠于荐南也。

“介俎，脊胁肫胳肺，皆离。”①

朱子曰：“介俎，印本有肫字，然《释文》无音。”《疏》又云：“有臑肫，而介不用。”明无此字也。《石经》亦误。

注：“后胫骨二，膊胳也。”

按：后胫骨亦三，髀、膞、胳也。髀近窍，贱，不登于俎，故仅云二骨。

“乐正与立者，皆荐以齿。”

按：乐正与立者之位，皆有脯醢，故曰荐于其位。

“凡举爵，三作而不徒爵。”注：“谓献宾、献大夫、献工，皆有荐。”

按：“三作”注说未安。即盛氏、郝氏、方氏之说，亦均未确。惟《仪礼正义》杨大堉之说差为近之。其言曰：“记言举爵，为经‘一人举觯’言也。云凡者，兼二人举觯言也。经文‘一人举觯于宾’云，实觯于西阶上，坐奠爵，遂拜，执爵兴，是一作也。又云坐祭，遂饮，执觯兴，是二作也。又云坐奠觯，遂拜，

①上海古籍出版社 1983 年版《黄侃手批点校白文十三经》作“介俎，脊胁肫胳肺，肺皆离”。

执觯兴，是三作也。‘不徒爵’者，谓其必实觯也。二人举觯之礼亦同。”

《乡射礼》：“乏参侯道。”注：“容谓之乏，所以为获者御矢也。侯道五十步，此乏去侯北十丈，西三丈。”

《尔雅》：“容谓之防。”郭注：“形如今床头小曲屏风，唱射所以自防隐。”《荀子·正论篇》云：“居则设张容，负扆而坐。”杨倞注：“容，如小曲屏风，施此于户牖，负之而坐。”国藩按：射者去侯三十丈，设乏之北十丈，西三丈，去射者约二十丈，之状类曲屏，唱获立于其中。名曰容者，可以容身也。名曰防者，可以防矢也。名曰乏者，矢力至此已匮乏，不至伤人也。若如《荀子》之言，则燕居亦有容，不独射时然矣。

“宾进，东北面辞洗。”注：“必进者，方辞洗，宜违位也。言东北面，则位南于洗矣。”

张尔岐曰：“《乡饮酒》此处注异。彼于东字句，此于进字句。”国藩按：郑注虽有一于东字句一于进字句之别，经文实无分别。

“主人卒洗”

《乡饮》于卒洗之上，有曰主人坐取爵，沃洗者西北面，此亦当有沃洗者。

“宾席之前”

按：此句当如《乡饮》作“宾之席前”。《石经》亦误。注“进于宾也”，当从宋本作“进酒于宾也”。此钱氏仪吉所校定者。

“宾反奠于其所”

《乡饮》郑注云：“所荐西也。”

“大夫若有遵者，则入门左。”

张尔岐曰：“言若有者，或有或无不定也。按《乡饮酒》于篇末略言遵者之礼，此经乃著其详，正所谓如介礼者也。”国藩按：如介礼者拜至也，辞洗而不拜洗也。主人于西阶之右拜送爵也，不哜肺不啐酒不告旨也，授主人爵于两楹间也，主人实爵自酢也，再拜崇酒也，余少异。《乡饮酒》记云遵者席于宾东，实亦在尊东也。

“却手自弓下取一个”

按：对下复手言之，则却手者仰手也。

“与进者相左”

进者次耦也。次耦退时，三耦方进，亦与相左。

“俎与荐皆三祭”

张尔岐曰：“脯之半脡，俎之离肺，皆三也。”国藩按：将以脡肺祭神，因名脡肺曰祭。

“左个之西北三步，东面设荐俎，获者荐右东面立饮。”

按：张惠言《仪礼图》获者之荐俎凡设六处：初设于侯之正北，次执而设于右个，次执而设于左个，次执而设于中，次立饮时设于左个之西北三步，次复位后辟设于乏南后，五处皆与经合。“初设”一处，不知确否？经与注皆不甚明。《大射仪》曰：“卒错，获者适右个。”是荐俎先已错矣。或即张图之所本与？

“卒，北面搢三挟一个。”注：“亦于三耦为之位。”

按：注两曰三耦为，所为者，搢三挟一之事也。宾主人为此事，亦于此位；大夫为此事，亦于此位。

注：“自若留下。”

自若者，犹云如故也。《霍光传》曰：“霍山自若领尚书。”

“宾觯以之主人，主人之觯长受。”

按：之，往也。以之主人，犹云送往主人所也。大夫之觯，送往众宾长所也。

“其中蛇交，韦当。”注：“直心背之衣曰当，以丹带为之。”

张尔岐曰：“韦当者，以韦束楅之中央，如人心背之衣。”国藩按：瓦当及玉卮无当，皆谓两头为当，此谓心背为当，犹曰前面后面耳。

《燕礼》：“若膳觯也，则降更觯洗。”注：“言更觯，卿尊也。”

张尔岐曰：“膳觯，本非臣所可袭，以君命故得一用。至酌他人，则必更矣。注释更字义，亦未可信。”国藩按：上文云“公有命，则不易不洗”，此不定之辞也。若公无命，则易觯洗矣。前果易觯乎？则今宾酬大夫，不再更觯。前果用膳觯乎？则今宾酬大夫当更觯实散。注非，张说正之是也。

“奏《南陔》《白华》《华黍》”

按：注自“今亡以下”至“此其信也”，与《乡饮酒礼》之注同。后文注“间代也”至“其义未闻”一节；“《周南》、《召南》，《国风》篇也”至“笙间之篇未闻”一节，与《乡饮酒礼》之注同。特数字小异耳。

“君曰以我安”

张尔岐云：“当为我安坐，以留之。”国藩按：张说辞意微有不合，安即留也，非安坐之外别有所为留也，直云以我意留之耳。

“司正命执爵者爵辩，卒受者兴，以酬士。”

按：命之之辞，止“爵辩卒受者兴以酬士”九字，“执爵者”三字非命辞也。上文云：“唯公所赐”，统堂上之孤卿大夫言之。孤卿大夫坐行，皆有执爵者以代酌酒送觯。至士相旅酌，则执爵者不代送觯矣。故特以诏告执爵者。

“执散爵者酌以之公，命所赐。所赐者兴受爵，降席下，奠爵，再拜稽首。”

按：前三次辩酬卿大夫，皆用二人所媵之觯，皆公兴，至西阶亲赐，受君酬者皆降拜，酬人者皆拜送，此礼之最隆者也。第四次赐卿大夫而遍及于士，用宾所媵之觯，亦公兴，至西阶亲赐，受君酬者亦降拜，但酬人者不拜授，而由他人代酌以授，受酬者亦不拜受。是礼渐杀而欢渐洽矣。此为第五次赐卿大夫而遍及于士，不用膳而用散，君不亲赐而仅命执爵者赐之，受赐者不降阶拜而仅降席拜，是礼尤杀而欢尤洽矣。

“小臣以巾授矢，稍属。”

按：稍属者，矢不竟授之君手，稍与相近耳。

《大射仪》："膳尊两甒在南。"

《燕礼》云："公尊瓦大两。"又云："在尊南。"此云："膳尊两甒在南。"词异而实同，甒即瓦大也。

"尊士旅食于西镈之南。"

《燕礼》云"尊士旅食于门西"，亦西镈之南也。

"公命长"注："命之使选于长幼之中也，卿则尊，士则卑。"

言大夫则无尊卑之殊，但有长幼之分，故于大夫中选之。

"长致者"

《燕礼》"长致致者"有两致字，此少一致字，误也。

"大师及少师、上工皆降，立于鼓北，群工陪于后。"注："鼓北，西县之北也。《考工记》曰：'鼓人为皋陶，长六尺有六寸。'"

张尔岐曰："注'鼓北，西县之北也'句可疑。"国藩按：注引《考工记》曰"皋陶长六尺有六寸"，西县之钟罄镈鼙等，皆不如鼓之长。鼓之面在前，其北与大师、少师、上工立处相齐。鼓之尾在后，其北与磬钟镈鼙相齐。鼓之中一段，其北即群工也。张惠言氏之图与注相合。张尔岐氏之疑，乃未明鼓长六尺有六寸一句耳。

"小臣师以巾内拂矢，而授矢于公，稍属。"注："稍属，不搢矢。"

按：稍属者，不遽近君之手，俟君自接取也。

“司宫尊侯于服不之东北。”

即篇首所云：“大侯之乏东北。”

“公乐作而后就物，稍属。”

稍属者，公射之仪，与乐之音稍相连属，而不尽能应节也。与上文小臣授矢之稍属不同。

“司射命释获者退中与算而俟。”

获者退荐俎，而释获者未追。郑注补之。《乡射》则皆郑注所补。

“司马正升自西阶”

《燕礼》无马字。《燕礼》“膳宰彻公俎”，此用庶子正。“司正命执爵者爵辩，卒受者兴，以酬士。”按：司正之命，命执爵者，非命大夫也。“爵辩”以下九字，即命之之辞。①

《聘礼》：“释币，制玄纁束。”注：“纯，四咫。制，丈八尺。”

咫长八寸，四咫则幅广三尺二寸，太广非其度。疏引郑答赵商云：四当为三，三咫则幅广二尺四寸。

“从其币，出请受。”

“请受”二字疑羡文也。

“士介入门右，奠币，再拜稽首。”注：“终不敢以臣〔客〕礼见。”

---

①“司正命执爵者”以下内容可参见前面。

宾与上介以臣礼觌时皆入门右，以客礼觌时皆入门左。士介则两次皆入门右，似以入右为敬谨，入左为抗礼；亦犹奠币为敬谨，受币为抗礼也。此注云“终不敢以客礼见”，得之上注云“私事自阑右”，似失之矣。后注“宾面卿节”云入门右为若降等，然引《曲礼》客若降等，则就主人之阶，最合经旨矣。

“米百筥，筥半斛。”

按：经云：“筥半斛。”而记云：“四秉曰筥。”则六十四斛矣。盖筥之大小不同，随时命名耳。

“宾降，阶西再拜稽首，拜饩亦如之。”注：“宾殊拜之。”

张尔岐云：“殊拜者，分别两次拜之，成拜讫，又降拜也。”国藩按：张云“成拜讫，又降拜”，似失经之序。当云“降拜讫，又成拜也”。

“大夫揖入”注：“入者，省内事也。既而俟于宁也。”

按：注“俟于宁”恐当作“俟于宇门”。屋宇即庙门之内霤也。

“大夫还璋，如初入。宾裼，迎。大夫贿用束纺。礼玉、束帛、乘皮，皆如还玉礼。”

按：注贿用纺、礼用玉与帛与皮，此一事也；还璋又一事也，二事皆如还玉之仪，不得分贿纺与礼玉为二事。还璋亦如还玉礼，贿纺、礼玉亦如初入，互相备也。

“若宾死，未将命，则既敛于棺，造于朝，介将命。若介死，归复命，唯上介造于朝。”

上介死，则将命时不以柩造聘国之朝。士介死，则复命时不以柩造本国之朝。

“币之所及，皆劳。”

币之所及，即宾请有事之所及也。当是时，尚未用币请。有事既及之，则币将及之矣。知宾之币将及于我，则我宜先劳之矣。

“又拜送”

记之首节云：“明日君馆之。”郑注以为特聘宜加礼一节宜在其下。国藩按：首节记卒聘报书之速，谓报书在前一日，馆宾尚在后一日也。首节以记卒聘为主，此节以记馆宾时释词为主，不可相蒙。

《公食大夫礼》：“寡君从子。”

按：从犹及也，与也。《聘礼》亦曰：“寡君从子。”《左传》曰：“吾从子如骖之靳。”

“士羞庶羞，皆有大、盖，执豆如宰。”

张尔岐云：“盖执豆，兼盖而执之也。”国藩按：盖字别为一句。谓皆有大、皆有盖也。张氏解属下句读，则不辞矣。

“一以授宾，宾受，兼壹祭之。”注：“一一受之，而兼一祭之。”

张尔岐云：“一以授宾者，品授之也。兼一祭之者，总祭也。”国藩按：一与壹同。一以授宾，谓总合授之也。上文赞者坐而辩取庶羞，辩取之后又兴矣。十六羞之大，必有一器盛之，乃能执之以兴。宾之所受，总受一器也，非分受十六大也。故一字当与壹同义。若一一授之，则以字为不辞也。张氏解上节壹以授宾，为总合授宾；而解此节为品授之。是但知上注犹稍也之误，而不知此注一一受之亦误也。

《丧服》："衰三升。"注："布八十缕为升。升字当为登。登，成也。"

按：升、登、成三字，古人多互用。《乐记》"则乱升"，《论语》"新谷既升"及"衰缕之升"，升皆训成也。《曲礼》"年谷不登"，《诗》"登是南邦"，《春秋传》"不登叛人之党"，登皆训成也。

"菲〔菅〕屦，菅菲也。"疏云："周公时谓之屦，子夏时谓之菲。"

按：菲字疑与"屝"字通。《左传》："共其资粮屝屦。"杜注："屝，草屦。"

《丧服》："庶子不为长子①三年，不继祖也。"注："庶子者，为父后者之弟也。小记曰：'不继祖与祢。'"

按：祢即庶子。庶子之长子可以继祢，但不得继祖，以其父固庶子耳。

"为所后者之祖父母、妻、妻之父母、昆弟、昆弟之子，若子。"

张尔岐云："所后者之妻，即其母；所后者之妻之父母、昆弟、昆弟之子，即其外祖父母及舅与内兄弟，皆如亲子，为之著服也。"国藩按：所后者之昆弟，即其世父叔父也。所后者之昆弟

①黄批《十三经》作"庶子不得为长子"。

之子，即其从父昆弟也。张氏谓即舅与内兄弟，恐非经意，顾氏炎武、盛氏世佐已详辨之。

“公卿、大夫室老、士，贵臣。其余皆众臣也。”

方观承氏以经所云公之士及大夫之众臣皆非贵臣也，故降其服；传所云公之卿及大夫之室老、士皆贵臣也，故不降其服。其说亦迎。

“齐衰、大功，冠其受也。缌麻、以〔小〕功，冠其衰也。”①

按：齐衰之受服衰七升，初丧之冠亦七升。大功之受服衰十升，初丧之冠亦十升，故云衰其受也。小功之衰十升，冠亦如之。缌麻之衰十五升，抽其半七升半，冠亦如之。故云“冠其衰也”。余皆可以类推。疏称引稍多，仅引一条，似更简明。又按郝氏敬谓缌麻以小功之冠为衰，小功以大功之冠为衰；盛氏世佐谓小功冠衰之升数有别；二说皆与疏异，与经文亦似不合，俟考。

“同居则服齐衰期，异居则服齐衰三月也②。必尝同居，然后为异居；未尝同居，则不为异居。”

按：子必随母适人而后名曰同居，即上齐衰杖期章内所谓继母嫁从也。异居者，若范文正公初随母嫁朱氏，后复归于范氏。当文正在朱家时，谓之同居；及还范家之后，谓之异居。若其初本未尝从母适朱氏，则并不得以异居名之，是无服矣。传意重在三者皆具，经意则专重同居，经传似微有区别。至传言为筑宫庙，

①黄批《十三经·仪礼》作“缌麻小功冠其衰也”。

②中华书局1980年影印本《十三经注疏》本无“也”字。

亦与贫窭之孤子情事不合，顾亭林氏已讥之矣。

“大夫之子为世父母、叔父母、子、昆弟、昆弟之子，姑、姊妹、女子子无主者，为大夫命妇者，唯子不报。”注：“君命其夫，则后夫人亦命其妻矣。此所为者，皆六命夫六命妇。”

按：《注》“六命夫”者，世父也，叔父也，子也，昆也，弟也，昆弟之子也；“六命妇”者，世母也，叔母也，姑也，姊也，妹也，女子子也。

“诸侯之大夫，以时接见于天子。”

盛世佐曰：“既为大夫，虽未尝聘问于王朝，而其可以接见之礼自在。疏云‘不聘即不服’，非。”国藩按：张氏以传注为诸侯使大夫来见天子，适有天子之丧，故其服如此。似与传注之意不合。传注云以时者，犹云大夫有时接见天子尔。盛说是也。

“大夫、公之昆弟、大夫之子，为其昆弟、庶子、姑、姊妹、女子子之长殇。”

古者五十而后爵，无大夫而殇死者，亦无既为大夫而有兄若姊之殇者。敖氏继公、盛氏世佐皆以此为疑。疏谓或有盛德，少年即为大夫。《钦定义疏》谓亦有公族高勋世为大夫者。適子年虽未冠，已为大夫者，理或然与？

“从母，丈夫妇人报。”

按：此“丈夫妇人”四字，从郑氏说，则似既服母之姊妹，又并服母之姊妹之子。从马氏说，则似从母报服于姊妹之子，男女并报以小功。二说皆于先王制服之条理不合。从敖氏继公说，则丈夫妇人即为从母服者也，又于经文之例不合。至《通典》引晋袁准之论，谓从母者，母之姊妹，从母而嫁为己庶母者也，则又与从父从祖之名不合。此条殊多可疑，姑阙之。

“缌者十五升，抽其半。”

姜氏兆锡曰：“十五升抽其半者，谓十有四升有半，而缕计一千一百有六十也。”盛氏世佐、秦氏蕙田皆从姜说，足正相沿之误。

“贵臣贵妾”

郑注、贾疏及雷次宗、顾炎武专指大夫言之。马融、陈铨、盛世佐通指大夫以上至天子、诸侯言之。敖继公、张尔岐、秦蕙田及《钦定义疏》皆专指士言之。详考《礼》意，自以指士者为正。下文“乳母”，敖氏，亦以为蒙上士为二字言之。

“从祖昆弟之子”

与其父同曾祖，则子称吾为族父母矣，故注曰“族父母为之服”。

“小功以下为兄弟”

此句愚意兼上三节及下“君之所为兄弟”、“夫之所为兄弟”二节言之，则“妻降一等”之语尚可强通。

“夫之所为兄弟服，妻降一等。”

妻于夫之兄弟无服，此所谓兄弟者，疏谓是夫之从母，敖氏谓是夫之祖父母，《钦定义疏》谓是夫之从祖、祖父母、夫之从父姊妹，皆不可信也。

“凡衰，外削幅。裳，内削幅。”注：“削犹杀也。”

按：此削字之义，如《考工记》“轚尔而下迤也”之轚。

“衣带，下尺。”注：“衣带下尺者，要也。广尺，足以掩裳上际也。”

张尔岐曰：“用布高一尺，上缀衣身，绕要前后。据疏，衣带，言其物；下尺者，向下量之一尺，言其度也。”国藩按：下尺，注指广言，张氏指长言。张氏是也。

“冒，缁质，长与手齐，桱杀，掩足。”

按：王夫之《丧大记章句》云：“冒杀之制，皆如囊。缝合一头，与一旁，其一旁则缀带以维结之，所谓缀旁也。”张尔岐谓缀质与杀相接之处，是质则缀下，杀则缀上，不得名曰缀旁矣。恐当从王说。

“既井椁”

按：椁大，不以全者舁送宅兆，先在殡门外构成，一试观之，然后析为散木，舁送宅兆，待窆后，再于圹中构成全椁也。椁成有似井形，试构之，故曰井椁。吾乡聚木板四方，娄空架之，亦曰一井。

“作龟，兴。”注：“作，炮〔灼〕也。”《周礼·卜人》：“扬火以作龟，致其墨。”

按：古人名步马曰“作马”，《易·杂卦》为“作足”也，“作龟”之意略同。

《既夕》："迁于祖，用轴。"注："轴状如转辚，刻两头为轵，轵〔軖〕状如长床，穿桯。前后著金而关轴焉。大夫诸侯以上，有四周，谓之辁。天子画之以龙。"

按：《淮南子·说林训》注："楚人谓户限曰辚。"此注云如转辚者，当谓如户枢之转也。轵者，轴头之軎内于桯上之穿者。士之軖床，亦应有四周，但大夫诸侯以上，则桯弥厚弥大，天子则尤大，故画龙耳。蜃车之轮曰轮，高三尺三寸，此轴行于中庭，当尤低矣。

"设披"注："披辂柳棺上。"

张尔岐曰："注文辂字当是络字。"国藩按：《左传·僖十五年》"辂秦伯"注："辂，止也。"《宣二年》"狂狡辂郑人"亦训"止也"。辂有系止之义，不必作络。

"夷床，軖轴，馔于西阶东。"注："夷床馔于祖庙，軖轴馔于殡宫，其二庙者于祢亦供軖轴焉。"

国藩谓虽有二庙軖轴，似不必两具。

《士虞礼》："苴刌茅，长五寸，束之。"注："苴犹藉也。"

张尔岐曰："苴刌茅者，藉祭之刌茅也。"国藩按：下文"洗茅设于席上，取黍稷祭于苴"，是此苴实为虚祭栖神之物矣。

"尸取奠"

张尔岐曰："尸取奠，取祝所反，奠于铏南之觯也。"国藩按：觯久奠于铏南，因名此觯曰"奠"。下文曰"祭奠"，祭此觯也。《特牲馈食礼》曰"嗣举觯"，举此奠也。

“祝荐席，彻入于房。祝自执其俎出。”

按：祝有荐有席有俎，荐席则彻入于房，俎则自执以出。

“升左肩、臂、臑、肫、胳、脊、胁、离肺。”

《正字通》：“今谓自肩至肘曰臑，自肘至腕曰臂。”国藩按：肩、臂、臑前在前足，肫、胳在后足，脊在中体之冈，胁在中体之墙，膉在胡，此十者皆取诸左，肺则取诸腹内。

“祝反，入门左。”

此下尚须入彻阴厌，重设西北隅之阳厌，事毕，祝自执其俎以出，乃复庭中北面之位。记不详者，经文已言之也。

“在西塾”

以上记饯尸之馔。尸出以下则记卒哭礼毕，行饯尸之礼也。

“死三日而殡”注：“异人之间，其义或殊。”

按：“异人之间”四字不辞，疑当作“异同之间”。

“俎入”注：“入设俎，载者。”

按：郑注“入设俎载者”，言入而设俎于室之人，即在庭载牲体于俎之人，谓执事也。

“食举，主人羞肵俎于腊北”，至“反黍稷于其所”。

按：“食举”之举，读如“五旬而举之”之举。牲体有骨者，肉离骨曰举，肺以提心曰举，脊以离骨曰举。佐食之举干举骼举肩，皆从俎中分出少许以授尸，将盛于俎以归尸也。尸自举之肺脊，虽主人立进肵俎，尸不遽入于肵俎而暂入于菹豆者，谦也。至九饭毕佐食，乃取肺脊加于肵俎，并以归尸焉。

“棜禁”

按：棜禁上有四周无足者为椭方木槃，当与吾乡茶槃相似。有足者则当与俎相似矣。论形制，则棜无足，禁有足。论等秩，则大夫用棜，士用禁，其常也。然至乡饮乡射，则虽大夫去足者亦得名禁；至此馈食礼，则虽士之有足者亦得名棜。

《少牢馈食礼》：“放于西方。”

放，犹《檀弓》“吾将安放”之放。

“载右胖，髀不升，肩、臂、臑、膊、骼；正脊一、脡脊一、横脊一、短胁一、正胁一，代胁一，皆二骨以并；肠三、胃三，长皆及俎拒；举肺一，长终肺，祭肺三，皆切。肩、臂、臑、膊、骼在两端，脊、胁、肺、肩在上。”

凡牲体有豚解，有体解。豚解者，解为七体：一脊、两胁、两肱、两股也。胁者，肋骨，亦谓之胉。肱者，前胫骨，谓之肩。股者，后胫骨，谓之髀。胁、肱、股三者，各分左右两胖，故为六体，合脊则七体矣。此豚解也。体解者，即七体而折解之为二十一体，折脊骨为三，前为正脊，中为脡脊，后为横脊；折胁骨为三，前为代胁，中为长胁，亦名正胁，后为短胁；折肱骨为三，上为肩，中为臂，下为臑；折股骨为三，上为髀，中为膊，下为骼。胁与肱、股三者各分左右两胖，共得十八体，合脊之三体则二十一体矣。两髀以近窍之故，贱之，不升于俎，故凡十九体而牲体之数备矣。此外，正脊之前当颈处谓之脰，亦谓之膉；后足之末近蹄者谓之觳，皆不在正体之数。此秦氏蕙田之说而国藩微有删改。

“主妇被锡，衣侈袂。”

《钦定义疏》云：“锡衣当是缘衣。缘字一讹而为緆，再讹而为锡。”又云：“士妻助祭于公，则服缘衣；自祭于家，则服绡衣。大夫妻助祭于公，则服展衣；自祭于家，则服缘衣。”秦氏蕙田云：“汉乐府云‘曳阿锡’注云：‘细布。言布滑易如锡也，以细布为衣而侈其袂，即缘衣也。’”国藩按：据此二说，则锡衣乃身服之衣，非首服之次也。服缘衣者，首即服次，不必更言首服矣。

“食举，三饭。”

此下当有“尸实举于菹豆”六字，经不言者，略之也。《特牲礼》“佐食举干”之上当有“尸实举于菹豆”六字，经不言者，盖叙于举兽干鱼一之下也。

《有司彻》：“次宾羞羊燔，如尸礼。侑降筵自北方。”

如尸礼，亦当横一燔于俎上以进，又横执俎以降也。

“次宾羞匕湆，如尸礼。”

如尸礼，亦当缩执匕俎以升，缩匕于俎上以降。

“司空[①]取爵于篚，以授妇赞者于房东”一节

主妇献爵，犹初献之主人献爵也。设两铏糗修，犹初献之荐

①黄批《十三经·仪礼》作“司宫”。

豆笾也。此外如羞匕湆、羞肉湆、羞燔皆与初献相同。其不同者不授几，不载俎设俎耳。

“受爵，酌，献侑”一节

于献爵羞糗修之外，有羞豕胥、羞豕燔二节，较之主妇之献尸，则已为少杀，盖无羞匕湆及两铏也。然较之主人之献侑则尚为少隆，盖彼于正俎之外仅羞羊燔，无匕湆并无肉湆也。

“次宾羞羊膰，如主人之礼。”

尸酢主妇，较之酢主人时，少羞匕湆、羞肉湆二节。

“宰夫洗觯以升”一节

此节六“爵”字，皆宰夫新洗之觯，非上文之酢爵也。

“皆若是以辩”

谓众兄弟皆由洗东升阼阶上，拜受爵，坐祭，立饮也。

“尸作三献之爵”一节

上文宾三献之礼未毕，即暂停而别行主人酬尸及均神惠之礼，至是乃补三献之礼。又上文初献载尸正俎时，已历说十，一俎未遽载也。至尸酢主妇时，八俎载毕，尚有三鱼俎未载，至此载之。

“司士羞一湆鱼”

侑及主人之湆鱼有一字，尸无一字，上文已著五鱼也。

“主人以酬侑于西楹西”

尸酬主人在东楹东。主人酬侑，侑酬长宾。长宾酬众宾，众宾酬兄弟，兄弟酬私人，皆在西楹西。

“兄弟之后生者，举觶于其长。”注：“古文觶皆为爵，延景中，诏校书，定作觶。”

延景，汉诸帝年号无此称。《释文》改作延熹，张尔岐从之，盛世佐以为当作熹平。

“亦遂之于下”

遂之于下者，当亦遂及主人侑宾、兄弟、私人。注不著主人侑，似与经“如初”二字不合。

“佐食受牢举，如傧。”

少牢十一，饭之末上佐食，受尸牢，肺正脊加于肵也。

“主妇反取笾于房中，执枣、糗，枣在稷南，糗在枣南。妇赞者执栗、脯，主妇不兴，受，设之，栗在糗东，脯在枣东。”①

傧尸者荐豆，则韭菹、醓醢、昌本、麋臡；加笾，则麷、蕡、白、黑，此较杀，故注云下傧尸。

“于尸祝主人主妇”

傧尸则羞于尸侑主人主妇，不傧则羞于尸祝主人主妇。

①黄批《十三经·仪礼》在“执枣糗”与“枣在稷南”之间有“坐设之”三字。

礼记

《檀弓》："予畴昔之夜。"

《郑注》："畴，发声也。昔，犹前也。《史记》：'畴人子弟分散。'"乐彦注云："畴昔知星人也。"国藩谨按：二者解畴昔皆误也。《书》"畴咨若时登庸"注："畴，谁也。谓于众人之中，不知当属何人。"乃畴字引申之义也。《史记》"于畴若予工"，作谁能驯予工；"畴若予上下草木鸟兽"，作谁能驯予上下草木鸟兽。谓众人之中，何人能若予工，何人能驯草木鸟兽也。畴昔犹云谁昔，谓不知曩者何时也。《诗》："知而不已，谁昔然矣。"《尔雅·释训》："谁昔，昔也。"皆不记何时之义也。

左传

《隐五年》："宋人使来告命。"

《九年》："宋不告命。"告命，犹今言告急也。奔命，似亦有危急而奔救也。《成七年》："一岁七奔命。"

"叔父有憾于寡人"

旧事有不能释然者谓之憾，非怨也。《李广传》"将军自念有憾者乎"，亦非悔也。

《隐六年》："从自及也。"杜注："从，随也。"

从，犹将也，行也。

《隐十一年》:"傅于许。"

谓兵薄于城下也。《宣十二年》:"遂傅于萧。"《襄六年》:"傅于堞。"《襄九年》:"闻师将傅。"《襄二十五年》:"傅诸其军。"义皆同。又凡物附着者谓之傅,如"毛将安傅"及"傅药于脂"、"傅毒于矢"之类。

《桓三年》:"公子则下卿送之。"

公所生女,亦称公子。《昭三年》:"以其子更公女而嫁公子。"其公子即公女也。谓以己女更公女嫁晋,乃以公子别嫁于人。《昭二十七年》:"子重之子曰重。"重亦鲁公子慭之女也。

《桓十二年》:"覆诸山下。"

覆,谓设伏兵。《隐十年》:"为三覆以待之。""邲之战师七覆于敖前。"《成三年》:"使东鄙覆诸鄍。"

《庄八年》:"公问不至。"杜注:"问命也。"

问,即音问也。《三国志》有"定问"、"外问",《王基传》有"凶问"。

《庄三十二年》:"见孟任从之閟。"注:"閟,不从公也。"

今律曰:"调奸不从。"又按《史记·西南夷传》谓道不通曰閟。

《僖七年》:"若总其罪人以临之。"注:"总,领也。"

此总字,犹今用率字、持字。

《僖十五年》“晋于是乎作爰田。”注：“分公田应入租税，改换与众。”

此爰字有换字之义。《三国志·陆瑁传》：“少爰居会稽。”《钟离牧传》：“同郡徐原爰居永兴。”

《僖十九年》：“欲以属东夷。”

此属字，有联属怀来之意。下文“以属诸侯”，《哀十三年》“属徒五千”，《哀十四年》“属徒攻闱与大门”，《哀二十七年》“属孤子三日朝”皆同。

《僖二十二年》：“鼓儳可也。”

此儳字，有孱弱不整之意。

《文二年》：“废六关。”

《家语》作“置六关”。按《庄子》“废一于堂”、“废一于庭”亦以废为置。

《文四年》：“曹伯如晋会正。”注：“会受贡赋之政也。”

后文“诸侯朝正于王”注：“朝而受政教也。”又《书·无逸》“惟正之共”，正亦与政通。

《文六年》：“陈之艺极。”注：“艺，准也。《传》曰贡之无艺。”

艺谓贡事皆有定则也。《昭十三年》“艺贡事”、《昭十六年》“而共无艺”义同。

《宣二年》：“三进及溜而后视之。”注：“前进而及于屋溜也。”

溜即中霤。

《宣四年》："汏辀及鼓跗。"注："汏，过也。辀，车辕。跗，所以架鼓。"

沃辀，犹贯革之贯穿过也。《周礼》有足鼓，足亦跗也。

《宣十二年》："略基趾。"注："略，度也。"

《昭二十五年》："楚子为舟师以略吴疆。"

《成二年》："匮盟也。"

犹云力竭而请盟也。

《成九年》："使税之。"注："税，解也。"

税驾之税亦解也。

《成十三年》："略其武夫。"注："略，取也。"

按：今刑律有略卖，亦强取之也。《襄四年》"季孙曰略"注："不以直取为略。"

《成十六年》："使行人执榼承饮造于子重。"注："承，贮也。"

今通用盛字。《襄二十五年》："承饮而进献。"《昭十三年》："子产争承。"注："承，贡赋之次。"

《成十八年》："今将崇诸侯之奸而披其地。"注："披，分也。"

《昭五年》"又披其邑"注："披，析也。"《史记》："披其枝者伤其心。"

《襄九年》："使华阅讨右官。"注："讨，治也。"

诛责曰讨，修治亦曰讨。

《襄十三年》："小人农力以事其上。"

此农字犹厚也。《吕刑》"农殖嘉谷"亦厚也。

《襄十四年》："今官之师旅。"

此师旅犹曰徒众，非军旅也。《襄二十五年》："百官之政长师旅。"

《襄十七年》："遂幽其妻曰：畀余而大璧。"

杀吴乃华臣所使，幽妻索璧则六贼所自为也，故曰遂。

《襄二十二年》："寡君悉其土实。"

《二十八年》："则以其内实迁于卢蒲嫳氏。"《三十一年》："则君之府实也。"义皆同。《二十五年》："岂为其口实。"注："口实，禄养也。"

《襄二十三年》："弍广上之登御邢公。"注："弍广，公副车也。"

《宣十二年》："楚子为乘广，广队不能进。"《襄二十四年》："使御广车而行。"注："皆云兵车也。"广为兵车，故弍广为副车。

《襄二十五年》："井衍沃。"

《释文》："下平曰衍，有流曰沃。"国藩按：取其田而井之也。

《襄二十五年》："朱也当御。"

当御犹今言值班。

"天下谁畜之"注："畜，容也。"

《史记》:"太后儿子畜之。""弟畜灌夫。"

《襄二十七年》:"崔成崔疆杀东郭偃棠无咎于崔氏之朝。"

春秋时，大夫有私朝。《襄二十八年》:"庆氏国迁朝焉。"《三十年》:"伯有氏朝至未已。"

"仆赁于野"

仆赁，犹今俗言佣趁也。

《襄二十九年》:"处而不底。"

底，滞也，犹沉滞、拘泥也。《昭元年》:"勿使有所壅闭湫底，以露其体。"

《昭元年》:"弗去惧选。"注:"选，数也。"

数，责也。《诗》:"不可选也。"

"邑姜方震太叔"注:"怀胎为震。"

《生民》诗:"载震载夙。"《昭三十二年》:"始震而卜。"《尔雅·释诂》:"娠，动也。"注:"娠，犹震也。"

《昭三年》:"辱收寡人。"

按:收，恤也，存也，抚而有之也。《史记》多用收字。

《昭七年》:"若属有疆埸之言。"

按:属谓值其时也。《昭十六年》:"若属有谗人交斗其间。"《史记·屈贾传》:"属草稿未定。"

《昭十二年》："惟蔡于感。"

按：此感字与憾字同，谓惟于蔡不能释然也。

"朝有著位"注："著定朝内，列位常处，谓之表著。"

《昭十二年》："则固有著矣。"注："著，位次也。"《十六年》："已有著位。"

《昭十八年》："弗良及也。"

犹今谚云不得好好看见。

《昭二十五年》："生宋元夫人。"注："宋元夫人，平子之外姊。"

外姊，犹今俗云表姊也。《成十一年》："有外弟外妹。"谓同母异父者也。汉高祖有外妇，谓私通者也。

"昭伯问家故焉，尽对。"注："故，事也。"

按：《文王世子》有"国故"，《儒林传》有"掌故"。

《昭二十六年》："将亢子。"

下文曰："毋乃亢诸。"又曰："何敢亢之。"此亢字与御字同，与抗字相近。

《昭二十九年》："官宿其业。"注："宿，犹安也。"

宿，犹久也。

《定八年》："桓子咋谓林楚曰。"注："咋，暂也。"

咋，犹乍也。

《定十二年》："与其素厉，宁为无勇。"注："素，空也。厉，猛也。"

谓无实而空猛也。犹无功而爵曰素封，无能而禄曰素餐，此素字与干字、白字同意。

《哀元年》："如子西之素。"

此素字犹云计画素定也。《宣十一年》："不愆于素。"

《哀九年》："吴子使来儆师。"

此儆字犹《礼经》戒宾之戒。

《哀十七年》："太子又使椓之。"

此椓字犹今京师谚语轧也，谮诉也。《诗》"夭夭是椓，昏椓靡共"，亦有倾轧之意。

国语

《鲁语上》："越哉！臧孙之为政也。"韦注："越，迂也。言其迂阔不知政要也。"

按：越，过也。言臧孙祀爰居过乎礼法之外也。

《吴语》："天王岂辱裁之？"韦注："岂能辱意裁制之。"

按：岂字语意犹云傥也。《汉书·丙吉传》："岂宜尊显。"亦犹傥也。

穀梁传

《文十八年》："侄娣者，不孤子之意也。一人有子，三人缓带。"

疏云："有子则喜乐之情均，贵贱之意等。缓带，优游之意也。"

按：国君取女九人，欲以广嗣也。故夫人之于侄娣媵妾，皆谊属一体。"一人有子，三人缓带"云者，言众人皆欢畅而优游，不独生子者一人私喜也。宣公但知奉其所生之母敬嬴而不知奉夫人姜氏，使姜氏大归，则与三人缓带之义相悖。故《春秋》讥之。缓带二字，犹云开襟欢畅云尔，陶渊明《杂诗》云："缓带尽欢娱。"正得其解。《三国志·诸葛亮传》云："遂解带写诚，深相结纳。"示开襟欢畅之意。推此以观，凡言襟抱欢畅，皆可称曰缓带。而方望溪氏文集有曰"夫人急缓带之思"，若以缓带专为夫人望妾媵生子之称，如隐语然，亦为误也。方氏于修词号为洁净，而此等犹为未谛，斯亦好藻饰者之过也。

尔雅

《释诂》："掔，固也。"

下又云："掔，厚也。"国藩按：掔者，坚持安重之意。坚持即固也，安重即厚也。《庄子·徐无鬼》："掔好恶。"谓坚持其好恶，使不妄发也。《说文》引《诗》曰："赤舄掔掔。"谓安重也。

"屈，聚也。"

注引《诗》云："屈此群丑。"《释文》引《韩诗》云："屈，牧〔收〕也。收敛得此聚众。"国藩按：《法言》"汉绌群才，群才绌群力"。绌字亦与此屈字同义，谓收聚人之才力而为我用也。

"痡，病也。"

邵晋涵曰："《汉书》注引《韩诗》云：'熏胥以痡。痡，病也，通作铺。'《大雅·江汉》云：'淮夷来铺。'《毛传》：'铺，病也。'"国藩谓"淮夷来铺"之铺训病，《毛传》本不甚谛，此引以为痡通作铺，亦未当也。

"戮，病也。"

邵晋涵云："戮，以耻辱为病。郑注《秋官·掌戮》云：'戮，犹辱也。'《左传·文十年》传云：'国君不可戮也。'"国藩按：《庄子》："山木栗林，虞人以吾为戮，吾所以不庭也。"戮亦辱也。

"恙，忧也。"

邵晋涵云："《楚辞·九辩》云：'还及君之无恙。'"国藩按：《公孙宏〔弘〕传》亦云："何恙不已。"

"税，舍也。"

《左传·成九年》："钟仪南冠而絷，晋侯使税之。"杜注："税，解也。"即舍也之意。郭引"召伯所税"，国藩疑其与舍字微有不合。

"历，傅也。"注："傅，近。"

按：此历字当读如"离，丽也"之丽，凡人所经历之迹，犹附丽也，犹傅着也。凡物附着者谓之傅，如傅药于肤，傅毒于矢之类。《左传》"毛将安傅"，谓毛当附着于皮也。兵薄于城下曰傅，亦谓军士附着于城身也。《左传·隐十一年》"傅于许"，《僖二十五年》"昏而傅焉"，《宣十二年》"遂傅于萧"，《襄六年》"傅于堞"皆是也。郭氏训近得之，邵氏微有不合。《襄九年》"闻师将傅"，闻师将近城也。

“在，存也。”

邵晋涵引左氏僖九年传云：“其在乱乎。”杜注：“在，存也。”国藩按：《左传·襄二十六年》：“吾子独不在寡人。”杜注：“在，存问也。”

《释言》：“惄，饥也。”

惄以思为正训。“惄如朝饥”，苦思而如饥也。“惄焉如捣”，苦思而如捣也。此等恐非本经，后人羼乱者与？

《释宫》：“柣谓之阈。”

《匡谬正俗》曰：“问曰：‘俗谓门限为门蒨，何也？’答曰：‘按《尔雅》柣谓之阈。郭景纯注：门限也。音切。今言门蒨是柣声之转耳，字宜为柣而作切音。’”国藩按：《汉书·外戚传》：“切皆铜沓。”冒注：“切，门限也。”切当是柣之假借字。

“枢达北方，谓之落时。”注：“门持枢者或达北檼，以为固也。”

按：门持枢之木，持上枢者即梁，持下枢者即阈也。若达于北檼，则极长矣。今上枢之梁长或如此。

“垝谓之坫，在堂隅。”

按：坫有二，明堂位崇坫康圭，《论语》有反坫，此坫皆筑土为小方台以庋物也。若堂角之坫，则初无上台，但有其名耳。

“镘，谓之杇。”

《说方〔文〕》：“镘，铁杇也。或作槾。”秦谓之杇，关东谓之槾。《孟子》：“毁瓦画墁。”王肃注：“《论语》：‘杇，墁也。’”

国藩按：镘本涂墙之器，而涂之亦曰镘。有用铁者，有用木者，故或从金，或从木，或从土，异同字也。

“杙在墙者谓之楎”

《内则》疏云：“植曰楎，横曰箷。”国藩按：植非立于地也，但着于墙壁耳。吾乡俗曰“钉子”，可以挂衣。

“植谓之传”注：“户持鐻植也。”

按：键，门持鐻之木，有横键者，有直键者。此曰植，盖直木也。

“宲廇谓之梁”

韩文“大木为宲”本此。国藩按：梁施于南此〔北〕两楹之上，堂之东西凡两梁四楹。

“开谓之槉”注：“柱上欂也。”

按：侏儒短柱之上，或施方木如版，或施直木如笄，上以承栋，如花房之有蒂，所以斟酌厚薄之间也。

“栭谓之楶”注：“即栌也。”

《说文》：“栌，柱上柎也。”国藩按：《说文》以栌为柱上之柎，则与欂、楮等字相同。郭氏谓栭即栌也，则是短柱，而非柱上之柎。《释名》云：“栌在柱端。”颜注《汉书》亦云：“薄，栌柱上柎也。是栌以指柱上之柎为正解。

“栋谓之桴”注：“屋穏。”

按：凡承榱之横木，京师曰檩子，《集韵》："檩，音凛，屋上横木。"吾乡俗曰房条。其屋脊居中者曰栋、曰极、曰危，《说文》系传云："极，屋脊之栋，亦谓之危。"其余曰桴、《说文》："桴，栋名。"邵晋涵云："栋，一名桴。是浮者中栋也。檐之横梁为楣，从中栋之名而亦称为桴耳。"曰棼，《说文》："棼，复屋栋也。"国藩按：凡桴皆可名棼。其在复屋者曰稳、曰望。《说文》："稳，棼也。"《释名》云："稳，隐也，所以隐桷也。"或谓之望，言高可望也。或谓之栋，是稳即栋也。或谓之阿，《士昏礼》郑注："阿，栋也。"《西京赋》"列棼橑以布翼"，指檩之小者言之。"荷栋桴而高骧"，指檩之大者言之。至《士昏礼》训阿为栋，则指其地言之耳，非累名为阿也。列熙偶有未察耳。

"桷谓之榱。桷直而遂谓之阅，不受檐谓之交。"

《穀梁》释文云："方曰桷，圆曰椽。"国藩按：北五省椽有方者、有圆者；吾乡则以薄版为之，名曰椽皮。椽长者从栋直达于檐，曰阅椽。短者不能直达于檐，须换他椽续之，曰交。若吾乡之椽皮，则有三续四续者矣。

"檐谓之樀"注："屋梠。"

邵晋涵曰："梠。又谓之宇。《士丧礼》：'置于宇西。'注：'宇，梠也。'"国藩按：众椽之头，参差不齐，故施横木以齐之。吾乡于椽皮之当，掩以横版，名曰落檐，亦其意也。其名曰檐、曰樀、曰梠、曰槾、《释名》："梠，旅也；连旅旅也。或谓之槾；槾，绵也。绵连榱头，使齐平也。"国藩按：槾有二物，一为涂墙之器，一为榱头之木。曰楣、《说文》："楣，秦名屋櫋也，齐谓之檐，楚谓之梠。"《释名》："楣，眉也。近前若面之有眉也。"曰櫋、《说文》："屋櫋联也。《楚辞·九歌》：'薽櫋兮既张。'"曰槐、《说文》："檐，槐也。槐，梠也。"徐锴曰："连檐，木在椽之端者。"曰爵头，《释名》："连榱头之木，上入曰爵头，形如爵头也。"实一物也。凡檐之上皆曰宇。郑氏训宇为梠，指其地言之耳，非谓椽端之木果名曰宇也。邵氏失之。

"橛谓之阑"

阑者，门中所竖短木。臬者，植一直木以为之表也，与杙杙之在地者无别。但杙杙或有攲斜，臬则正直耳。

《释山》："小山宫，大山岌。"

此宫字与《庄子·德充符》"而王先王"之王字字法相同。

"泰山为东岳，华山为西岳，霍山为南岳，恒山为北岳，嵩高为中岳。"

邵氏曰："冀之霍山，与泰、衡、华、恒，唐虞之五岳也。华、岳、泰、衡、恒，周之五岳也。泰、衡、华、恒、嵩高，汉初之五岳也。泰、华、霍、恒、嵩高，武帝所定之五岳也。"国藩按：邵氏以此数语为定论，颇为武断。

《释畜》："騉蹄趼善升甗。"注："騉蹄，蹄如趼，而健上山，秦时有騉蹄苑。"

国藩按：若以騉蹄为兽名，则蹄下当更重一蹄字，蹄趼与下枝蹄趼为一例，郭注有两蹄字是也。若以甗为兽名，则读趼为句，蹄趼为句，李巡、颜师古之说亦自可通。邵晋涵遽驳小颜，未见其审。

诂训杂记

经典形容之字约有三端：一曰双字。一曰骈字（即双声叠韵字）。一曰单字。依依、杲杲、泄泄（亦作洩洩，见《诗述闻》）、沓沓（亦作諮諮）、泯泯（乱也。见《诗述闻》）、棼棼（《逸周书》作芬芬）、骚骚、折折、鼎鼎、纵纵，此形容之用双字者也。窈窕、阿难、倭迟、踟蹰、仳离、判涣、疆御、仓兄、殿屎，此形容之用骈字者也。襜如、翼如、勃如、躩如、退然（《檀弓》）、隤然、确然（《易》）、贲然、（《诗·白驹》）俛然、俛然、颓乎、颀乎（均《礼记》）、幎尔、挚尔（均《考工记》）、娈彼、倬彼、瑟彼、伣彼、憬彼、狄彼、于论、于乐、于皇、于赫、于铄、于昭、于粲、于缉熙（均见《诗》）、有铋其香、有椒其馨、有依其士、有略其耜、有喙其馌、有觩其角，有幪篚飧、有俅棘匕、有洌汛泉、有觉其楹、有坟其首、有莘其尾、有頍者弁、有截其所、有实其猗、有莺其羽、有厌其杰、有倬其道、有俶其城、有嘒其星、有实其积、有卷者阿、有秩斯祜、有扁斯石、有弥济盈、有鷕雉鸣、有虔秉钺、有空大谷、大风有隧、庸鼓有斁、会同有绎、万舞有奕、执事有格、海外有截、旃旃有翩、松桷有梴、松桷有舄、闷宫有侐、鞗革有鸧、下民有严、笾豆有且、旅楹有闲与夫伊嘏文王、假哉皇考之类，皆形容之用单字者也。

骈字异字同义者：逡遁，一曰逡循，曰蹲循、曰遵循、曰巡遁、曰逡巡。（曾宾谷之父辨之甚详）攈摭（《十二诸侯年表》），一曰捃摭（《艺文志》）、曰攗摭（《刑法志》）、曰隰摭（《唐书·柳璟传》）。阿那（《洞萧赋》），一曰阿娜（苏诗《论书》）、曰猗那（《诗·商颂》）、曰阿难（《诗·隰桑有阿》）、曰猗傩（《诗·隰有长楚》，详《述闻·王注楚辞》："即旖旎也。"）。披离（《哀郢》），一曰被离、曰仳离（《诗》）、曰被丽（《甘泉赋》）、曰配黎（同上）。汋约（《远游》），一曰矍铄、曰绰约、曰灼烁。婉蟺

（《鲁灵光殿赋》），一曰婉僤（《上林赋》）、曰宛延（《甘泉赋》）、曰蜿蜒。槃散（《平原君传》），一曰槃珊（《史记·相如传》）、曰槃姗（《汉书·相如传》）、曰蹣跚。猗狔（《上林赋》），一曰迤靡、曰旖柅、曰迆逦、曰施靡（均《甘泉赋》）、曰旃泥、曰逦迤。倭迟，一曰委蛇、曰蝼蛇、曰委移、曰威迟、曰逶迤、曰蜲迟（《容斋随笔》记之）。襄羊，一曰儴羊（《西京赋》）、曰方骧（《思元赋》）、曰潢洋（《九辩》）、曰相羊（《离骚》）、曰常羊（《汉乐礼志》）、曰徜徉。芊眠，一曰芊绵、曰阡眠、曰翩绵、曰联绵。郁伊，一曰郁邑、曰于邑、曰于悒、曰菸悒（《九辩》）。容裔，曰淫裔，曰容与。崔嵬，一曰畏佳、曰崔崒、曰嶉嵬（《鲁灵光殿赋》）、曰嶵隗、曰摧嶉（均《甘泉赋》）、曰崴嵬。耸悤，一曰耸臾、曰怂慂、曰竦踊、曰从容、浩瀚、一曰澔汧（《鲁灵光殿赋》）、曰澔汗（《上林赋》）、曰皓旰（《瓠子歌》）。朦胧，一曰矇胧、曰蒙笼。盘桓（《易·屯》）、一曰盘还（《投壶》）、曰盘旋。涛张（《无逸》）、一曰辀张（刘琨《答卢谌诗》）、曰侏张（扬雄《国三老箴》）、彷彿，一曰髣髴（《幽通赋》）、曰仿佛（《甘泉赋》）。便娟（《南都赋》）、一曰婵蜎（《西京赋》）、曰蟺蜎（《甘泉赋》）。落魄，一曰落泊、曰落拓。要眇，一曰幼妙、曰幽眇。迢递，一曰岹嵽（《鲁灵光殿赋》）、曰迢遰（《九成宫醴泉铭》）。畔援、一曰判涣、曰泮涣。流离，一曰琉璃、曰留犁。参差，一曰篸差、曰摻差。匍匐，一曰扶服、曰复服（《原涉传》）。槃结（《后汉书·南蛮传》），一曰盤结，曰蟠结。孟浪（详《述闻·通说》），一曰莫络、曰摹略。揶揄，一曰邪揄、曰歋瘉（《后汉书·王霸传》）。凭噫，（《长门赋》，并见《经义述闻》“我庾维亿”下）、一曰服亿（《扁鹊传》）、曰愊亿（气满也。《陈汤传》方言注）。叱嗟（《史·鲁仲连传》），一曰叱咤（《史·韩信传》）、曰猝嗟（《汉·韩信传》）、曰咄嗟。濩落（《庄子》），一曰蠖略（《大人赋》、《甘泉赋》）、曰嚄唶（《魏公子传》）。㶉流（《思元赋》），一曰周流（《上林赋》注非）、曰摎流（《甘泉赋》）。卷曲（《庄》首篇），一曰曲局（《诗》“予发曲局”注：“局，卷也。”）、曰蜷局（《骚经》）。犹豫，一曰犹与、曰容与、曰夷与（均见《述闻·通说》）。镗鞈（《上林赋》注），一曰闛軩。拨剌（张弓貌），一曰拔刺。布濩（《上林赋》注），一曰布护（《后汉·西南夷传》）。矞皇，一曰遹皇（《思元赋》）。踯躅，一曰蹢躅。殽核（《诗》“宾之初筵”），一曰肴核（班固《答宾戏》）。孱颜，一曰巉岩。首鼠，一曰首施（《后汉·西羌传》）。彊御，一曰彊圉（《离骚》，详见《诗述闻》）。要绍（《西京赋》），一曰偠绍。蚪蟉（《大人赋》），一曰虯蟉（《鲁灵光殿赋》）。崔错（《上林赋》），一曰璀错（《鲁灵光殿赋》）。萧森，一曰箾篸（《上林赋》）。俊茂（《骚》），一曰葰楙（《上林赋》）。龌龊，一曰握龊。萃蔡（《子虚赋》），一曰綷縩（《籍田赋》）。徙倚，一曰徙迤（《洞萧赋》）。无间，一曰巫闾。跌宕，一曰迭逷（《思元赋》）。勿虑，一曰无虑。扶疏，一曰扶苏。旁薄，一曰旁魄。驩虞，一曰欢娱（《江淹诗集》）。雍障，一曰雝障（《九辩》）。鸡斯，一曰笄缅。潏湠（《甘泉赋》），一曰汀滢（《韩诗》）。殷辚，一曰隐辚。瞵瑞，一曰璘玢。胶葛，一曰轇轕。傑傂（《甘泉赋》），一曰差池。怆恍（《九辩》），一曰仓兄（《诗》）。

一字略转而异义者：索居之索训散，索绹则义别矣。离丽之丽训附，别离则义别矣。招携之携训离，携手则义别矣。乱臣之乱训治，乱世则义别矣。茀厥丰草之茀训治，道茀不除则义别矣。我车既攻之攻训善，环而攻之则义别矣。彊御之御训守，孰能御之则义别矣，扰龙之扰训驯，扰乱则义别矣。我且柔之矣之柔训服。柔弱则义别矣。天明畏之畏训威，声畏天下则义别矣。又如来即往，《诗》“遹追来孝”，《太史自序》“自今以来”，亦略转而异义者也。

经典颠倒字惟《诗》最多。如家室、裳衣、衡纵、稷黍、瑟琴、鼓钟、下上、羊牛、乐岂、息偃、孙子、家邦、鼐鼎中谷、中林、中河、中路、中原、中田之类皆是。《书·无逸》之四三年、祭义，《孟子》之禄爵，亦间有之。见于史者，惟《后汉·王丹传》之惰懒，《羊续传》之病利，余不多见。

古今雅俗异同字。顾即雇（《晁错传》：“敛民财以顾其攻。”）。踳即舛。亶即但（《羽猎赋》注）。奢即㥲（同上）。赫即吓（《庄子》注）。醳即释（《管蔡世家》、《张仪传》）。雍即壅。衡即横。薄即亳。塞即赛（《河渠书》）。横即黉（《鲍昱传》）、隝、堰即埝（《皇甫嵩传》）。夹即侠（《后汉·东夷传》）。厘即嫠（《后汉·西夷传》）。柳即蒌（棺墙之饰，《檀弓》、《周礼》）。队即坠（段注《说文》）。溜即霤（《左传·宣二年》）。音即荫（《左传》“鹿死不择音”）。偏即辨（《左传·定九年》“子言偏舍爵于季氏之庙”）。匡即恇（《礼器》）。噱即臄。滈即镐。功即攻。致即缴（《月令》）。填池即奠撤（《檀弓》）。

俚俗字有所本。斗绝见《后汉·窦融传》。什物见《后汉·宣秉传》。什器见《鲍昱传》。上司见《杨震传》。司官见《陈寔传》。底里见《窦融传》。细弱见《杜林传》。文书见《鲍昱传》。人事见章和八王及黄琬《传》（人事犹今言应酬也）。小便见《张湛传》及《绝交书》。折见《东夷传》（折，犹今言折算也）。公馆见《礼·曾子问》。

古人于陵、京、阜、坟、冢、丘等字，皆取山阜高大厚实之义以象。凡物之高大厚实，大抵皆称美之词，如天保。《诗》如山、如阜、如冈、如陵，是善颂善祷之证也。《左传》“有肉如陵”，谓大而实也。《荀子·致仕篇》“节奏欲陵”注：“陵，峻也。”峻，即高也。《礼记·檀弓》：“丧事虽遽不陵节。”《学记》：“不陵节而施。”陵，越也。《西京赋》“陵重巘”注：“陵，升也，皆升高之义也。”《诗》传：“京，高丘也。”又曰：“大阜也。”《左传》“莫之与京”，言莫与比高也。《西京赋》“燎京薪”，谓积薪极高也。《左传》“收晋尸以为京观”，谓积尸极高也。汉曰京兆，后世曰京师。兆，众也。师，亦众也。京则大也。《释名》：“土山曰阜。”言高厚也。《诗》“驷铁孔阜”，以阜比马之大也。“火烈具阜”，以阜比火之盛也。“尔殽既阜”，以阜比殽之多也。古歌“可以阜吾民之财”，《西京赋》“百物殷阜”，以阜比财物之富也。土之高且大者，谓之坟。《诗》“牂羊坟首”，言其首极大也。《周礼·司烜氏》“共坟烛庭燎”，言其烛极大也。三坟五典，言三皇之书其义极大也。《列子·天瑞篇》“坟如也”，亦形容其大也。冢子、冢适，皆谓长子，大子也。冢妇，大妇也。冢卿、冢宰，谓六官之长、大宰也。友邦冢君，言大君也。乃立冢土，言大社也。《汉书·楚元王传》“丘嫂”，谓长嫂大嫂也。《易》“颠颐拂经于丘颐征凶”，谓于高处求颐养也，以丘为高也。《孟子》“得乎丘民为天子”，谓成聚之民也，以丘为大也。推此以论，凡物之高大厚实者，皆可以陵、京、坟、阜、冢、丘等字拟议而形容之。末世缀文之士知阜字有高天厚实之义，而不知坟冢等字与之同类而并称。又或以陵为帝王所藏，京为帝王所居，而于坟、冢、丘、垄等字指为不祥之文，盖古字古义之不讲久矣。

《说文》："格，木长貌。"按：凡木之两枝相交而午错者，谓之格。以其枝条交互，故格字有相交之义焉。以其两枝禁架，故格字有相拒之义焉。以其长条直畅、疏密成理，故格字又有规制整齐之义焉。是三者皆以本义引申之者也。朋友曰交游，男女曰交媾，商贾相通曰交易，阴阳相合曰交孚，木之枝格两相交际，亦犹是也。《论语》"有耻且格"，谓民之心与上相交孚也。《大学》"致知在格物"，谓吾心之知，必与万物相丽相交，不可离物以求知也。《书》曰"格于上下"、"格于皇天"，《诗》曰"神之格思"，皆训至也，皆交孚之义也。《书》曰"格汝舜"，《诗》曰"神保是格"，皆训来也，皆引之来相交接也。舟与舟相触则必忤，枝与枝相拒则不入。《素问》"阴厥且格"注："格，拒也。"《周书》"穷寇不格。"注："格，斗也。"《荀子·议兵篇》"格者不舍"注："谓相捍拒也。"《后汉书·刘盆子传》注："相拒而杀之曰格。"《通鉴》："王贲攻齐，莫敢格者。驱群羊而攻猛虎，不格明矣。"皆谓莫能拒御也。凡谓扞格不胜，曰格格不入，曰废格不行，曰沮格不进，皆相拒之义也。至于枝格相交，长短合度、疏密停匀，俨然若有规矩，木工为窗格有曰冰梅格，有曰卍字格，即取象于树条之格也。曰体格，曰风格，曰格律，曰格式，背从此而引申之也。《孟子》"惟大人为能格君心之非"注："格，正也。"《家语》"口不吐训格之言"注："格，法也。"《礼·缁衣》"言有物而行有格"注："格，旧法也。"《后汉书·傅燮传》注："犹标准也。"凡皆规格之义也。《书·冏命》"格其非心"，是亦取格正为义，而孔疏曰："格，谓检括。"斯则望文生训，有乖古意矣。《论语》“有耻且格”，当以交孚为确义。《集解》曰：“正也。”亦不免望文生训之弊。至《大学》格物之说，聚讼千年，迄无定论。愚以为心当丽事，物以求知，不可舍事物而言知。朱子曰“至也”，是也。其曰“穷至事物之理，欲其极处无不到”，则于格字求之太深，反多一障耳。

《说文》：“枝，木别生干也。”按：干直而专，枝分而杂，有歧杂之义焉。凡木之枝，斜挺旁出如相扶持，有撑持之义焉。杈枒森布，猝不可近，有拒御之义焉。周秦古书凡用枝字，大抵不出此三义。《易》曰：“中心疑者其辞枝。”《荀子·解蔽篇》：“心枝则无知。”此歧杂之义也。《汉书》叔孙通等传：“廊庙之材非一木之枝。”《庄子》：“师旷之枝策也。”王延寿《鲁灵光殿赋》：“漂峣岘而枝拄。”此撑持之义也。《史记·项羽本纪》云：“诸将詟服，莫敢枝梧。”《鲁仲连传》：“枝桓公之心于坛坫之上。”此拒御之义也。《汉书·地理志》“汉中淫泆枝拄与巴蜀同俗”注：“言意相节却不顺从也。”歧杂者，枝字之本义。撑持与拒御者，枝字引申之义。后人不知引申之义，每疑枝当作支，盖古训久不明矣。

《说文》：“柴，小木散材。”《楚辞》注：“枯木为柴。”按：小木枯枝，杂缚一束，谓之柴。世俗之通称也。由柴字而引申之，有枯槁阻塞之义焉。《庄子》：“柴立其中央。”柴立，犹枯坐也，所谓形如槁木也。《外物篇》：“柴生乎守。”柴，谓梗塞也。言所以闭塞不通者，由于拘守太过也。《天地篇》：“趣舍声色，以柴其内。”谓梗塞于胸中也。《庄子》篇中柴字皆取枯槁阻塞之义。《通鉴·汉纪》：“收杨震太尉印绶，震于是柴门谢宾客。”胡身之注曰："柴塞其门也。"又《魏纪》："朱桓言于吴王曰：曹休战必败，败必走，走必由夹石、挂车，此两道皆险阨。若以万兵柴路，则彼众可尽，休可生虏。"胡身之注曰："柴路，谓以柴塞路也。"国藩按：柴，即塞也。以兵阻塞此路，非更以柴塞之也。胡氏于《汉纪》注近之，于《魏纪》注失之。

《方言》："凡草木刺人，自关以东或谓之梗。"按：凡木之粗枝无碎枝零叶者，世俗通谓之梗。在树而生者，谓之枝。斫伐在地而枯者，则谓之梗，谓之柴矣。梗字有粗直之义，又有阻塞之义。《尔雅·释诂》："梗，直也。"《方言》："梗，略也。"《吴都赋》注："梗概，粗言也。"《东言赋》注："梗概，不纤密也。"此粗直之义也。《周礼》："女祝掌以时招梗禬禳之事。"郑注："梗，御未至也。"谓未至之凶灾，先梗而御之，此阻塞之义也。《诗》曰："谁生厉阶，至今为梗。"此谓荡荡王道，而政化不能流行，忽致梗塞也。《毛传》："梗，病也。"此望文生训，非见义也。杜注《左传》曰："病也。"《广雅》亦曰："病也。"此承毛传而误者也。格、枝、柴、梗诸字，在后世以为死字，在古人常引申其义而活用之。苟明乎死字活用之法，而周秦古书故训之不可通者寡矣。

废者，弃也，去也，不用也。而经典亦多用为置。《公羊·宣八年传》："废其无声者。"注云："废，置也，不去也。"《庄子·徐无鬼》："废一于堂，废一于室。"《释文》："废，置也。"《广雅》、《小尔雅》皆云："废，置也。"古人属文措字，多有旋相为用之妙。如乱字本训变，训反，而亦多训治。如《皋陶谟》曰"乱而敬"、《论语》曰"予有乱臣十人"是也。茀字本训草秽塞路，而亦训治。如《生民》篇“茀厥丰草”是也。除字本训除去，除恶粪，除皆以去之为义，而亦训为除授。如《诗》曰“何福不除”是也。凡兹之属，可以类推，则属文措字，熟于古训，正尔变动不居矣。

《汉书·贾谊传》：“以能诵诗属文，称于郡中。”师古曰：“属，谓缀辑之也。”国藩尝就属字旁稽故训。《说文》云：“属，连也。”《广雅》云：“属，续也。”《文选·颜延年赠王太常诗》云：“属，犹缀也。”《庄子·骈拇篇》音义云：“属，谓属着也。”合散者观之，则连属之通义耳。凡本为一物，则无所谓属。虽别为二而仍联为一，则谓之相属。《小雅》：“不属于毛，不离于里。”谓子于父母形骸虽隔，而气则相属。属文者，谓以文字相连缀成章也。《史记·屈贾传》云：“屈平属草稿未定。”此属字则与属文字有别。属者，适也，谓当此际也。左氏《成二年传》：“属当戎行。”谓于此际在戎行也。《昭四年》：“属有宗祧之事于武城。”谓于此际有事于武城也。《汉书·李寻传》：“属者颇有变更。”谓近此之际，颇有更改也。“屈平属草稿”云者，谓平于此际草创宪令也。颜师古《匡谬正俗》曰：“草创，盖初始之谓，亦未成之称。”然则草稿二字之义，谓草创其文同于禾之稿秆，未甚整理云尔。今人不察，或称属草。交朋中用属草字者往往而有，失之远矣。又《礼记·经解篇》：“属辞比事，春秋教也。”郑氏注：“属，犹合也。”谓此事与彼事相提而论，此辞与彼辞相合而观，或事同而辞异，或辞同而事异，而等差出焉，褒贬见焉，故曰春秋之教。辞者，谓已成章句，圣人之书法属辞者，此章与彼章合并而观。文者，一字之称。属者，此字与彼字连续而成句。今人或以属字与属文等视，无复区别，亦为误也。

顾亭林先生为《音学五书》，据唐人以正宋代之失，据古经以正沈氏、唐人之失，判为十部，折衷一是，可谓有条不紊矣。然其间有不可强齐者，如《诗》之兴与音、林为韵，戎与务、父为韵；《易》之禽与穷、终为韵、实与巽、顺为韵之类，顾氏亦宛转其词，而不敢强通难解之结。盖多闻阙疑，善学之君子宜如是也。厥后江慎修永、戴东原震、段茂堂玉裁诸人，递相祖述，其说日密，其窒碍亦日多。至吾友河间苗仙路夔为《说文声读表》，于凡文字皆决以一定之音读，其不可齐者亦强之使齐，于是以臆为断，颇、伤专辄。于古无征，动成瑕疵。偶记一则，将以诒之。

不也，否也，音也，此三字者：不则指事之字也，否、音则会意而兼形声之字也。先有不，次有否，又次有音，此文字孳乳相生之次第也。《说文》：“否从口从不。”不亦声音，从、从否。否亦声。然则否、音皆从不得声矣。顾亭林曰：“不字见于经者有丕、趺二音。”（详《唐韵正》不字下）然则否、音之从不得声者，亦应有丕、趺二音。丕在支、齐部，趺在鱼、虞部。否偏旁之在支、齐部者、如五旨之痞、嚭，是从不有丕音之类及者也。否偏旁之在鱼、虞部者，如十虞之芣，是从不有趺音之类及者也。音偏旁之在支、齐者，如十五灰之棓、培、毰、腤、陪、婄、醅、瘖、是不有丕音之类及者也。音偏旁之在鱼、虞部者，如九虞之䯽、蔀、剖、䋝，十姥之部，是从不有趺音之类及者也。凡从不从否从音之字，或入鱼虞部，或入支齐部，是亦可稽之经训而不悖，合之《广韵》而不紊矣。苗君则欲以不入鱼虞部，否入支齐部，音入鱼虞部，加、于不字一画之上，而曰从、得声，擅改叔重不至二篆、不一象天、至一象地之义，是一失也。谓音无趺音，遂于《广韵》十虞之瓿、十一模之菩、十九侯之掊、锫、腤、箁、髻，九麌之髻、蔀、绾、十姥之部，四十五厚之瓿、犃、瓿、鎐、部、婄，势将尽改音为否，数十百字悉指为讹误，是一失也。据汉碑之孤证，谓不上可以施，而于诗笺常棣之鄂不改柎，《集韵》十虞之柎重不，皆推之以不信，是又一失也。凡此皆欲强齐而一之过也。

《史记·张汤传》："始为小吏干没。"服虔曰："干没，射成败也。"如淳曰："豫居物以待之，得利为干，失利为没。"按：服、如二说皆望文生训，非本义也。没者，没入人之财物也。凡财物入官者曰籍没入官，子女入官者曰没入为奴为婢或曰没入奚官。干没者，谓无故而没入人财物。《晋书·潘岳传》："汝当知足，而干没不已乎?"谓无故而取高爵厚禄，当知止足也。韩愈"干愁万斛漫自解"，谓无故而自愁也。"干死穷山竟何俟"，谓无故而枉死也。又有曰白者，与干字义略相等。《通鉴》："晋刘毅上疏徒结白论而品状相妨。"胡氏注曰："白，素也。"又陈頵遗王导书曰："先白望而后实事。"胡注："白望，犹空名也。"又刘裕有白直队。杜佑曰："白直，无月给之数。"又元魏尔朱荣乞追赠亡者白民赠郡镇。胡注："身无官爵谓之白民，犹言白丁也。"又唐元载取民间粟帛，什取八九，谓之白著。高云有白著歌曰："上元官吏务剥削，江淮之人多白著。"国藩按：白望，谓无故而获誉望也。今世俗谚曰白说，谓无故而空说曰白饶，谓空饶，此一语也。又有曰素者，与干字白字义略相等。《诗》"不素餐兮"注："素，空也，谓无故而空餐也。"《史记》"命曰素封"注："素，空也，谓无故而自得比于封爵也。"又有曰坐者，与干字白字素字义相等。《通鉴·后出师表》："使孙策坐大，遂并江东。"此谓无故而自致强大也。《芜城赋》："惊沙坐飞"，此谓无故而自飞也。此四字，注家多失之。

古称人皆有所指。如称曰人以职言，则如《周礼》之牛人、犬人、鸡人、龟人、酒人、浆人、醢人、盐人是已。以地言，则如《春秋》之鲁人、齐人、晋人、楚人、宋人、卫人、王人、周人是已。名之美者，则曰圣人、贤人、至人、天人、完人、全人（见《庄子·德充符》）、美人（《诗·简兮》）、佳人（《通鉴》："曹子丹佳人。"）名之恶者，则曰小人、匪人、谗人、佞人、俭人、奸人、敝人、邪人、乱人（见《庄子·徐无鬼》）。又有随事而命名者，曰亡人、曰义人、曰叛人、曰降人、曰官人（韩愈《王适墓志》）、曰军人。又有承上文而称之者，《史记·历书》曰畴人子弟，此承上文言明于历算之人也。《通鉴·魏纪》："典韦谓等人曰：'虏来十步乃白之。'等人曰：'十步矣。'又曰：'五步乃白。'等人惧。"此承上文言应募陷阵之人也。《汉书·隽不疑传》："廷尉验治何人竟得奸诈。"此承上文言诈称戾太子之人也。《通鉴·宋纪》曰："内人皆纪宏〔弘〕微之让，一无所争。宏〔弘〕微曰：'内人尚能无人，岂可导之使争乎？'"此承上文以妻妹及伯母两姑为内人也。凡此皆临文立义，非有一定之主名也。今世俗以内人专指妻妾，盖失其义。又或以畴人专指明于历算者言之，亦为失考。阮芸台相国作《畴人传》，殆袭讹而承谬耳。

家人、白衣皆如称庶人也。《汉书·汲黯传》曰："家人失火，屋比延烧。"师古曰："家人，犹言庶人家也。"《冯唐传》："夫士卒尽家人子，起田中从军。"师古曰："家人子，谓庶人家之子也。"《高祖本纪》："不事家人生产作业。"《光武纪》："刘缜不事家人居业。"皆谓不学庶人家之操作也。《外戚传》："一旦人主意有所移，虽欲为家人，亦不可得。”师古曰：“家人，言凡庶匹夫。”《游侠传》：“子独不见家人寡妇邪?”亦谓庶人家之寡妇也。《通鉴》：“刘向曰：家人尚不欲绝种祠。”注：“家人，谓庶人之家也。”《汉书》：“董贤欲求萧咸女为妇。咸曰：此岂家人子所能堪邪?”师古曰：“家人，犹言庶人也。”《通鉴》：“魏文帝祀太祖于洛阳，建始殿如家人礼。”谓以庶人之礼祭之也。柳宗元：“且家人父子尚不能以此自克，况号为君臣者邪?”国藩按：此亦谓凡民父子，犹贾谊之言布衣昆弟也。《书·康诰》曰：“亦惟君惟长，不能厥家人。”窃亦谓当指庶人百姓言之。各传注皆训不能齐家，失其义矣。白衣，犹言布衣，即齐民也。《风俗通》：“舜禹本以白衣砥行显名，升为天子。”《史记》：“公孙宏〔弘〕以春秋白衣为天子三公。”皆谓以齐民而为天子为三公也。《后汉书·崔骃传》“宪谏以为不宜与白衣会”。《孔融传》：“与白衣祢衡跌荡放言。”《晋书·阎缵传》：“荐白衣南安朱冲可为师傅。”皆谓布衣无职者也。《晋书·胡奋传》：“宣帝伐辽东，以白衣侍从左右。”《通鉴》薛讷以滦河之役免官，以白衣为防御使破吐蕃。刘仁轨以征辽免官，以白衣从军。五代南唐宋齐邱归第白衣待罪。皆谓落职之后，与庶人无异也。《汉书·两龚传》：“闻之白衣。”师古曰：“白衣，给官府趋走贱人，若今亭长掌故之属。”此亦望文生训，非通义也。《三国志·吕蒙传》：“白衣摇橹作商贾人服。”此亦谓齐民不着兵卒衣也。《通鉴》：“山阳曹伟白衣与吴王交书求赂，帝闻而诛之。”《续晋阳秋》：“陶潜九月九日望见白衣人送酒。”皆谓平民也。欧阳公《送田昼序》曰：“及衣白衣顾宁人。”《日知录》引李泌衣白及《赵世家》愿得黑衣之缺，若别有所谓白色之衣者，皆非确义。

甲乙丙丁，古来皆以记事物之次第。有以为宫馆之次第者，如曰甲馆（《汉书·外戚传》），曰甲第（《汉书·张放传》），曰甲观（庾信《哀江南赋》），曰丙舍（王羲之有丙舍墓田），曰丙殿（《汉书·元后传》）是也。有以为帷帐之次第者，如曰甲乙之帐（《汉书·东方朔传》）是也。有以为科目之次第者，如唐明经本有甲乙丙丁四科，而其实唯有丙丁第。进士本有甲乙科，而其实唯有乙科。明经以全通为甲通，八以上为乙是也。有以为藏书之次第者，如唐四库书以经史子集分甲乙丙丁四部，隋于东都观文殿构屋贮书，东屋藏甲乙，西屋藏丙丁是也。有以为卷帙之次第者，如李善注《文选》，分赋甲赋乙以至赋癸，诗甲诗乙以至诗庚。司马温公《通鉴》，分汉献帝为十卷，甲乙至癸；晋安帝亦十卷，甲乙至癸是也。有以为律令之次第者，如曰令甲令乙令丙（《后汉书·章帝纪》）是也。有以为算法者，如勾为甲，股为乙，弦为丙，高为丁，高对冲为乙，地平为丙，北极出地为丁，南极入地为戊是也。有以为官名者，如汉之戊校尉、己校尉，明之甲字库大使、及乙字丙字丁字戊字库大使是也。有以为姓氏之次第者，如南朝王谢、北朝崔卢，皆称甲族是也。有以为假名者，如《史记·万石君传》长子建次子甲次子乙次子庆及狱吏田甲（《史记·韩安国传》）、齐宦者徐甲（《汉书·高五王传》）、罪生甲祸归乙（《韩非子》）张甲王乙李丙赵丁（梁范缜《神灭论》）等是也。有以记夜时之晚早者，如本始元年四月壬戌甲夜、地节元年正月戊午乙夜（《汉书·天文志》），自甲夜至五鼓（《三国志·曹爽传》）、四月三日丙夜一筹（《晋书·赵王伦传》）是也。推之，凡物有高下品第者，皆可以甲乙区之。凡人等子虚乌有者，皆可以甲乙区之。温庭筠诗：“往日楼台非甲帐，去时冠剑是丁年。”则失其义矣。

史

史记

《今上本纪》

《孝武本纪》自“初即位尤敬事鬼神”以下至末，皆《封禅书》之文，决非褚先生所补也。孝武纪篇中“于是”字凡二十二见，又有用“而”字者，又有用“其后”者，文气亦与“于是”字相承接。太史公行文间有气不能骞举处，韩公故当胜之。

《三代世表》：“岂不伟哉。”

伟与诡同，佹亦同，犹云异也。

《律书》：“西至于注。”

注即柳。下文“西至于弧”，弧狼即井鬼；“西〔北〕至于浊”，浊即毕；“北至于留”，留即昴。

《历书》：“故畴人子弟分散，或在诸夏，或在夷狄。”如淳曰：“家业世世相传为畴，律年二十三传之畴官，各从其父学。”韦昭曰：“畴，类也。”孟康曰：“同类之人，明历者也。”乐彦曰：“畴，昔知星者也。”

按：韦、孟说是也。《说文》：“畴，耕治之田也。”本以田畴为正训，而各载籍用畴字多与俦通。《北海相景君碑》“英彦失畴”，《议郎元宾碑》“朋畴宗亲”，此畴与俦通之证也。俦，类也。

《书·洪范》“不畀洪范九畴”、《国策》“夫物各有畴”，比比训类也。可知畴人为同类相聚、以明历算之人矣。《文选》束皙《补亡诗》注云：“皙与同业畴人肄修乡饮之礼。”则凡同术相聚者，皆得称为畴人，又不仅推明历算者也。

《平准书》

平准，即管子轻重之法也，唐刘晏亦用之。

“亨弘羊天乃雨”

是时弘羊固未死也，借卜式恶詈之言作结，若弘羊业已亨杀者。此太史公之褊衷耳。

《齐世家》：“杀之郭关。”

田氏之杀子我，与孙綝杀诸葛恪略相似。

《陈涉世家》

怀王入秦不返，天下之公愤，屈原之私愤，而太史公亦自引为己愤也。“楚虽三户，亡秦必楚。”子长时时不忘此二语，故于陈涉之张楚、项羽之楚，皆所响慕。即于襄疆之楚、吕臣之楚、景驹之楚、黥布之楚、怀王孙心之楚，亦缕叙而不敢忽。

《外戚世家》

通篇注重命字。首段吕后，末指明天命，后薄后、窦后、王后、卫后，亦俱含命字之意在言外。

《楚元王世家》

前兼叙羹颉侯及代王，后兼叙赵王、河间王，不仅楚元王也。

《荆燕世家赞》："岂不为伟乎？"

王念孙说，伟，异也。《栾布传》、《西京赋》"岂不诡哉"，诡亦异也。刘泽以疏属封王，故叹其异。

《萧相国世家》

萧相之功，只从猎狗及鄂君两段指点，其余却皆从没要紧处着笔。实事当有数十百案，概不铺写，文之所以高洁也。后人为之，当累数万言不能休矣。

《曹参世家》

叙战功极多，而不伤繁冗。中有迈往之气，足以举之也。

《留侯世家》

观"从容言天下事甚众"数语，则子长于子房事不书者多矣。叙留侯计画，亦不出战国策士气象，未知子房尚有进于此者否？

《陈丞相世家》

阴谋奇计，是《陈平世家》着重处。末段及赞中点出。

《绛侯周勃世家》

太史公于不平事多借以发抒，以自鸣其郁抑。此于绛侯父子下狱事，却不代鸣冤苦，而以"足己不学，守节不逊"二语责条侯，故知子长自闻大道。或以谤书讥之，非也。

《梁孝王世家》

自“梁最亲，有功，又为大国”以下，一气喷薄而出，见梁王所以怨望欲为不善者，皆太后、景帝有以启之。

《五宗世家》

方望溪谓归熙甫文，“于人微而言无忌者，盖多近古之词”。吾谓子长《五宗世家》等文，乃更进于叙述贤哲功臣之作，抑所云“瓦注贤于黄金”也。

《伯夷传》

首段至“文辞不少概见”止，言古来高节之士惟吴太伯伯夷可信；许由、务光之伦，未经孔子论定者，不可信。第二段至“怨邪非邪”止，言伯夷、叔齐实事，惟孔子之言可信，传及轶诗可信。第三段至“是邪非邪”止，言天道福善之说不足深信。第四段至末，言人贵后世之名，不贵当时之荣。因慨己不得附孔子以传。

《管晏列传》

子长伤世无知己，故感慕于鲍叔、晏子之事特深。

《老庄韩非列传》

以申、韩为原于道德之意，此等识解，后儒固不能到。

“故其著书十余万言，大抵率寓言也。”

太史传庄子曰：“大抵率寓言也。”余读《史记》亦“大抵率寓言也”。列传首伯夷，一以寓天道福善之不足据，一以寓不得依圣人以为师。非自著书，则将无所托以垂于不朽。次管、晏传，伤己不得鲍叔者为之知己，又不得如晏子者为之荐达。此外如子胥之愤、屈贾之枉，皆借以自鸣其郁耳。非以此为古来伟人计功簿也。班固人表，失其指矣。

《司马穰苴列传》

末叙高国之灭、田齐之兴，文气迈远，独子长有此。

《孙子吴起列传》

传言世传孙膑兵法。而赞言世俗称十三篇及吴起兵法，则知膑兵法当时已无人称道矣。

《伍子胥列传》

子胥以报怨而成为烈丈夫。渔父之义、专诸之侠、申包胥之乞师、白公之报仇、石乞之甘烹，皆为烈字衬托出光芒。

《仲尼弟子列传》

太史公好奇，凡战国策士，诡谋雄辩，多著之篇。此载子贡之事特详，亦近战国策士之风。

《商君列传赞》

赞最明允而深厚。

《苏秦列传赞》：“吾故列其行事，次其时序，毋令独蒙恶声焉。”

观“次其时序”一语，则知当日有并非苏秦时事，而附之于秦者。班固次《东方朔传》，指意亦颇类此。

《张仪列传》

子长最恶暴秦，故谓张仪之行事甚于苏秦。实则两人之倾险亦相等耳，特秦挟最胜之势，故张仪尤为得计。

《樗里子甘茂传赞》：“方秦之强时，天下尤趋谋诈哉。”

读此等赞，知子长胸中自具远识。

《穰侯列传》

首言穰侯、泾阳、华阳、高陵之权侈，末言范雎夺四贵之势，皆简洁无枝辞。

“少割而有质”

少割者，谓少割梁地也。有质者，谓取秦之质子也。

《白起王翦列传赞》

未为精当。言王翦之短尤非事实。

《孟子荀卿列传》

自秦焚书以后，汉之儒者惟子长与董仲舒见得大意。

《魏公子列传》

“公子”二字，凡百四十五见，故尔顾盼生姿，跌宕自喜。

《廉颇蔺相如列传》

廉颇为赵将最久，战功最多，故以廉颇为主。叙蔺相如、赵奢父子，皆以廉颇经纬其间。即叙李牧，亦插入廉颇已入魏句。

此子长裁篇之本意也。惟功绩虽以廉颇为最，而子长所佩仰者则以相如为最，故赞中专美相如，且以廉、蔺目其篇。

《田单列传赞》

魏武帝好以劲兵铁骑留于后，故注《孙子》，以后出者为奇兵。实则孙子所谓正奇者，非果以先出后出分也。“处女脱兔”四语，子长玩味极深。叙赵奢、李牧战功，亦暗含此四句在中，不独赞叹田单为然。

《鲁仲连邹阳列传》

仲连高节，似非邹阳可拟。《上梁王书》亦拉杂无精义。子长特以书中所称有与己身相感触者，遂录存之。

《屈原贾生列传》

余尝谓子长引屈原为同调，故叙屈原事散见于各篇中。怀王入秦不返，战国天下之公愤，而子长若引为一人之私愤，既数数著之矣。此篇尤大声疾呼，低回欲绝。

“令尹子兰闻之大怒”

“闻之”，闻屈平作《离骚》。

《吕不韦列传赞》

孔子之所谓闻者，实与吕子不侔。子长读《论语》，别自有说。

《刺客列传》

聂政传之后数行，荆轲传之首尾各十数行，其荡漾疏散吞吐处，正自不可幾及。

《李斯列传》

李斯之功，只从狱中上书叙出，与萧何之功，从鄂君语中叙出，同一机杼。李斯之罪，从赵高反复熟商立胡亥事叙出，与伍被说淮南、蒯通说韩信，同一机杼。

《蒙恬列传赞》："吾适北边，自直道归至，固轻百姓力矣。"

《始皇纪》曰："二十七年治驰道。"《六国表》曰："三十五年为直道，道九原，通甘泉。"是直道与驰道不同也。蒙恬未治驰道，止治直道、筑长城二事，子长责其轻民力，可谓定论。

《张耳陈馀列传》

子长尚黄老，进游侠，班孟坚讥之，盖实录也。好游侠，故数称坚忍卓绝之行。如屈原、虞卿、田横、侯嬴、田光及此篇之述贯高皆是。尚黄老，故数称脱屣富贵、厌世弃俗之人。如本纪以黄帝第一，世家以吴太伯第一，列传以伯夷第一，皆其指也。此赞称张、陈与太伯、季札异，亦谓其不能遗外势利、弃屣天下耳。

《魏豹彭越列传赞》："独患无身耳。"

五字古来英雄所争在此。子长，烈士也，故道得到。

《黥布列传赞》

以坑杀人为首虐，遂以身为大僇，此亦后世因果之说。如韩、彭、英布之智力，自有不能与高祖并立之理，即衅端发自爱姬，亦不足论。此等赞，子长似不甚厝意。

《淮阴侯列传》

彭城败散，而后信收兵至荥阳，破楚京索之间。下魏破代，而后汉辄收信精兵。荥阳距楚，成皋围急，而后汉王至赵，驰入信壁。此三役，皆高祖有急，赖信得全。子长于此等处，颇为用意。

《韩王信卢绾列传赞》："夫计之生孰成败，于人也深矣。"

韩王信、卢绾、陈豨皆计事不孰，此句盖兼三人者言之。

《田儋列传》

田氏王者八人，益以韩信，凡九人。叙次分明，一丝不紊，笔力极骞举也。

《樊郦滕灌列传》

樊哙、夏侯婴皆沛人，灌婴虽非沛人，而睢阳去沛不远，且终身为骑将，与夏侯婴终身为太仆略相类，三人同传宜也。郦商不入食其传，又不入傅、靳等传，而列之此传，颇不可解。《夏侯婴传》"太仆"字凡十三见，"奉车"字凡五见，"以兵车趣攻战疾"字凡四见。《灌婴传》"将骑兵"凡九见。

《张丞相列传》

夹叙周昌、赵尧、任敖事，与《蒙恬传》夹叙赵高事，机杼略相类。

《郦生陆贾列传》

初，沛公引兵过陈留，郦生踵军门上谒，此一节应别行写。正传中既载郦生诚骑士以进，沛公踞床洗足见之矣；此又载郦生按剑以叱使者，当时传闻不一，聊记于传后，以广异闻。又有传郦生书者，谓汉王定三秦至巩洛，郦生乃始来见，则赞中辨其非是。

《傅靳蒯成列传》

子长于当世艳称之功臣封爵者，皆不甚满意。常以不可知者，归之天命。如于萧何，则曰“碌碌未有奇节，依日月之末光”；于曹参，则曰“以与淮阴侯俱”；于樊、郦、滕、灌，则曰“岂自知附骥之尾，垂名汉廷”；于傅宽、靳歙，则曰“此亦天授于卫青，亦曰天幸”，皆以成功委之于命。虽要归有良然者，然亦由子长褊衷，不能忘情于功名，故时时以命字置诸喉舌之间。若仲尼，则罕言命，且不答南宫适、羿奡、禹稷之问，兹其所以为大也。

《刘敬叔孙通列传赞》：“智岂可专邪?”

此语是子长识力过人处。

《季布栾布列传》

状季布、季心、栾布诸人，俱有瑰玮绝特之气，赞中仍自寓不轻于一死之意。子长跌宕自喜之概，时时一发露也。

《袁盎晁错列传》：“宦者赵同尝害盎。盎兄子种说盎曰：君与斗廷辱之，使其毁不用。”

使其毁不用者，谓廷辱之，后赵谈虽进毁言，文帝将不听用也。①

《赞》

晁错峭直刻深，袁盎天姿亦颇近之，故两人相忌嫉特深。子长以好声矜贤讥盎，亦互文见义。

《张释之冯唐列传赞》："《书》曰不偏不党，王道荡荡；不党不偏，王道便便。张季冯公近之矣。"

季布、栾布、袁盎、晁错皆激烈峭直，非和平之器。张、冯为得其平，故引《书·洪范》赞之。

《万石张叔列传》

子长生平风旨，不与万石建陵诸人相近。而此传曲尽情态，亦自具有大度。后世卿相老成醇谨者，托义于此，则有所摹拟而为之，为文者亦纯事摹拟矣。

《田叔列传》

不别为贯高立传，而别为田叔立传，子长与任安田仁善也。

《扁鹊仓公列传》

太史公好奇，如扁鹊仓公，日者、龟策、货殖等事无所不载，初无一定之例也。后世或援太史公以为例，或反引班、范以后之

①湖南图书馆藏残抄本页上批注："太史公避父讳，改谈为同。此处题中'宦者赵同'仍当作同。录中'赵同曾进毁言'，则当书赵谈矣。纪泽注。"

例而讥绳太史公，皆失之矣。

《吴王濞列传》

先叙太子争博，晁错削地，详致反之由。次叙吴诛胶西，胶西约五国，详约从之状。次叙下令国中，遗书诸侯，详声势之大。次叙晁错给诛，袁盎出使，详息兵之策。次叙条侯出师，邓都尉献谋，详破吴之计。次叙田禄伯奇道，桓将军疾西，详专智之失。六者皆详矣，独于吴军之败不详叙，但于周丘战胜之时闻吴王败走而已。此亦可悟为文详略之法。

《魏其武安侯列传》

武安之势力盛时，虽以魏其之贵戚无功，而无如之何；灌夫之强力盛气，而无如之何；廷臣内史等心非之，而无如之何；主上不直之，而无如之何。子长深恶势利之足以移易是非，故叙之沉痛如此。前言灌夫，亦持武安阴事。后言夫系，遂不得告言武安阴事。至篇末乃出淮南遗金财事，此亦如画龙者将毕乃点睛之法。

《韩长孺列传》

壶遂、田仁皆与子长深交，故叙梁赵诸臣多亲切。

《李将军列传》

初，广之从弟李蔡至，此乃将军所以不得侯者也。十余行中专叙广之数奇，已令人读之短气。此下接叙从卫青出击匈奴徙东道迷失道事，愈觉悲壮淋漓。若将从卫青出塞事叙于前，而以广之从弟李蔡一段议论叙于后，则无此沈雄矣。故知位置之先后、剪裁之繁简，为文家第一要义也。

《匈奴列传赞》："孔氏著《春秋》，隐桓之间则章，至定哀之际则微，为其切当世之文，而罔褒忌讳之辞也。"

叙武帝时事不实不尽，故赞首数语云尔。

《卫将军骠骑列传》

卫青、霍去病传，右卫而左霍；犹魏其、武安传，右宝〔窦〕而左田也。卫之封侯，意已含风刺矣。霍则风刺更甚。句中有筋，字中有眼。故知文章须得偏鸷不平之气，乃是佳耳。

《平津侯主父列传》

平津亦贤相，而太史公屡非刺之，盖子长褊衷于汲黯、董仲舒。既所心折，即郭解、主父偃亦所深许，遂不能不恶平津耳。

《南越尉佗列传》："自尉佗初王，后五世九十三岁而国亡焉。"

五世九十三岁，越国必有善政。赵光、赵定、居翁之属汉，必有事实。兹皆不书，略人之所详也。太后之淫乱，置酒之坐次，详人所略也。故知记事之文，宜讲剪裁之法。

《东越列传》

庄助发郡国之兵，不从田蚡计，杨仆、韩说等之三道并进，居股多军之封侯，俱足发明武帝之英风俊采，特不于赞中揭出耳。

《朝鲜列传》

事绪繁多，叙次明晰，柳子厚所称太史之洁也。

《西南夷列传》

通二方，置七郡，叙次先后，最为明晰。

《司马相如列传赞》

《汉书》“春秋”二字上有“司马迁称”四字，盖自“春秋推见至隐”下至“风谏”，何异司马迁之言也。自“靡丽之赋”下至“不已亏乎”止，扬雄之言也。后人将《汉书》论赞羼入《史记》内，太史公而引扬雄之言，遂不可读矣。

《淮南衡山列传》

伍被既造谋徙民朔方，以怨其民。兴诏狱逮诸侯太子幸臣，以怨其诸侯。则所以为淮南反计者，亦甚深至。前此所为雅辞引汉之美者，当不可尽信也。太史公素恶丞相弘、廷尉汤，故欲曲贷伍被，或不无增饰于其间耳。

《循吏列传》

循吏者，法立令行，识大体而已。后世之称循吏者，专尚慈惠，或以煦煦为仁者当之，与太史公此传之本意不伦。

《汲郑列传》

《汲黯传》处处以公孙弘、张汤相提并论，此太史公平生好恶之所在。景武间人才，以此传为线索。

《儒林列传》

子长最不满于公孙弘，风刺之屡矣。此篇录公孙弘奏疏之著于功令者，则曰：“余读功令，未尝不废书而叹”；于辕固生，则曰："公孙弘侧目视固"；于董仲舒，则曰"公孙弘希世用事"；于胡毋生，则曰"公孙弘亦颇受焉"。盖当时以经术致卿相者，独弘，子长既薄其学，又丑其行，故褊衷时时一发露也。

《酷吏列传》

通首以"法令滋章，盗贼多有"二语为主。序中"天下之网尝密"数行，指秦言之，即以讽武帝时也。

《大宛列传》

前叙诸国，从张骞口中述出，最为朗畅。后叙两次伐宛，亦极雄伟。中间叙乌孙和亲及西北外国之俗，笔力尚未骞举。

"得乌孙马好，名曰天马。及得大宛汗血马，益壮。"

得乌孙马，得大宛马，皆后此之事，兹附录于前。

"出此初郡"

初郡者，初置之郡。

《游侠列传》

序分三等人，术取卿相，功名俱著，一也；季次原宪，独行君子，二也；游侠三也。于游侠中又分三等人，布衣闾巷之侠，一也；有土卿相之富，二也；暴豪恣欲之徒，三也。反侧错综，语南意北，骤难觅其针线之迹。

《佞幸列传》

以本朝臣子而历叙诸帝幸臣，此王允所谓谤书也。

《滑稽列传序》："天道恢恢，岂不大哉。谈言微中，亦可以解纷。"

言不特六艺有益于治世，即滑稽之谈言微中，亦有裨于治道也。

《日者列传》

周秦诸子著书及汉人作赋，多设为问答之辞，此篇与东方朔诸文略相类。

《龟策列传》

褚先生在长安求之不得，故后世皆知此传为伪。

《货殖列传》

自桑孔辈出，当时之弊，天子与民争利，《平准书》讥上之政，《货殖传》讥下之俗，上下交征利，《孟子列传序》所为废书而叹也。中惟家贫亲老数行，是子长自伤之辞，余则姚惜抱之论得之。

《太史公自序》

论六家要指，即太史公迁之学术也。托诸其父谈之词耳。姚惜抱以为其父之辞，盖失之。

"上大夫壶遂曰"

设为壶遂问答，即《解嘲》、《宾戏》、《进学解》之意①。

---

①湖南图书馆藏残抄本原为"……《进学解》所自始"，朱笔圈去"所自始"，改为"之意"。页上批注："纪泽谨按：东方曼倩与太史公同时人，因曼倩有《答客难》，故改'所自始'三字。"

汉书

《景帝纪》：“（元年，）廷尉信谨与丞相议曰：吏及诸有秩受其官属所监、所治、所行、所将，其与饮食计偿费，勿论。它物，若买故贱，卖故贵，皆坐臧为盗，没入臧县官。吏迁徙免罢，受其故官属所将监治送财物，夺爵为士伍，免之。”

故官属及所将所监所治而独无所行者，故时巡行之处，其官属未必更送财物也。仅夺爵为士伍而不以坐臧为盗论者，前任之官其罚稍轻于现任也。所将，谓所携以自随之人也。若将雏、将子、将军之将。

《武帝纪》：“太初元年夏五月，正历以正月为岁首。”

自此以前虽皆以建亥之月为岁首，然皆称冬十月、冬十一月、冬十二月、春正月，未尝以建亥之月为正月。盖汉初称建亥月为正，而班氏追改之。故师古曰：“史追正其月名。”

《宣帝纪》：“（地节四年）诏曰：今系者或以掠辜，若饥寒瘦〔瘐〕死狱中。”

掠辜而死，一端也；饥寒而瘦〔瘐〕死，一端也。师古分作三端，盖失之。下文掠笞若瘦〔瘐〕死者亦只二端。

《天文志》：“凡以宿星通下之变者，维星散，句星信，则地动。”

维者，谓周围如圜，若鳖星、天津、天钱、天垒城、天苑之类。句者，谓其末如钩，若天钩、卷舌、天谗、大陵、积尸之类。维者欲圜不欲散，句者欲曲不欲伸，否则地动。不专指极后之四星与斗杓后之三星言。

《五行志》："言之不从，从顺也。"

貌之不恭。传曰之下，有说曰。此"言〈之〉不从"句上，亦应有说曰二字。

"视之不明，是谓不悊。悊，知也。"

视之不明句上，当有说曰二字。

"昭公二十五年夏，有鸜鹆来巢"至"继嗣可立，灾变尚可销也"。

以上之事，皆禽鸟视之不明，当有羸虫之孽。此羽虫之事，不知何以列入。

"思心之不睿，是谓不圣。思心者，心思虑也。"

思心之不睿上，应有说曰二字。

"皇之不极，是谓不建。皇，君也。"

皇之不极句上，亦应有说曰二字。

《地理志》："京兆尹南陵。"师古曰："兹水秦穆公更名以章霸，功视子孙。视读曰示。"

视读曰示，师古不应自为作音。疑有误也。

《沟洫志》："于是为发卒万人，穿渠自征引洛水至商颜下。"

国藩按：洛水，此今之北洛水也。中隔渭水，不知何以能至商颜？

《陈胜传》："行收兵。"

行收兵云者，且行且收兵也。

"公孙庆曰：'齐不请楚而立王，楚何故请齐而立王？'"

田儋立为齐王之时，未尝请命于陈胜，故云。

《项籍传》："东阳少年杀其令，相聚数千人，欲立长，无适用。"

国藩按：适，主也。本毛传之训。然经典中如"谁适为容"、"奚其适归"、"莫适为主"、"我安适归矣"、"吾谁适从"等语，皆词气相类，若皆训为主，则"莫适为主"当训为莫主为主矣。若各处望文立训，参差互异，则古书之例又不尔也。适盖愿安之词。《孟子》云："寡人愿安承教。"谓心愿而意安之也。《庄子》："忘足，履之适也；忘腰，带之适也。"亦愿而安之也。如上所引五语及此"无适用"，皆可以愿安之意通之。

"梁曰：田假与国之王穷来归我，不忍杀，赵亦不杀角间，以市于齐。"

国藩按：师古训市字极精当矣。然"以市于齐"四字，乃兼楚赵言之。本求齐出兵俱西者，楚也。若楚自杀假，又令赵杀角间，是卖此三人以买齐兵也。今皆不杀，是不以此三人市齐之兵也。不得专指角间。

"羽谓其骑曰：吾为公取彼一将。令四面骑驰下，期山东为三处。"

"期山东为三处"云者，本由山上四面分驰而下，既下则皆聚会于山之东面也。分为三处者，为疑陈，使汉兵不知羽所在，猝不敢前也。皆会于东者，东面滨大江甚近，将渡江也。

“《赞》曰：贾生之过秦曰。”

《史记》录贾生《过秦》三篇于《秦本纪》后，贾生本为秦而作也。班氏录《过秦》一篇于此，则似专为赞陈胜而录之。同一录贾生文，而意各有当也。

《张耳陈馀传》：“县杀其令丞，郡杀其守尉，今已张大楚王陈。”师古曰：“言张建大楚之国而王于陈地。”

已，读曰已。张大楚，谓张而大之也，不宜以大楚连读。

“余曰：吾顾已无益。”

顾，犹特也。本传“顾其势初定”、“吾顾已无益”、“顾为王实不反”，皆宜作特字解。《汉书》中此等顾字甚多，王念孙皆作特字解。师古训为思念，皆失之。

《韩信传》：“萧何曰：诸将易得，至如信，国士无双。”

国士，谓其才智足伏一国也。又等而上之，则曰天下士。“管仲天下才”是也，《庄子》“此国马也，而未若天下马也”，义与国士、天下士同。师古注失之。

“今韩信兵号数万，其实不能千里袭我。”

其实不能云者，虽名为数万，实尚不满数万也。

《彭越传》：“项籍入关王，诸侯还归。”

还归，归彭城也。

“乃拜越魏相国，擅将兵略定梁地。”

擅者，谓虽为魏相国而兵事不由魏豹调遣，越得专主之也。

《燕王泽传》："高后时，齐人田生游乏资，以画奸泽。"

《庄子·天运篇》："以奸者七十二君。"奸，求也。

"泽使人谓田生曰：弗与矣。"

"弗与矣"者，怨望之词。言既得金去，遂不复顾我矣。犹饥则依人，饱则飏去也。厥后田生以计为泽求得封王，以明身虽不在泽所，而无日不为泽画策，报恩之深也。

《吴王濞传》："然其居国以铜盐故，百姓无赋，卒践更，辄予平贾。"

自行而践更者，定例也。出钱而过更者，宽政也。过更者既选宽政矣，而践更者又予之以傭直，是富者出钱而不自行，贫者虽自行而得傭资，此吴王之欲得民心也。服说是，晋说非也。

"窃闻大王以爵事有过，所闻诸侯削地，罪不至此。此恐不止削地而已。"

言楚、赵王削地之罪不至于胶西王卖爵之罪之甚，楚、赵尚削地，则胶西恐不止于削地而已。言其当灭国也。此以危言怖胶西王也。

"西走蜀汉中告越。"注："师古曰：言王子定长沙已北，而西趣蜀及汉中，平定以讫，使报南越也。"

国藩按：师古说非也。长沙以北，西走蜀汉中，地方数千里，此非幼弱之长沙王子所能定也。南越是时最强盛，故吴王以此属南越王。长沙与南越相直，王子可为内应，故曰因王子也。告越者，言已将此指告南越矣。

"削夺之地"

之，疑作封。

《楚元王传》："德厚宽好施生。"

《易》曰："天施地生。"此"施生"字之所本也。

《刘向传》："民萌何以劝勉。"

萌与甿同。力田之民曰甿。

"用纻絮斫陈漆其间"

陈，施也。以石为椁、又以纻絮斫斩糜烂，而施漆于其间。犹今世之以瓷灰和漆封棺口也。

"封坟掩坎，其高可隐。"

其高可隐，谓人隔坟而立，可隐肘也。不能遮蔽全身，不甚高耳。

"石椁为游馆"

游馆，以石为离宫、别馆于地下。

"上以我先帝旧臣，每进见，常加优礼。吾而不言，孰当言者。向遂上封事谏曰。"

奏疏惟西汉之文冠绝古今。西汉前推贾、晁，后推匡、刘。

贾、晁以才胜，匡、刘以学胜。此人人共知者也。余尤好刘子政。忠爱之忱，若有所甚不得已于中者，足以贯三光而通神明。是故识精而不炫，气盛而不矜，料王氏之必篡，思有以早为所，而又无诛灭王氏之意。宅心平实，指事确凿，皆本忠爱二字，弥纶周浃而出。吾辈欲师其文章，先师其心术，根本固，则枝叶自茂矣。

“行污而寄治”

污，乱也。寄，亦托也。行本污乱，而托为澄治。

“根垂地中”

垂，当作臿，臿与插同。

“虽立石起柳，无以过此之明也。”

指明梓柱之征，果为王氏篡汉之兆。向之忠直，出于至诚，故其道可以前知。读至王刘不并立等语，至今如睹其涕泣之状。如闻其呜咽之声。

《刘歆传》：“诗始萌芽，天下众书，往往颇出。”

曰萌芽，曰颇出，言不完不备也。

“或为雅，或为颂，相合而成。”

《诗》或以相合而成，《书》或以后得而集，亦言其不完不备也。

“其古文旧书，皆有征验。外内相应，岂苟而已哉。”

内者，秘府之藏也。外者，柏公、贯公、庸生之学也。两者皆同，故曰相应。

《季布传》："布之官，辩士曹邱生数招权顾金钱。"

刘攽曰："招权，谓作为形势，招权归己也。顾金钱者，谓志在金钱也。顾，犹念也。"愚按：招权归己，刘说是也。其训顾曰念，非也。本书《晁错传》注："顾，雠也。"《后汉·桓帝纪》注："顾，酬也。"曰雠，曰酬云者，皆谓此有所往，彼有所反，无德不报之谓也。曹邱生既招权归己矣，因以其权转而假人，人乃以金钱报之。我以权往，人以金钱反，故曰顾也。后世有曰招权市利者，义正与此相同。谓既招得贵人之权归己，因转而以权假人，人即以利报我，故曰市利也。

"使仆游扬足下名于天下，顾不美乎。"

顾，反也。师古训念，非也。

《齐悼惠王传》："高后儿子畜之，答曰：顾乃父知田耳。"师古曰："乃，汝也。汝父谓高帝也。"刘攽曰："儿子畜之，不以人臣待之也。乃父，直谓王肥耳。"

国藩按：刘说是也。古人谓孙及兄弟之子、兄弟之孙及他年辈幼小者，皆可称儿子。本传下文云"齐王自以儿子年少"可证[①]。

"勃曰：失火之家，岂暇先言丈人后救火乎。"

丈人，尊长之称。谓先告家长，而后往救火，犹先读诏命，

①湖南图书馆藏残抄本页上批注："儿子既不必定为己所生之子，则乃父自指王肥。纪泽注。"

而后靖诸吕之难也。《史记》作大人，亦谓家长也。

《赞》：“左官附益阿党之法设。”

愚按：附益，亦解在《诸侯王表》。师古于表解云：背正法而厚于私家。于传解云：欲增益诸侯王。自相矛盾。

《萧何传》：“秦御史监郡者与从事办之。”刘敛曰：“此句先题目下事，言秦制御史监郡者，凡有事皆与从事共办之。”

愚按：刘说是也。凡监郡皆然，不独泗水郡为然。何给，泗水卒史，即泗水郡之从事也。

《曹参传》：“度之，欲有言，复饮酒。”

度之，师古读为大各反，则是以为筹度之度也。度人复欲有言，则又从而饮之酒，是度之之字为羡文矣。国藩按：度之，《史记》作间之，义相同也，犹曰顷之，曰少间，曰少顷耳。

“至朝时，帝让参曰：与窋胡治乎。”

胡治云者，谓在家干治何事，讽其笞子也。不便面责以无罪笞子之咎，乃诘以在家干治何事云耳。

《王陵传》

《史记》王陵、周勃等事，皆列入《陈平世家》中“始平曰”。以下我多阴谋云云，接上文“何坐略人妻弃市”，皆陈平事也。《汉书》别分为《王陵传》，以周勃、陈平问狱讼钱谷事阑入陵传，已失其义矣。而“何坐略人妻弃市”之下，“始平曰”之上又阑入王陵、审食其后嗣一段，遂使审平与陈平之名混淆。

《周勃传》："得绾大将，抵丞相偃守陉。"

卢绾起事至微薄，未尝置丞相之官，而其尊贵略如汉之丞相，故曰抵丞相也。

"乃顾麾左右执戟皆仆兵罢。"

仆者，弃兵卫于地也。罢者，散去也。左右皆执兵卫少帝者，故滕公令其仆兵而各散去。师古训顿未妥。

"有谒者十人，持戟卫端门，曰天子在也，足下何为者！"

滕公以少帝非刘氏，不当立，不以少帝为君，故称之曰足下。谒者不知少帝已废，代王已立，不以代王为君，故亦称曰足下。

"上视而笑曰：此非不足君所乎？"孟康注："设胾无箸者，此非不足满于君所乎？嫌憾之也。"师古注："孟说近之。帝言赐君食而不设箸，此由我意于君有不足乎？"宋祁曰："浙本注文由我上有'岂不'二字。"

按：孟注："恨读为很，违也。"《说文》："很，不听从也，一曰盭也。"《汉书》"李敢怨大将军之恨其文""夏侯常连恨胜"两"恨"字，皆尝读为违戾之"很"。此孟注云嫌恨之也者，言明示以不足满于君所之之意，嫌有意与亚夫相违戾也。

《樊哙传》："项羽既饷军士中酒。"

愚按：中酒之中，当读如字。《文选·上林赋》："于是酒中乐酣。"郭注："中，半也。"此中酒之中，亦当训为半也。师古音竹仲反，解为不醉不醒，失之矣。凡竹仲反之中，有两义，皆从射中之中引申而得。射有用之于礼射者，则以中为合度。有用之于克敌者，则以中为杀伤。从合度之义而引申之，则中训为得也，应也，合也，当也。如《封禅书》：“与王不相中。”是中训为得。《礼记》：“律中太簇。”是中训为应。《穆天子传》：“味中麋胃而滑。”是中训为合。《司马迁传》：“其声中其实者。”是中训为当。凡此皆从射以中为合度而引申之者也。从杀伤之义而引申之，则如《赵王彭祖传》云“持诡辨以中人”，《何武传》“欲以吏事中商”之类，皆从射者以矢伤人而引申之者也。中酒之中，亦从矢伤人之义而引申之，谓酒力足以伤人之生，伐人之性，如受中伤于矢耳。师古训中酒为不醒不醉，抑又非也。

《夏侯婴传》：“高祖时为亭长，重坐伤人。”

愚按：重，难也。坐伤人，则罹刑罚。故高祖难之。

“高祖初为沛公，赐爵七大夫，以婴为太仆常奉车。”

婴自高祖初为沛公时，即为太仆常奉车。及至事孝惠、吕后、孝文，终身皆为太仆奉车也，故《史记》历历数之。或曰以太仆奉车，或曰复常奉车，或曰因复奉车，或曰以太仆从击某，或曰以太仆击某，终高祖之世凡十一见。而于末总之曰：“婴自上初起常为太仆，竟高祖崩。”其后又四见，合之凡十五见。虽史公磊落自喜，不厌其复，然究嫌烦赘也。《汉书》删去八处，仅七见，可谓得体。然独于“从攻定南阳”之上，著“因奉车”三字，殊为不类。又于”号昭平侯”之下，著“复为太仆”四字，亦为自乱其例。婴自始至终，固无日不为太仆，所有攻战之功，固无一不因奉车以从也。

《傅宽传》：“击破齐历下军，击田解，属相国参残博。”

韩信破齐之时，曹参以左丞相属焉。宽之破历下，击田解，固隶属信之麾下。其残博时，虽专属参，犹不出信之麾下也。盖参是时若次将，尚属信耳。

《周昌传》："赵人方与公。"

秦汉间，尊称人多曰公。有以官名称公者，如《曹参传》中之秦监公是也。有以土人称公者，如高祖为沛公、胶西有盖公是也。有以县令称公者，如曹参为戚令，曰戚公；夏侯婴为滕令，曰滕公；王武为柘公是也。此方与公，亦以县令而尊称之耳。孟说非也。

《任敖传》："以淮南相张苍为御史大夫。"

《史记》周昌、任敖、申屠嘉皆附入《张苍列传》中，通首以苍为主，而以昌敖等事纬之。《汉书》既各为标目，昌与敖各为立传矣，而乃以苍事入敖传中，斯为不伦。

《申屠嘉传》："嘉谓长史曰：吾悔不先斩错，乃请之，为错所卖。"

师古训先斩而后奏，是以"乃请之"属上为一句读。今按：当断为二句，言悔不先斩而乃先请，出于下策，致为所卖也。《史记》作"乃先请之"，是分为二句矣。

《赞》："张苍文好律历。"

师古训为名好律历，殊为不词。今按：好者，学字之误。《史记》本作文学律历。《汉书》偶有讹字，师古不及纠正之耳。

《郦食其传》："为里监门，然吏县中贤豪不敢役。"

当云为里监门吏。班固书误倒写"然"字于"吏"字上。

《史记》不误。

“项王迁杀义帝，汉王起蜀汉之兵击三秦出关，而责义帝之负处。”宋祁曰：“或无负字。”

愚按：或本是也。此涉下杀义帝之负句而误耳。《史记》无负字。

《陆贾传》：“谓其子曰与女约：过女，女给人马酒食极饮〔欲〕，十日而更，所死家，得宝剑车骑侍从者。一岁中以往来过他客，率不过再过，数击鲜，毋久溷女为也。”

《史记》云：“一岁中往来过他客，率不过再三过。数见不鲜，毋久溷公为也。”国藩按：他客，谓亲族僚友也。“数见不鲜”二语，贾与他客约之辞。上文六语，贾与其五子约之辞。与五子约称曰女，与他客约称曰公，区以别矣。孟坚改为“数击鲜，毋久溷女”二语，并此亦似与五子约之辞，此孟坚未深究子长之文义而改之也。又“过他客，不过再三过”者，贾常传食于其子，故无暇过他客也。孟坚改为“以往来过他客，率不过再过”，似贾在他客处往来之时多，而其诸子处反仅再过矣。此又与子长之文意相戾也。

《淮南厉王传》：“而杀列侯以自为名。”

自为名者，自以为报母仇以孝为名也。

“大王欲属国为布衣。”

属国云者，以国属之人，而不复欲自有之也。

《衡山王传》："王日夜求壮士如周邱等，数称引吴楚反时计画约束。衡山王非敢效淮南王求即天子位，畏淮南起并其国，以为淮南已西，发兵定江淮间而有之，望如是。"

按："数称引吴楚反时计画约束"者，壮士等之所称引也。"衡山王非敢"以下，"而有之"以上，皆壮士等私相计画之辞。"淮南已西"云者，言淮南王起兵西入长安，则衡山王发兵定江淮间，据淮南王之地而有之。淮南朝发，则衡山夕起。庶不为淮南王所并也，所望不过如是而已。

《伍被传》："须士卒休，乃穿井得水，乃敢饮。军罢，士卒已逾河，乃度皇太后所赐金钱尽以赏赐。"

军罢二字若属上句读，则无义可寻。若属下句读，则逾河之处不必适在军罢时也。此处当有二饮字。文云："穿井得水饮，军罢乃敢饮"转写脱一饮字。又误置军罢二字于上耳。

"王曰：男子之所死者，一言耳。"

凡男子之死于一言者，约有数等：与人争很，一言之忿，不顾而死者，是死于忿也。气谊相许，一言之约，借躯以相酬报者，是死于要约也。要事同计，异人同情，因旁人一言之感触，遂以激发欲死者，是死于激切也。厉王迁死，淮南宾客多以此感激安，或安以一言而激发欲死耳。师古二义解一言甚当，而于王安未合也。

"天下劳苦有间矣"

有间，谓有隙可乘也。如说是，师古失之。孟子曰："连得间矣。"文气略同。

"王曰：此可也，虽然，吾以不至若此专发而已。"

《史记》作"吾以为不至若此"。言不至如伍被之说如此其难耳。《汉书》少一为字，义与《史记》同。师古之解非也。

《周仁传》："仁为人阴重不泄，常衣弊补衣溺袴，期为不洁清，以是得幸。入卧内，于后宫秘戏，仁在旁终无所言。"刘奉世曰："袴非小袴，能藉则近洁矣。此常袴溺沥其上，不洗濯之，以其不洁之故，人恶远之，乃得至后宫也。"

愚按：刘说常袴不洗濯是也，其说人恶远之非也。仁之衣弊衣溺袴，言其不好修饰，不事容悦也。溺者，甚之之词，犹曰不浣云耳。以其慎密质朴，是以得幸，虽后宫秘戏，亦得在旁，取其谨愿之至，不漏泄禁中亵语，非取其垢污而为人所恶远，遂与宦者同视也。刘说盖为张说所误，亦陋甚也。

《贾谊传》："《吊屈原赋》：历九州而相其君兮，何必怀此都也。"

自"凤缥缥其高逝兮"至篇末，皆责屈原不能引身远遁，自取尤辱。其切责之，乃所以深痛之也。师古之说非是。

"谊数上疏，陈政事，多所欲匡建。"

奏疏以汉人为极轨，而气势最盛，事理最显者，尤莫善于《治安策》。故千古奏议，推此篇为绝唱。"可流涕者"少一条，"可长太息者"少一条，《汉书》所载者，殆尚非贾子全文。贾生为此疏时，当在文帝七年，仅三十岁耳。于三代及秦治术无不贯澈，汉家中外政事无不通晓，盖有天授，非学所能幾耳。奏议以明白显豁、人人易晓为要。后世读此文者，疑其称名甚古，其用字甚雅，若仓卒不能解者。不知在汉时乃人人共称之名，人人惯用之字，即人人所能解也。即以称名而论，其称淮南、济北，如今日称端华、肃顺也。其称匈奴，如今日称英吉利也。其称淮阴侯、黥布、彭越、韩信、张敖、卢绾、陈豨六七公，犹今日称洪秀全、李秀成、石达开、张洛刑、苗沛霖、畲匪、回匪也。其称樊、郦、绛、灌，犹今日称江、塔、罗、李也。其称郡国，犹今日称府厅也。其称傅相丞尉，犹今日称司道守令也。又以用字而论，其用厝字，犹今日用置字也。其用虖字，犹今日用乎字也。其用虑字，犹今日用大致也。其用执字，犹今日用势字也。其用亡字，犹今日用无字也。其用亶字，犹今日用但字也。其用幾幸，犹今日用冀幸也。其用隃字，犹今日用逾字也。其用县字，犹今日用悬字也。由此等以类推，则当日通称之名、通用之字，断无不共谕者。然则居今日而讲求奏章，亦用今日通称之名、通用之字，可矣。

“首尾衡决”

衡决，犹横决也。古人言直皆曰纵，言横皆曰衡。于事之忤乱无条理者，则横字作去声读。如曰横逆、曰洪水横流是也。此处若作横决，亦当读为去声。

“祖有功而宗有德，使顾成之庙称为太宗。”

此疏陈于文帝时，便谓文帝死后庙号应称太宗，足见当时风俗近古。

“夫树国固必相疑之势”

树，独立也。于京师之外，又树立宗室多国，势必相疑。

“今或亲弟谋为东帝，亲兄之子西乡而击，今吴又见告矣。”

亲弟，谓淮南厉王长。亲兄之子，谓齐悼惠王之子兴居。皆谋反也。

“如此，有异淮南、济北之为邪。”

淮南，谓上文亲弟谋为东帝也。济北，谓上文亲兄之子西乡而击也。

“非有仄室之势，以豫席之也。”

仄室之势，犹曰寸土半阶之势。席，犹曰凭借也。

“动一亲戚”

古人称父子兄弟曰亲戚。

“长沙乃在二万五千户耳”

在，读如才，犹曰仅也。

“诸侯之地，其削颇入汉者，为徙其侯国及封其子孙也，以数偿之。”

诸侯之地前颇有削而入汉者，犹今云入官也。仍当移徙界址，归入侯国境内，待封其子孙时全数还之。

“一二指搐，身虑亡聊。”

搐，《集韵》、《类篇》并云牵制也。一二指搐云者，谓偶然有所指，或有所牵制也。虑，犹云大氐也。谓胫与指大瘇平居不可屈伸，偶然牵动，则周身大氐皆痛甚亡聊矣。

“斥候望烽燧，不得卧。”

斥，远也。候，候伺也。斥候，犹今之放哨者也。

“臣窃料匈奴之众，不过汉一大县。”

汉之匈奴，南北二千里，东西五千里，而曰不过抵汉一大县，此贾生阅历之浅也。

“陛下何不试以臣为属国之官，以主匈奴。”

典属国之官，专主外国事，后苏武尝为之。

“今民卖僮者，为之绣衣丝履偏诸缘。”

偏诸，即牙条，今之阑干緶子之属近之。

“緁以偏诸”

偏诸，即緶子。緁，谓缝于衣之领缘也。

“其慈子耆利”

慈子耆利，犹云溺爱贪利。

“逐利不耳”

利不耳，即利否耳。

“是非其明效大验邪”

以刑法与礼教层层比较，劝汉帝宜学周，不宜学秦。

“故贵大臣定有其罪矣，犹未斥然，正以呼之也，尚迁就而为之讳也。”

是时丞相绛侯周勃免就国，人有告勃谋反者，逮系长安狱，故贾生以此讥之。

“夫将为我危”

夫，犹彼也。《左传》：“则夫致死焉。亦谓彼致死也。”

“故可托以不御之权”

不御之权，谓全授以权柄，不复制御之也。

“卒破七国，至武帝时淮南厉王子为王者，两国亦反诛。”

卒破七国，言谊策梁足以扞齐赵，淮阳足以禁吴楚，其言果应也。厉王子为王者两国亦反，言谊策淮南四子为父报仇，其言果应也。

《袁盎传》：“盎兄子种为常侍骑，谏盎曰：君众辱之。”

古称尊长多曰君，自称多曰臣。此君众辱之，是称其叔父曰君也。《王章传》“我君素刚”，是称其父曰君也。秦汉间谈说之际，自称曰臣者，不可枚举。

《晁错传》：“以便为之。”

犹云以暇时为之也。

“诏策曰悉陈其志，毋有所隐。愚臣窃以五帝之贤臣明之。臣闻五帝其臣莫能及，则自亲之；三王臣主俱贤，则共忧之；五伯不及其臣，则任使之。此所以神明不遗，而贤圣不废也云云。又曰今执事之臣，皆天下之选已，然莫能望陛下清光，譬之犹五帝之佐也。陛下不自躬亲，而待不望清光之臣，臣窃恐神明之遗也。"

按：清光，即才智也。莫能望，谓远不能及也。五帝才知过于其臣，则自亲政事。三王才知与臣相等，则共谋政事。五伯才知不及其臣，则以政事委任臣下。晁错之意，以当时盗贼不衰，边竟未安，文帝之才知既不足以济事，而诸臣之才知反不能望文帝之清光，是臣下亦不足以备任使也，则政事必有阙遗而不举者矣。错自度其才知过于文帝，又远过于在廷诸臣，隐然以五伯之佐自命，欲帝之举国而任己也，故以对诏策中"悉陈其志，毋有所隐"二语。

"神明不遗，贤圣不废。谓神明之所照者，无遗弃之事。贤圣之所通者，无废阙之端。"

师古说非也。贤，谓过人之智、圣，谓通明之才。不必皆成德而后称曰贤曰圣也。

"错父谓错曰上初即位，公为政用事，侵削诸侯，疏人骨肉，口让多怨，公何为也？错曰固也。"

固也云者，言乃父所责固当。师古训非也。

《汲黯传》："赐从军死者家，卤获，因与之。"

卤获，得匈奴之财也。因与之，亦赐从军死者之家也。

《窦婴传》："孝景三年，吴楚反，上察宗室诸窦，无如婴贤。"

凡与国有亲戚属籍者，亦得呼为宗室。《酷吏传》"周阳由以宗室任为郎"，谓其父赵兼为淮南王之舅，与国为戚属也。本传后文廷辨时，《史记》曰："俱外家宗室，故廷辨之。"亦谓外家为宗室也。

“所赐金陈廊庑下，军吏过，辄令财取为用。”

财，犹曰少也。王念孙解财、察财、幸财、留念等语，其说甚详。

《灌夫传》：“夫亦持蚡阴事为奸利，受淮南王金与语言。”

与语言者，即蚡为太尉时迎淮南王于霸上相对之语言也。

“蚡起为寿，坐皆避席，伏。已，婴为寿，独故人避席，余半膝席。”

避席者，一身去位，离席而起立也。膝席者，半身已起立，其半尚膝倚于席也。

《韩安国传》：“且匈奴，轻疾悍亟之兵也。至如猋风，去如收电，畜牧为业，弧弓射猎，逐兽随草，居处无常，难得而制。今使边郡久废耕织，以支胡之常事，其势不相权也。”

胡射猎逐徙，以用兵为常；汉久废耕织，以用兵为变。以变而支常，故轻重不钧。

《江都易王传》：“与其后成光共使越婢下神，祝诅上。”

下神，犹云降神，迎之而使来临也。

《广川惠王传》：“昭信谓去曰：前画工画望卿舍。”

画望卿舍，谓作画于望卿之室也。

"去即与昭信从诸姬至望卿所"

前云会诸姬，谓去与昭信击二王，令诸姬皆会而观之也。此云从诸姬，谓去与昭信击望卿，令诸姬皆从而观之也。

《常山宪王传》："汉使者视宪王丧，棁自言宪王病时，王后太子不侍。"

自言，讼诉也，下皆狱辞。

《李广传》："程不识故与广俱以边太守将屯，及出击胡。"

将兵屯田，胡来则出击，二者皆边太守之事也。

"是时广军几没，罢归。"宋祁曰："浙本及越本并无罢字。"

罢归二字当为句。

"广从弟李蔡，武帝元朔中为轻车将军，从大将军击右贤王有功，中率，封为乐安侯。"

《集韵》："率，计数之名。"凡言大率者，犹云大数也。中率，犹云中程、中科，谓有一定之程课、一定之科则也。上文云中首虏率，此云中率封侯，皆谓其功合于汉家科程也。

"大将军弗听，令长史封书与广之莫府曰急诣部如书。广不谢大将军而起行，意象愠怒，而就部引兵与右将军食其合军出东道。"

书中所载，仍令广从食其出东道。书若今之札饬。

《李陵传》："一日五十万矢皆尽，即弃车去，士尚三千余人，徒斩车辐而持之。"

愚按：徒，徒步也。弃车而徒，斩其车辐，持以为兵也。

“陵还太息曰：兵败，死矣！军吏或曰：将军威震匈奴，天命不遂。后求道径还归。”

“天命不遂”下，当更有二语云，姑隐忍不死，少留匈奴中。下乃云后求道径还归，词意乃备。《汉书》多简字简语，往往然也。

“期至遮虏鄣者相待”

意以入塞之际，当相聚少苏。计数得脱归生入者，果几人也。

“上悔陵无救，曰：陵当发出塞，乃诏彊弩都尉令迎军。坐预诏之，得令老将生奸诈。”孟康曰：“坐预诏彊弩都尉路博德迎陵。博德老将，出塞不见〔至〕，令陵见没也。”

陵之见没，由于兵少无救。兵之少，由于使路博德别出西河，遮他道，而使陵以孤军出塞，故败没也。武帝至是深自悔，以为向使待陵发出塞之时，乃令博德迎其军，而随往，则博德必同出塞，无所施其奸计矣。事机之所以失，由于当陵未发出塞之先，预诏博德迎陵军，致令博德上书稽行，反疑陵不欲出，故迫陵以孤军出塞也。陵之以无救而败，由于博德奸诈上书，致武帝疑陵，而逼令分军各出。博德之所以能行其奸诈，由于武帝预诏，先示以疑陵之隙，此武帝所以悔也。孟说失之。

《董仲舒传》：“仲舒为博士时，下帷讲诵，弟子传以久次相授业。”

久者为之师，其次久者从而受业。次久者为师，新来者又从而受业。

"武帝即位，举贤良文学之士前后百数，而仲舒以贤良对策焉。"

武帝之问，以为作乐即可致治，何以后世乐器虽在，而治不可复？仲舒之意，以为欲作乐必先兴教化，欲兴教化必先疆勉行道，能行道则治可复，教化可兴，而乐可作。皆自人力主之，非天命之所能主也。武帝之问，以为何修何饬而后可致诸祥？仲舒之对，以为修饬德教，则奸邪自止，而诸祥可致。若修饬刑法，则奸邪愈生，而诸祥不可致矣。中言正心正朝廷数语，是修饬之本。末言仁义礼智信，是修饬之目。致诸祥必由于止奸邪，任刑罚则奸邪不止，任教化则奸邪止。于问中何修何饬而致诸祥，最相针对。武帝之问，本以力本任贤对举。以亲耕籍田，为已能力本矣。劝孝弟，崇有德，为已能任贤矣。而以功效不获为疑。仲舒之对，则略力本而专重任贤一边。以为贤才不出，由于素不养士。下以兴太学为养士之要，大臣岁贡二人为选贤之要。

《司马相如传》：《子虚赋》"触穹石"至"衍溢陂池"一节。

《子虚赋》言水，始终不外有力、自然两义。如"穹石"四句，言水之盛怒有力。"滭弗"五句，极言其有力。"穹隆"四句，言其自然。"批岩"二句，言其有力。"临坻"二句，言其自然。"沈沈"二句，言其有力。"潏潏"二句，言其自然。"驰波"十句，皆言其自然。脉络极分明也。洴、溉、濑、沛、坠、礚、沸为韵，怪、归、回、池为韵，而一韵之中，上有数句又各私自为韵，如沛、折、洌私自为韵，鳖、浥私自为韵也。

"其南则有平原广泽"

此叙南有平原广泽，似最宜畋猎之地。而下文叙猎，但在东西北三处，而不及南之广泽，盖虚实互相备也。

“襞褔褰绉，纡徐委曲，郁桡溪谷，衯衯裶裶，扬袘戌削，蜚襳垂髾。”

“襞褔”至“溪谷”三句，“衯衯”至“垂髾”三句，皆下二句用韵。

“舞干戚”

干戚，疑当作干羽。此处当用韵，不似四句乃韵者。

“世有大人兮，在乎中州。宅弥万里兮，曾不足以少留。悲世俗之迫隘兮，朅轻举而远游。”

前六句总以轻举远游四字为一赋之指。

“登阆风而遥集兮，亢鸟腾而一止。”

以上游行，至是始止息也。壹止云者，如鸟之飞，欻然而止也。

“未有殊尤绝迹，可考于今者也，然犹摄梁父，登大山，建显号，施尊名。”

可考于今，谓奇绝之功迹至今犹可考见者。言自古莫盛于成周，然周亦未有奇绝功迹，犹且封禅也。岂有汉之功迹奇绝如此，尚吝于封禅哉？

“于是大司马进曰”

大司马之位号，武帝特置以宠卫、霍者。

“亦各并时而荣，咸济厥世而屈。”

济，犹度也，越也。并时而荣，犹当时则荣，越世则屈，绝无称也。

"以浸黎民"

浸，言泽润也。

"犹兼正列其义，祓饰厥文，作春秋一艺。"

犹兼，若犹复之谓也。既举其事，犹复著之艺文，以垂后世也。

"不已戏乎"

犹云不太轻视相如乎。

《张骞传》："其后乌孙竟与汉结婚。"

以下皆言汉使至西域往来不绝事，皆《史记·大宛列传》内之文，此录入《张骞传》不可解。又末段亦《大宛传》之文，明所以伐宛之由，兹入骞传失之。末又忽入骞孙猛云云，亦未当也。

《李广利传》："于是遣水工徙其城下水空，以穴其城。"

《史记》作以空其城。徐广曰："言空者，令城内皆乏。"此言遣水工备至宛时徙水道之用，下文决其水源移之，乃其事也。

《司马迁传》："不相师用，而流俗人之言。"

苏林曰："而，犹如也。谓视少卿之言如流俗人之言，而不相师用也。"

《燕刺王旦传》："王曰：老虏曹为事当族。"

老虏曹，谓上官桀辈也。旦怨桀等谋事不臧，自取族灭也。

《广陵厉王胥传》："女须泣曰：孝武帝下我。"

下我云者，神降而见于我前也。

"歌曰：千里马兮驻待路。"张晏曰："二卿亭驿，待以答诏命。二卿，谓廷尉大鸿胪也。亭驿，谓驻于驿馆也。此以千里马喻二卿也。"

国藩按：此语极状其急，言命在须臾，不能少待之意。不必指二卿也。

《昌邑哀王传》："贺曰城门与郭门等耳，且至未央宫东阙，遂曰昌邑帐在是阙外驰道北。"

且至，将至也。是阙，遂遥望东阙而指称之辞。下文曰到者，至阙也。

《严助传》："大为发兴，遣两将兵诛闽越。淮南王安上书谏曰。"

淮南王安收养文士，著《淮南子》；亦犹吕不韦好客养士，著《吕览》一书也。此篇盖亦八公辈所为，陈义甚高，摛辞居要，无《淮南子》冗蔓之弊。班史载入助传中，与主父偃、徐乐、严安、贾捐之诸篇并列，以见务广穷兵之害，均为有国者所当深鉴。后世如苏子瞻代张方平谏用兵书，亦可与此数篇方轨并驾。

"天下摄然"

摄者，收敛之意，摄然犹安然也。

“舆轿而隃领”

领，即岭字。自贵州、广西、广东、福建、浙东皆共此岭。古岭内为中国，岭外为百越。今之岭内为湖南、江西、浙西三省。岭外则黔、广、闽、浙五省。

“暴露中原，沾渍山谷。”

暴露谓骨，沾渍谓血。

“其入中国，必下领水。”

今湖南之郴州河，江西之赣州河，皆领水也。此领水当指建昌河、广信河言之。故下文言至余干界中。

“而中国之人，不能其水土也。”

不能，即不耐也，犹今言不服水土。

“陛下若欲来内处之中国”

来，同徕。内，同纳。谓招徕收纳之也。

“于是山东之难始兴”

山东之难，谓秦二世时陈涉等作难皆在太行山以东也。

“如使越人蒙死徼幸”

蒙死，犹冒死也。徼幸，越人自知不能胜中国，而徼求幸胜也。

“使中大夫玉上书言事闻之，朕奉先帝之休德。”

“闻之”属上句，读言既闻之矣。

“陛下故遣臣助告王其事，王居远事薄，遽不与王同其计。”

言王所居既远，而汉廷之事又薄，遽不及与王往反熟计，以抵和同也。

“辄遣使者罢屯，毋后农时。”

后农时，谓以兵事稽之而失农时也。急罢屯，则不稽矣。

《贾捐之传》：“元帝初元元年，珠崖又反，发兵击之，诸县更叛，连年不定。上与有司议大发军，捐之建议以为不当击。上使侍中驸马都尉乐昌侯王商诘问捐之曰：珠崖内属为郡久矣，今背叛逆节，而云不当击，长蛮夷之乱，亏先帝功德，经义何以处之？捐之对曰。”

贾君房在当世有文名，故杨兴曰：“君房下笔，语言妙天下。”昔亡弟慜烈公温甫好“语言妙天下”五字，尤好读《罢珠厓对》。大抵西汉之文，气味深厚，音调铿锵，迥非后世可及。固由其措辞之高、胎息之古，亦由其义理正大，有不可磨灭之质干也。如此篇及路温舒《尚德缓刑书》，非独文辞超前绝后，即说理亦与六经同风已。

“民赋四十，丁男三年而一事。”

本一年供役一次，因天下民多，故三年仅一役也。事，即役也。

“父战死于前，子斗伤于后，女子乘亭鄣，孤儿号于道。”

古文中五字句极少，此连用四句，声调悲壮，可歌可泣。亭鄣，边塞屯宿之所，犹今城上之更栅也。

"欲驱士众挤之大海之中"

珠厓隔海即今之琼州也，故曰挤之大海之中。

"兴曰：县官尝言，兴愈薛大夫，我易助也。"

我易助云者，谓天子既许我愈薛大夫，是天子已器我矣，若更得旁人一言之荐，则天子必从，故易助也。

《杨敞传》："真人所谓鼠不容穴，衔窭数者也。"

言鼠已不见于穴矣，而又衔窭数，则愈以自妨，终不为世所容耳。

"蒙富平侯力，得族罪，毋泄恽语，令太仆闻之乱余事。"

谓富平既不肯为我废前语，则当直言证实我必得族罪矣。但此次我戒饬富平之语，毋得再泄，令太仆闻之，更与前事参伍相乱，弥增罪状也。"毋泄恽语"云者，谓此次戒饬富平勿证实之语，非谓前番奔车抵殿门昭帝崩之语也。

《公孙刘田王杨蔡陈郑传赞》

《车千秋传》："始元六年，诏郡国举贤良文学，问民所疾苦。于是盐铁之议兴焉。"传未明盐铁之议云何，故于赞申明之。

"成同类长同行"

同类者，则顺成之。同行者，则比长之。长，犹"长君之恶"

之长。

《杨王孙传》："且夫死者终生之化。"

终生，犹曰毕生，曰一生，曰终身也。

《霍光传》："召内泰壹宗庙乐人，辇道牟首，鼓吹歌舞，悉奏众乐。"

泰壹宗庙乐人，祀泰壹神之乐人及祭宗庙之乐人也。召乐人而内之，由辇道而同游牟首之地，以鼓吹歌舞，悉奏众乐也。牟首，孟康说是也。

"中二千石，治莫府冢上。"

于冢上开莫府，典治葬事也。

《金安上传》："上拜涉为侍中，使待幸绿车，载送卫尉舍。"

绿车，皇孙之车也。待幸，常设以待临幸，不俟仓卒再驾也。待幸之车非一，有天子之乘舆，有太子之车，有皇孙之绿车。此以待幸之绿车载送金涉，欲其速至，且示荣宠也。

"时王莽新诛平帝外家卫氏，召明礼少府宗伯凤入，说为人后之谊，白令公卿将军侍中朝臣并听。"

白令并听云者，莽白于太后，令公卿朝臣并听凤说也。

《赵充国传》："充国以为狼何小月氏种，在阳关西南，势不能独造此计，疑匈奴使已至羌中，先零、罕、开乃解仇作约。到秋马肥，变必起矣。宜遣使者行边兵，豫为备，敕视诸羌毋令解仇，以发觉其谋。于是两府复白，遣义渠安国行视诸羌，分别善恶。安国至，召先零诸豪三十余人，以尤桀黠，皆斩之。纵兵击其种人，斩首千余级。于是诸降羌及归义羌侯杨玉等恐怒，亡所信乡。”

王曰：“恐怒宜作怨怒，谓怨怒汉吏不亲信而归响之也。”国藩按：恐怒者，且恐且怒也。信者，投诚之谓。响者，向慕归义之谓。诸降羌本欲归顺于汉，今汉使不分善恶，一切皆斩之，降羌且恐且怒，靡所适从，故曰亡所信响也。安国此次使视诸羌，本重在分别善恶，无令其混合为一。乃安国不分善恶，不分降者与逆者，一概斩之，此所以激诸羌背畔也。充国之心，总不欲其混合为一，惟在择罕、开诛先零，坚持此议，始终不改。故深以安国此行不分善恶、多杀激变为咎。下文充国叹曰：“丞相复白遣安国，竟沮败羌。”即归咎于此役也。又太开小开曰：“得亡效五年时不分别人而并击我。”亦即指此役之不分别善恶也。

“充国计欲以威信招降罕、开及劫略者。”

罕，一种也。开，一种也。劫略者，他小羌种之为先零所劫略而俱畔者也。

“此殆空言，非至计也。”

非至计与《东方朔传》“非至数也”之至同。

“有通谷水草”

通谷，谓穷山深谷中往往有径路与匈奴相通也。

“将军不念中国之费，欲以岁数而胜。”

欲以岁数而胜云者，谓决胜之期，欲以岁计，不特以月计也。

故下充国复奏曰："恐国家之忧繇十年数。"谓且以十年计，尚不止于岁数而已。

"敦煌太守快将二千人"

快，太守之名也。

"将军其引兵便道西并进，虽不相及，使虏闻东方北方兵并来。"

虽不相及云者，谓武贤、快等军从北而南，充国兵从东而西，两路兵虽不能同时相会聚，但使虏闻声震惧，亦自佳也。

"乃上书谢罪，因陈兵利害曰。"

"臣窃见骑都尉安国"以下数句，解说难明。盖前安国复使视诸羌时，天子曾有赐书告罕，许以不诛罕。故充国使雕库还告开，亦许以不诛，是推广天子告罕之意也。故曰罕、开之属皆闻知明诏。

"六月戊申奏，七月甲寅玺书报从充国计焉。"

戊申至甲寅凡七日，长安至金城往返三千余里。

"会得进兵玺书，中郎将卬惧，使客谏充国曰：诚令兵出，破军杀将，以顷国家，将军守之可也；即利与病又何足争。"

卬意以兵出而果有破军杀将倾国家之祸，则将军固宜守不出兵之议。所争者大，所全者多，犹之可也。今则为利为病，所差无几，又何足争。

"竟沮败羌"

诸羌本有意投诚，因安国不分善恶，而泛杀之，诸羌遂以亡所信响，而背畔，故曰沮败。

“倅马什二就草”

就草，犹今之出青。今官马以四月出察哈尔择水草处牧放，谓之出青。

“今大司农所转谷至者，足支万人一岁食，谨上田处及器用簿。”

王曰：“今大司农，今当作令，《太平御览》引此正作令。”国藩按：屯田自有谷，不必更令大司农转谷矣。今字未误也。盖谓目今已经转至之谷，不复烦大司农转矣。“谨上田处及器用簿”，谓所田之地及应制之器用分为二簿呈上也。

“又大开小开前言曰：我告汉军先零所在，兵不往击，久留，得亡效五年时，不分别人而并击我。”刘奉世曰：“本始年未伐先零，此即元康五年未改神爵以前，义渠安国召诛先零之时，所谓无所信响即是。”

国藩按：元康五年改元神爵，羌人不深悉，故至今尚以五年呼之也。安国不分别善恶，召诛先零，而泛杀罕、开，故大开有此言。

“畔还者不绝”

谓罕、开莫须各种背畔先零而来归于汉者，往往不绝也。

“烽火幸通，势及并力。”

并力，疑当为力并。言营垒相次，烽火相通，则声势联络矣。故曰势及。势既联络，则众力合并也。

“不足以故出兵”

王曰：“故上宜有疑字。《汉纪》正作不足以疑故出兵。”国藩按：此言大小开虽有得亡效五年之疑词，然有临众往宣明谕，终当亡他心，不必因此小故而出兵也。不着疑字亦可。

《陈汤传》：“而康居副王抱阗将数千骑，寇赤谷城东，杀略大昆弥千余人，殴畜产甚多。从后与汉军相及。”

汉军从北道入赤谷即西行，不由赤谷之东路，故经过时不与康居副王之兵相遇。迨汉兵既西去，而康居副王之兵亦还，恰尾汉兵之后，故得相及也。

“骑步兵皆入，延寿、汤令军闻鼓音皆薄城下。”

骑兵，即“百余骑往来驰城下”者也。步兵，即“夹门鱼鳞陈”者也。“骑步兵皆入”，则城外无郅支兵矣，故汉兵遂薄城下。

“夜过半，木城穿，中人却入土城，乘城呼。时康居兵万余骑，分为十余处，四面环城，亦与相应和。夜数奔营，不利，辄却。平明，四面火起，吏士喜，大呼乘之。”

中人，郅支兵也。乘城而呼者，欲助军威，亦以见其哗然不整也。康居与之相应和者，所以戏之，明其助汉也。“夜过半木城穿”与上文“夜数百骑欲出”，同为一夜也。平明火起，即上文云发薪烧木城者也。

《段会宗传》：“总领百蛮，怀柔殊俗，子之所长，愚以无喻。”刘攽曰：“此言总领百蛮，怀柔殊俗，是子之所长，愚无以相喻也。”

国藩按：谷永之意以为边事虽子之所长，而朋友相戒，则以毋求奇功为善。

“终更即还”

谓三年之期，得代即速归也。

“会宗曰：豫告昆弥，逃匿之为大罪。即饮食以付我，伤骨肉恩。故不先告。”

言豫告昆弥，若漏泄使番邱得以逃匿，则昆弥有负汉之罪。若昆弥饮食汉兵，助诛番邱，则昆弥又伤骨肉之恩。是使昆弥进退为难也，故不先告。

《于定国传》：“后贡禹代为御史大夫，数处驳义，定国明习政事，率常丞相议可。”

议可者，天子可其议也。丞相与御史大夫驳议不合，天子可丞相议，而不从御史大夫也。

“民多冤结，州郡不理，连上书者交于阙廷。”

王曰：“连，宋祁说作远，是。”国藩按：作远而下无方字，亦为不词。

《韦贤传》：“谏诗云：致冰匪霜，致队靡嫚。瞻惟我王，昔靡不练。”

谓致冰岂不由于霜，致队岂不由于嫚，我王在昔应亦阅历既多，知之熟矣。

“黄发不近”

言黄发之人，今岂不近在目前乎？盖孟隐以自谓也。

“惧秽此征”

恐玷污王朝，将于此而遂行也。

在邹诗

“嗟我小子，岂不怀土”云云，所以轻去乡里而绝祖考者，将以寤楚王而反朝也。至于梦中与王违戾，于是决。王之终不悟，既不能谏正；君王又忍于轻绝祖祢，二者并伤，所以涕泣也。

《韦玄成传》：“上欲感风宪王，辅以礼让之臣。”

感风宪王，欲其仍安宗藩之分，不得觊觎储贰也。故以礼让之臣辅之。

“凡祖宗庙在郡国六十八，合百六十七所。而京师自高祖下至宣帝与太上皇、悼皇考各自居陵旁立庙，并为百七十六。”

京师七帝并太上皇、悼皇考凡九庙，合郡国之百六十七所，故为百七十六也。

《魏相传》：“相独恨曰：大将军闻此令去官。”

独恨者，相私自揣惧，非必对人为此语也。

《丙吉传》：“岂宜褒显，先使入侍。”

朱子文曰：“岂字于文为悖，恐是直字。”钱大昕曰：“岂宜者，犹言宜也。古人语急，以岂不为不，不可为可，此当言岂不宜，亦语急而省文耳。”王念孙曰：“岂犹其也，言有美材如此，其宜褒显也。《吴语》曰‘天王岂辱裁之’、《燕策》曰‘将军岂有意乎’、《史记》曰‘我岂有所失哉’，岂字并与其同义。”国藩按：《说文》：“岂，一曰欲也，登也。”段氏以为当作欲登也。欲登者，欲引而上也。凡言岂者，皆庶几之词，言几至于此也，故曰欲登。愚窃以为岂字古义，段氏之说近之。今京师俚语谓事之相去甚近者，则曰彀得上。其相去远者，则曰彀不上。岂字词意，盖在彀得上、彀不上之间，未定之词也。亦重难之词也。明知其近于此矣，然审重而未敢深信，则曰岂。周汉人文字曰岂者，往往然也。曾子问周公曰：“岂不可?”岂不可云者，明知其不可，而姑为审重之词也。此丙吉曰“岂宜褒显，先使入侍”，“岂宜褒显”云者，明知其宜褒显，而姑为审重之词，使大将军裁决之也。如大将军果以为可，则先使入侍，尚不遽即尊位。此外，古人文字称岂，皆有重难未定之意；后人文字称岂，则有相反之意，若今俚语之难道是，于古人词气不尽合矣。

“此驭吏边郡人，习知边塞发奔命警备事。”

奔命，奔走之极急也。发奔命，若今言发急足。警备，言边塞有警告戒严也。事，犹状也。此驭吏习知其状也。奔命与亡命字词意略同。亡命谓逃亡极急，今俚语谓奔走之极急者或曰不要命，亦其类也，不必作命令解矣。《左传》“一岁七奔命”，亦奔走救应之义。

“驭吏因随驿骑至公车刺取”

公车，因公事而驰至京师者谓之公车。其所戾止之地，亦谓之公车。汉制，卫尉属官有公车司马，天下上事及阙下凡所征召，皆总领之。此边告警备亦上事之属也。

《京房传》:“唯陛下毋难还臣而易逆天意。”

毋以还臣为难，而以逆天意为易。难谓迟疑不决，易谓不足畏也。

《赵广汉传》:“其尉荐待遇吏，殷勤甚备。”

尉荐，犹尉藉也。尉者，以火尉缯，从上按下也。荐，草之深厚者，可以为席，从下藉上也。皆体贴人心，曲意安抚之词。如淳说近之。师古以荐为荐达，非也。《韩延寿传》云:“引见尉荐，郡中翕然。”《胡建传》云:“尉荐士卒，得其欢心。”皆无荐达之义。

“京兆尹赵君谢两卿，无得杀质。”

质，苏回也。两卿，劫回之二人也。

“又素闻广汉名，即开户出，下堂叩头。”

广汉立庭中，贼在堂内，丞叩堂户晓贼，故贼即开户下堂，就庭中向广汉叩头也。

“不诣屯所，乏军兴。贤父上书讼罪，告广汉。”

乏军兴，谓以乏军兴之律罪之也。讼罪，讼理其子之罪。告广汉，告禹之劾贤乃广汉风使之也。

“又坐杀贼不辜①，鞠狱故不以实，擅斥除骑士乏军兴数罪。”

贼杀不辜，谓杀荣畜也。斥除骑士，谓劾苏贤也。广汉于摧

①中华书局1962年版《汉书》作“又坐贼杀不辜”。

辱魏相之外，又坐此数罪。

《韩延寿传》：“百姓遵用其教，卖偶车马下里伪物者，弃之市道。”

百姓遵延寿之教，市中夙卖偶车马等物者，至是无人购买，故弃之也。

“人救不殊”

殊，死也。不必身首绝而后为殊。

《张敞传》：“盗贼并起，至攻官寺。”

寺者，法地也，宫禁之内谓之省寺，百姓治事之署谓之官寺。自浮屠入中国，凡藏置佛经之地，亦谓之寺，盖窃取法地之意而名之。

“时时越法纵舍，有足大者。”

有足大者，与有足多者、有足称者词意相类。

“敞使主簿持教告舜曰：‘五日京兆竟何如？冬月已尽，延命乎？’”师古曰：“言汝不欲望延命乎？”

立春以后，则不复行刑。舜意既以敞为五日京兆，不足复案事，又以冬月仅余数日，终不能复置已于死。舜怀此二端，故了不复畏敞也。敞竟置之死，临刑之际，故为二语告舜曰：“五日京兆竟如何？冬日已尽，延命乎？”意以汝料我五日京兆，不复能案事，今竟能案事否？汝料我冬月将尽，不复能行刑，今竟能延命否？盖作诘问之词，以镌诮之也。师古之解未当。

《王尊传》："少孤，归诸父。"

归，犹投也，若归诚、归命、归义、归罪之归。

"问诏书行事"

行事，犹故事，谓已往之事，若今言成案也。详见王氏念孙解《陈汤传》。

"一郡之钱尽入辅家，然适足以葬矣。"

宋元人诗词往往用断送字，今世俚语有葬送字，此云适足以葬，谓彼之多钱适足以断送其身命乎。

"御史大夫中奏尊暴虐不改，外为大言，倨慢姗上，威信日废。"

暴虐不改，谓当春而系者千人也。外为大言，谓尊自奏"强不陵弱四语是大言夸谩也。"倨慢姗上"，谓对放之词也。威信日废，谓许仲家杀人，吏不敢捕也。

"及任举尊者，当获选举之辜，不可但已。"

是时王氏用事，尊为王凤所荐。罪尊过重，则凤之坐罪亦不得轻。冀朝廷投鼠忌器，所以深救尊也。

《孙宝传》："明府素著威名，今不敢取穉季，当且阖阁，勿有所问。即度穉季而谴他事，众口讙哗，终身自堕。"

度，越也。若一无所问，吏民亦不敢谤毁。若有所问，则当先其大者，后其小者，必自穉季始也。倘越穉季而问他事，则吏民谤毁，众口讙哗，终身刚直之声以此一事而堕坏矣。

《何并传》："令骑奴还至寺门，拔刀剥其建鼓。"

建鼓，谓高悬之鼓也。《庄子》"若负建鼓而求亡子"是也。

《萧望之传》："令天下共给其费。"

共读曰供，上文既有天下字，则此共字不应又训作同共也。

《冯野王传》："收捕并不首吏。"

首之云者，犹诚心投向之谓。曰首涂，谓诚心投向将趋前途也。曰首公，谓诚心投向治公家之事也。曰首罪，谓诚心投向自归于司败也。此曰首吏，谓诚心投向从吏收治也。

《东平思王传》："治石象瓠山，立石束倍草，并祠之。"刘攽曰："立石属上句。"

国藩按：谓象瓠山之立石也，并祠云者，谓瓠山所有之石，与宫中所治之石，二者并祠祀也。

《匡衡传》："衡上疏戒妃匹，劝经学威仪之则。"

三代以下陈奏君上之文，当以此篇及诸葛公《出师表》为冠。渊懿笃厚，直与六经同风。如"情欲之感，无间于义容；宴私之意，不形乎动静"等句，朱子取以入《诗经集传》，盖其立言为有本矣。

《王商传》："商部属按问。"

部属，谓行部所属。

"宜以为后"

犹云且徐观后效也。

“会日有蚀之，大中大夫蜀郡张匡其人佞巧，上书，愿对近臣陈日蚀咎下朝者。”

朝者，即近臣。匡愿对近臣面陈，故令近臣受其所陈对之辞也。

《史丹传》：“臣窃戒属毋涕泣。”

属者，谓进见之顷也。

《薛宣传》：“戒曰：‘赣君至丞相，我两子亦中丞相史。’”

中丞相史，谓堪为丞相史也。《礼》曰：“用器不中度，幅广狭不中量，木不中伐，禽兽鱼鳖不中杀。”中义皆同此中，犹合也。

“责义不量力”

谓责人以义，而不量其力之不逮。

“宣考续功课，简在两府。”

简，策记也。犹今考功稽勋，两司记历官功过也。

“不相敕丞化”

敕，戒也。丞，辅翊也。谓宣父子不能相戒辅翊圣化。

“廷尉直以为：律曰斗以刃伤人，完为城旦，其贼加罪一等，与谋者同罪。诏书无以诋欺成罪。传曰遇人不以义而见疻者，与痏人之罪钧。恶不直也。”

斗则曲直均，贼则曲专在伤人者，故同一伤人也，斗则为城旦，贼则加罪一等。无以诋欺成罪，谓罪不至此，而以诋欺强入人罪。痏，亦疻也。见疻与疻人之罪同。论起事之曲直也，先引律，次引诏书，次引传，后断本案，应此三者。

《朱博传》：“吏民数百人遮道自言。”

自言，谓自讼理，若今赴诉呈状也。《外戚传》有“王翁须自言”。

“拉捄用禁，能自效不。”

拉捄，犹湔祓。谓弃瑕录用也。今人亦多用照拂字。

《翟方进传》：“居官不烦苛，所察应条辄举，甚有威名。”

察吏有不法应科条者，辄即举发，无所依违徇隐也。

“时庆有章，劾自道行事，以赎论，今尚书持我事来，当于此决。”

“劾自道行事”，犹今自行检举也。“以赎论”，谓己所自劾之事其罪合赎，犹今之公罪准抵销也。“尚书持我事来，当于此决”，谓即在甘泉宫定决也。尚书，犹今之内阁票拟也。

“前我为尚书时，尝有所奏事，忽忘之，留月余。”

谓此等小事疾迟无定，多有忘去，滞留月余，不决遣也。今此自劾之事，尚书虽当即日持来决遣，然尚书或偶忘之，今日不决，亦未可知。言此以见己所犯过失甚微薄也。

“豫自设不坐之比”

谓庆自言以赎论也。

“又暴扬尚书事，言迟疾无所在。”

谓庆言忽忘之，留月余，意谓小事迟疾无定也。

“亏损圣德之聪明，奉诏不谨，皆不敬。”

“亏损圣德之聪明”云者，谓赎不赎当断于圣心，不应豫自拟于不坐也。“奉诏不谨”云者，谓应奏之事而忘之月余也。此二条皆不敬。

“后丞相宣以一不道贼”

不道贼，谓浩商也。

“欲必胜立威”

必胜者，谓庆劾方进，方进亦劾庆，以求胜。勋劾宣，方进助宣劾勋，以求胜。

“以主守盗十金，贼杀不辜。”

二者皆死罪，义以深文诛立，不必实有其事也。

“设令时命不成，死国埋名。”

埋，犹死也。谓死于国事，埋于功名也。

《谷永传》：“二而同月。”

谓黑龙与日食同九月，星陨与日食同二月也。

《何武传》：“服罪者为亏除免之而已。不服极法奏之，抵罪或至死。”

谓服罪者则减除其罪状，仅令免官。不服者则尽法处治之也。

“有所举以属郡”

谓囚徒中审拟不当，有所举发，仍令太守更自平反也。

《王嘉传》：“敞收杀之，其家自冤。”

自冤，谓自以为冤，抑而更讼理之。犹《朱博传》中之自言也。

“孝宣皇帝爱其良民吏”

民吏，犹云民牧。良民吏，谓民吏之良者。

“暴平其事，必有言当封者。”

“暴平其事”云者，谓暴露其事而使在廷诸臣共平决之也。廷臣既多，故必有言当封者。嘉意不重为天下分咎，重在宜暴露其事，盖贤本无章奏可暴露也。

《扬雄传》：“《反离骚》辞曰：淑周楚之丰烈兮，超既离虖皇波。”

淑，善也。雄自谓袭先人之善庆，故云周楚丰烈。离，历也。谓已遨游于岷江之边，周历此大波，因投文于下游而吊屈原也。

“凤皇翔于蓬陼兮，岂驾鹅之能捷。骋骅骝以曲艱兮，驴骡连蹇而齐足。”

陼，水中丘。蓬陼，谓枉陼之生蓬茅者。凤皇宜翔于千仞名山，今不幸而翔于蓬陼，则曾不得与驾鹅争捷。骅骝宜骋于天衢，今不幸而骋于曲蘱，则且与驴骡齐足矣。解“凤皇”二句，应晋说并误。

“固不如襞而幽之离房”

襞，大徐以为襞积如辨。盖有分劈之义。谓不如分散众香而幽之，使不扬也。

“鸾皇腾而不属兮，岂独飞廉与云师。”

本欲留日，反纵日使速逝，虽鸾皇亦追之不及，而飞廉云师无论已。不属，谓追不及也。

“《甘泉赋》：乃搜逑索耦，皋伊之徒冠伦魁。”

徒冠伦魁云者，谓同为皋伊之徒，而更选其冠。同为皋伊之伦，而更遴其魁也。

《儒林传》：“诣太常，得受业如弟子，一岁皆辄课。”

谓太常所择之弟子若干人，与郡国所察令其计偕之受业者若干人，皆每岁辄课也。

“即有秀才异等，辄以名闻。”

俟不次迁擢，又不仅以为郎中也。

“其不事学若下材，及不能通一艺辄罢之，而请诸能称者。臣谨按诏书律令下者罢之。”

谓罢黜不复得为博士弟子也。诏书本命予博士弟子，故宏

〔弘〕奏自“诸能称者”以上，皆遵诏书置弟子及如弟子者两等人之事。自“臣谨案诏书”以下，则又因诏书所言而推广之也。

“比二百石以上，及吏百石通一艺以上，补左右内史大行卒史。”师古曰：“左右内史，后为左冯翊，右扶风，而大行为大鸿胪也。”

比二百石以上及吏真百石者，此两项人之通一艺者，其迁擢同也。右内史后更名京兆尹，左内史后更名左冯翊，主爵中尉后更名右扶风。师古误也。

“比百石以下，补郡太守卒吏皆各二人。”

比百石以下，亦宜有通一艺以上，句文简省也。“皆各二人”，谓内史之卒史、大行之卒史、郡太守之卒史，皆各二人也。

《循吏传》：“簿书正以廉称。”

簿书正，当是冯翊之属官，其职主簿书者也。汉制廷尉之属官有正，南北军之属官有正，则三辅之属官或亦有丞有正也。霸所补卒史无专掌，故以署簿书正之职也。

“米盐靡密”

靡密，谓纤靡而周密也。《史记·天官书》云“米盐凌杂”，谓杂乱无叙次也。此用其语，而谓其有条理。

“今去不得，阳狂恐知，身死为世戮，奈何。”

言既不得去，而阳狂又恐为人知，徒然身死为世戮辱也。

“令口种一树榆，百本薤，五十本葱，一畦韭，家二母彘，五鸡。”

榆𩚱葱韭，足供一口。𩚱鸡足供一家。

《酷吏传》："匈奴素闻郅都节，举边为引兵去。"

举边，犹云举家、举室。尽边之人，皆为引去也。

"至晚节事益多，吏务为严峻，而禹治加缓，名为平。"

加缓，犹《孟子》加少加多之谓。言早岁酷急，晚节宽缓，遂得其平名。为平者，当世号为公平也。

"王温舒等后起，治峻禹。"

谓其治较禹更严峻也。

"少温籍，县无逋事。"

温籍，读曰醖藉。逋事，谓废失不治之事。

"重足一迹"

谓前足所履之迹，后足复践之。踧踖恐惧之至也。

"纵至，掩定襄狱中重罪二百余人。"

掩，谓出其不意而突入掩之也。

"至冬，杨可方受告缗，纵以为此乱民，部吏捕其为可使者。"

"受告缗"云者，民有告人不出缗者，杨可受其辞也。部吏，部勒胥吏。捕，为杨可所使之役也。

"其治米盐事，大小皆关其手自部署县名曹宝物。"

名曹，谓诸曹掾史之名。手自疏记宝物，谓诸官物由曹史经理者若盐铁之类。宝物，《史记》作实物。

“今县官出三千万，自乞之，何哉?”

谓今此三千万，即使县官出此钱给与之，亦何不可之有。

“通往就狱”

光欲延年归诚投己，却为道地，恶延年之饰词拒己，故使之就狱也。

“于是复劾延年阑内罪人”

阑内，谓失阑而内入之也。《王嘉传》云：“坐户殿门失阑免。”

“以结延年，坐怨望，非谤政治，不道弃市。”

怨望，谓征为左冯翊不果而憾，一也。坐察吏不实贬秩而笑，二也。非谤，谓诮黄霸，一也。讥寿昌，二也。义所上十事不出此等矣。

“赏亲阅见十置一”

十置一，谓十人之中才一人脱免。置，不问也。

“赏所置皆其魁宿”

所置，即上文所谓十置一者也。魁宿，谓渠魁宿奸也。魁宿贯之，善家子之失足协从者亦贯之，故曰皆贯。

“甘耆奸恶”

甘耆云者，犹云欲得而甘心也。

《游侠传》：“先是黄门郎扬雄作《酒箴》以讽谏成帝。”

扬子云作文无一不摹仿前哲。传称其仿《论语》而作《法言》，仿《易》而作《玄》，仿《凡将》《急就》而作《训纂》，仿《虞箴》而作《州箴》，仿相如而作赋，仿东方朔而作《解嘲》。姚惜抱氏又谓其谏不受单于朝仿谏伐韩，《长杨赋》仿难蜀父老，是皆然矣。余独好其《酒箴》无所依傍，苏子瞻亦好之，当取为子云诸文之冠。

《佞幸传·董贤》：“质性巧佞，翼奸以获封侯。”

孙宠、息夫躬诬东平王本为作奸，而贤扶翼之，三人同封侯，故云翼奸获封也。

《匈奴传》：“于是匈奴得宽，复稍度河南，与中国界于故塞。”

故塞，在河南。蒙恬前收河南地，以河为塞，凡河套以内皆秦适戍所居之地也。至是适戍复去，故匈奴得南度入河套内，仍以故塞为界。

“于是说教单于左右疏记，以计识其人众畜牧。”

左右，单于之随侍者也。疏记，说教之分条记事也。计，计簿也。人众畜牧以计簿识其数目也。

“其亲岂不自夺温厚肥美赍送饮食行者乎”

以温厚之衣赍送行者，以肥美之品饮食行者。诘汉俗未尝不贵壮而贱老也。

“律饬胡巫，言先单于怒曰：胡故时祠兵，常言得贰师以社。”

巫者往往托神言以惑人，故托为先单于之言，欲杀贰师以祠社。

“虽空行空反，尚诛两将军。”

谓诛虎牙将军田顺、祁连将军出广明也。

“固已犁其庭”

犁，读曰剺。剺，剥也，划也。犁庭，犹云剸刃匈奴之庭也。

“三垂比之悬矣”

三垂，谓东西南三边，比之北狄，相去悬绝。

“因以兵迫协，将至长安。”

将至者，挟以俱至也。

《西南夷传》：“皆弃此国而关蜀故徼。”

谓以蜀之故徼为关，闭而塞之，不复通五尺之道也。

“今以长沙豫章往，水道多绝，难行。”

多绝，谓往往隔绝。如湘漓之间，当时无李渤之斗门，即隔绝也。

“诚以汉之强，巴蜀之饶。”

汉强则夜郎畏威，巴蜀饶则夜郎贪利。

“会越已破，汉八校尉不下。”

不下，谓八校尉击且兰而不能下也。适有郭昌、卫广之兵因并击且兰。

“滇王始首善”

首善，犹云响善。言滇至是始内响也，师古失之。

《南粤传》：“凡三辈上书谢过，皆不反。”

不反，谓汉留之而不遣也。

“立明王长男粤妻子术阳侯建德为王”

明王长男者，言婴齐之嫡子也。粤妻子者，言其母家在本国，异于中国，摎氏女也。术阳侯，其封邑。建德其名。

“故其校司马苏弘得建德”

故字疑衍文。

《闽粤传》：“因立余善为东粤王。”

东粤已举国徙江淮之间，其地空虚，故复立余善为东粤王。

“及故粤建成侯敖与繇王居股谋”

繇王居股，当是繇王丑之后，传中漏未叙明。居股后封为万户侯，则是粤闽亦比于内诸侯。两粤皆墟矣，传中亦漏未叙明。

《朝鲜传》："朝鲜王满燕人。"

满姓卫，朝鲜自箕子后传四十余世，至准始称王，卫满击破准而自王也。

"独左将军并将战益急，恐不能与。"

不能与，犹易与耳之与。

《西域传》："其南山，东出金城，与汉南山属焉。"

南山中隔大沙漠，度漠又数千里，始抵汉南山，疑不属也。

"从鄯善傍南山北，波河西行至莎车，为南道。"

南山即今云哈朗归山、尼莽依山。

"自车师前王廷随北山，波河西行至疏勒，为北道。"

北山今云腾格里山，即天山也。

"都护治乌垒城"

乌垒城，在今哈喇沙尔之西，地名策特尔。

"精绝国，王治精绝城。"

今喀喇沙尔之正南不过四五百里，即大戈壁矣。汉精绝国在乌垒之正南二千七百余里，意汉时固无戈壁，抑度戈壁而南，在今青海之西北与？

"上乃以乌孙主解忧弟子相夫为公主，置官属侍御百余人。"

解忧同母弟之子，名相夫者，侄从姑也。

“汉立其弟末振将代，时大昆弥雌栗靡健。”

健，强盛也。亦犹上文云大昆弥弱。师古注曰：“弱，幼小也。”

“国中大安，和翁归靡时。”

“和翁归靡时”为句，则甚不词，和当为如字之误也。

“虽不指为汉，合于讨贼。”

“合于讨贼”云者，谓合于春秋讨贼之义。翎侯能为其君报仇，故褒之。大禄等不能护卫其君，故贬之。

“汉军破城，食至多。然士自载不足，以竟师。”

言破车师城，因敌之粮，其食本至多，然苦于道远，士卒自载者无多，归途未竟而粮已竭。

“乃者以缚马书，偏视丞相御史二千石诸大夫郎为文学者。”

缚马书，即军候弘所上之书也。

“匈奴使巫埋牛羊所出诸道及水上以诅军。单于遗天子马裘，常使巫祝之。缚马者，诅军事也。”

引牛羊诅军、马裘巫祝二事以明缚马亦不过以诅军而已。上文或云匄马，或云不祥，或云见疆，皆非也。

“大鸿胪等又议欲募囚徒送匈奴使者，明封侯之赏，以报忿。”

募人送使以还匈奴，若所募之人不辱命，则归来宜受封侯之赏。汉与匈奴本积忿怨，是以封侯之赏报忿也。

"郡国二千石各上进畜马方略补边状与计对。"

补边状者，缮修边备之状也。有能进畜马之方略及补边之状者，郡国上其名于京师。

《外戚传》："太后安能杀吾母而名我，我壮即为所为。"

"为所为"者，谓彼杀吾母，吾亦杀彼也。

"还幄坐而步"

还，读若旋。

"其问贾长儿妻贞及从者师遂辞"

贞，长儿妻名。师、遂，从者二人名也。

"其母将行卜相"

谓将其女同行而出卜相也。

"上宿供张白虎殿"

宿供张者，先期供张也。

"奈何令长信得闻之"

犹云安得令太后闻之也。后吾丘遵语意亦同。

"许氏竟当复立邪"

成帝前后本姓许，后被废。今许美人生子，恐又立为后，故曰许氏复立。

"是家轻族人"

是家，私语，指斥官家之词。轻族人者，言动辄族灭人家。武有子，恐被族灭，故不敢斥言也。

《元后传》："孝元皇后，王莽之姑也。莽自谓黄帝之后，其自本曰。"

自本，当是莽别有一篇书自叙其本系也。如《司马迁传》、《扬雄传》、《冯奉世传》，传首皆有系，亦皆诸人自为叙述之词。

"土山渐台西白虎"

"西白虎"云者，天子之白虎殿在东，今曲阳侯之土山渐台，其制俨与白虎殿等，是西又有一白虎也。

《王莽传》："莽休沐出，振车骑。"师古曰："振，整也。一曰振，张起也。"

振，前说是。修整车骑，自往劳遗，以明敬礼其师也。

"傅太后闻之大怒，不肯会，重怨恚莽。"

一劾董宏，一彻坐，故曰重怨恚。

"上应古制，不准行事。"

行事，谓已行之事，言故事也。古制谓周公，行事谓霍光也。《陈汤传》、《薛宣传》皆有行事字，解说创于刘敞，而王念孙畅之。

"考故官，问新职，以知其称否。"

谓谒对之时，问其旧日曾历何官，有何政绩，今新履何职，宜以何为治，杂问以知其称否也。

“克身自约，籴食逮给。”

籴食者，家无储粟，买之于外，亦印市之一端也。

“比三世，为三公，再奉送大行。”

比，近也。谓近时成哀平之世，皆为三公也。成哀大丧，皆预其事，故曰“送大行”。

“是故公孙戎位，在充郎选。”

在，读若才，谓公孙戎之位始得充郎选耳。

“臣莽实无奇策异谋。奉承太后圣诏，宣之于下，不能得什一。受群贤之筹画，而上以闻，不能得什伍。当被无益之辜。”

太后圣诏中有德意，莽代为传宣，不能尽达其德意，仅能得其什一。群贤筹画中有忠悃，莽代为上闻，不能尽写其忠悃，仅能得其什五也。师古失之。无益之辜，言无益于国，当蒙其罪。

“安汉公在中府外第，虎贲为门卫，当出入者傅籍。”

凡出入安汉公之府第者，皆著于籍。不在籍者，不得擅出入。

“子午道从杜陵直绝南山径汉中”

南山东自商颜，西至嶓冢，横亘千余里。杜陵在山北，子方也。汉中在山南，午方也。于山腰通一径，故曰直绝。

“今摄皇帝背依践阼”

背依，即负扆也。

“诸刘更属籍，京兆大尹勿解其复，各终厥身。”

前汉时，诸刘皆复，世世无有所与。今王氏受命，诸刘仍复其身。勿解者，不解除其复籍也，但终其身而已，其子则不复。

“欲防民盗铸，及禁不得挟铜炭。”

炭以炽火鼓铸，故禁不得挟。

“置五威司命中城四关将军，司命司上公以下，中城主十二城门。”

四关之职主皆各在策命中，故此立言司命、中城二将军。

“王级曰：绕雷之固，南当荆楚。”

绕霤，疑亦地名也。四将军之所守，皆在关中，如曰绕霤，曰羊头，曰肴渑，曰汧陇，皆去长安甚近。其所当者则甚远，如曰荆楚，曰燕赵，曰郑卫，曰戎狄，皆使之扼险以御外。

“刘氏当复趣空宫”

“趣空宫”云者，令王莽急走出，空其所居之宫，已得入居也。

“汉氏高皇帝比著戒云：罢吏卒为宾食。诚欲承天心全子孙也。其宗庙不当在常安城中。及诸刘为诸侯者，当与汉俱废。”

比，近也。著戒者，王莽以汉高之事著于戒令也。“罢吏卒为宾食”六字，即戒令之辞。“诚欲”二句，建推阐戒令意。“其宗庙”三句，又建以己意奏请者也。师古以为高祖频戒，失之。

“成帝，异姓之兄弟。平帝，婿也，皆不宜复入其庙。”

成帝，莽姑元后之子，故曰异姓兄弟。

“正有他心，宜令州群且尉安之。”

正，犹云正令，字亦作政。

“今猥被以大罪”

猥，犹云乃也。师古训多，未是。

“诛貉之部先纵焉”

诛貉之部，犹云诛貉之师。纵，谓纵师也。

“太官赍糒干肉，内者行张坐卧。”

内者，官名也。如宦者谒者之属，与太官为对文。

“莽即真，尤备大臣。”

备大臣，谓设禁防而备之。

“敕曰：非但保国将闺门，当保亲属在西州者。诸公皆轻贱，而章尤甚。”

“非但保”二句，莽之敕词。“诸公皆轻残”句，班史之词，言莽屈抑大臣，轻贱诸公，而哀章尤其所贱也。

“即有灾害，以什率多少而损膳焉。”

宋祁曰：“什下当有计字。”国藩按：率者，计数之名。《赵充国传》有中率字，今算学家亦以定数为率，以十计数，十害一则减膳一分，十害二则减膳二分，率上不必增“计”字也。

“大司马保纳卿、言卿、仕卿、作卿、京尉、扶尉、兆队、右队、中部左洎前七部。”

刘奉世曰：“七部当为七郡。”王念孙曰：“当为十郡。”国藩按：当云中部、左部、洎前十郡。

“以太官膳羞备损而为节”

谓太官膳备，则官吏之禄亦备。膳损，则官吏之禄亦损也。

“士吏四十五万人，士千三百五十万人。”

国藩按：师古“或五或十”之下，当云“或三或两或三十”。

“仓无见谷以给传，车马不能足，赋取道中车马，取办于民。”

刘攽曰：“‘以给’当属上句。”国藩按：此疑有错简。当云“仓无见谷以给传，取办于民，车马不能足，赋取道中车马”。

“见王路堂者，张于西厢及后阁更衣中。又以皇后被疾，临且去本就舍，妃妾在东永巷。”

临或见莽于王路堂，则设帷帐于西厢及更衣室。临或来侍皇后之疾，则舍于西厢及更衣室。临之妃妾则在东永巷。

“建章、承光、包阳、大台、储元宫及平乐、当路、阳禄馆凡十余所。”

刘攽曰：“建章与宫名同，疑当是字误。”国藩按：建章、承光、包阳、〈大〉台、储元，五宫名也。平乐、当路、阳禄，三馆名也。

“郡县力事，上官应塞诘对。”

对，犹对簿对状之对。诘对，犹诘责也。上官归咎于郡县而诘责之，郡县竭力以事上官，思所以应答而塞责也。

“凡三十万众，迫措青徐盗贼。”

迫，急也。措，谓料理收拾之也。

《叙传》：“班彪《幽通赋》云：‘恐罔蜽之责景兮，庆未得其云已。”师古训引《庄子》云：“景曰：吾有待而然，吾所待又有待而然。”

按：“吾有待而然”者，景为形所使也。“吾所待又有待而然”者，形为气所使也。皆有所因，赋引此言人之祸福，皆有所由来也。

“嬴取威于百仪兮”

王念孙曰：“威，德也。言伯益有仪百物之德，而嬴氏以兴。”国藩按：王说非也。取威定伯出《左传·僖公二十七年》，言秦所以伯，由于益有仪百物之功。

“既仁得其信然兮，卬天路而同轨。”

求仁得仁，既可以人力信其不差矣。而天道亦巧与相助，若合符节，故曰同轨。

“妫巢姜于孺筮兮”

《诗》：“维鹊有巢，维鸠居之。”言姜有国而为妫所夺，故曰巢。

“三栾同于一体兮，虽移盈然不忒。”

黡之咎虽移于盈，然报应之理究不忒也。

“守孔约而不贰兮，乃輶德而无累。”

孔约，谓孔氏之诚约也。上文“有欲不居有恶不避”，即孔门之训。师古训孔为甚，失之。

“侯草木之区别兮，至李虎发而石开。”

有其实必有其荣，有其感必有其应。至诚而不动者，未之有也。为其事而无功者，未尝睹也。孔之契韶，汉之褒孔养李之精诚通神，皆一贯之义。

“德薄位尊，非胙惟殃。”

按：胙，福祚字。段氏玉裁以为古无祚字，即用胙字耳，言数人之处尊位，非所以福之，适所以殃之也。

“如台不匡，礼法是谓。”

言国家无以匡正之，将礼法之谓何。

后汉书

《邳彤传》：“谋夫景同。”

景同，犹云景从，景附。

《景丹传》："秋与吴汉、建威大将军耿弇、建义大将军朱祐、执金吾贾复等从击破五校于羛阳，降其众五万人。"

以迁、固文法推之，"大司马吴汉"五字均应有，不得但云吴汉也。

《刘隆传》："趣吏不肯服。"

趣下当有对字。

"吏乃实首服"

实字当在首服二字下。

《窦融传》："融于是日往守，萌辞让巨鹿，图出河西。"注："守，犹求也。"

守，无训求者。日往守，谓常至萌处也。辞让巨鹿，屡次辞之。图出河西，亦屡次图之也。

"谓留子何"

留子，谓伯春留于汉也。

"帝将自西征之"

将自当作自将。

《窦固传》："固忠至天山击呼衍王，斩首千余级。"

固在极西一路，去天山仅千余里，故有功。

《赵憙传》："更始笑曰：茧栗犊岂能负重致远乎？"

下文更始大悦，谓意曰：“卿名家驹，努力勉之。”按：茧栗犊，名家驹，俱不似更始口中语，为其失之过文也。司马迁之文，古人称其能质正，谓此等不妄著浮词耳。

《桓谭传》：“譬犹卜数只偶之类。”

只偶，犹奇偶也，犹只双也。

《郅恽传》：“恽曰：‘孟轲以彊其君之所不能为忠，量其君之所不能为贼。’”

引责难于君谓之恭，吾君不能谓之贼也。注引孟子对齐宣王曰“力足以举百钧”云云，又曰“恻隐之心仁之端也”云云。失之。

《孔奋传》：“徒益苦辛耳。”

刘攽以为益当在徒字上。按益字在下为叶，刘说非也。

《郑宏〔弘〕传》：“四迁建初为尚书令。”

建初下当更有一初字。

《法雄传》：“烧宫寺。”

宫寺，疑当作官寺。

《刘般传》：“因值王莽篡位。”

值字上不合更有因字。

《赵咨传》：“征拜议郎，抗疾京师。”

抗疾者，累起召而固以疾辞也。

《班固传》："诏以遣责竞。"

诏以，当作诏书。

《第五伦传》："亦宜所以安之。"

宜字下疑脱去一思字。

"乃召羽具告之，谓曰。"

告之下不当更有谓字。

《爰延传》："臣闻天子尊无为上。"

为当作二。

《章帝八王传》："中常侍郑飒、中黄门董腾并任侠，通剽轻，数与悝交通。"

按：剽轻，剽悍疾躁之人，飒、腾与之通也。

《种暠传》："推达名臣桥玄、皇甫规等为称职相。"

殿本考证曰："监本无相字，臣会汾按：桥玄于光和元年一为太尉，皇甫规历职边郡，官止度辽将军，未尝为相也。相字舛误无疑。若从监本，则语势又似不完，疑为字亦误，今姑从宋本。"国藩按：称职相，谓种暠也。以其推进名臣，故曰称职。非谓玄、规为相也。

《臧洪传》："辞行被拘。"

观此语，则洪于请兵之后，复有只身赴难之请，为袁绍所拘留也。上文叙绍竟不听之下，少有疏脱。

《左周黄传论》：“则武宣之轨，岂其远而。”

前书《公孙宏〔弘〕卜式传赞》备言武宣两朝得人之盛，故此言武宣之轨。

《段颎传》：“思为永宁之算。”

按：前言扬雄疏云：“不暂疲者不永宁。”颎前疏引其语，故曰永宁之算。

《袁绍传》：“是以周公垂涕以毙管蔡之狱。”

毙应作蔽。

三国志

《后妃传·文昭甄皇后》：“明帝爱女淑薨，追封谥为平原懿公主，为之立庙，取后亡从孙黄与合葬，追封黄列侯。以夫人郭氏从弟子悳为之后，承甄氏姓，封悳为平原侯，袭公主爵。”

淑以幼女夭亡，而追封以邑；黄以幼子夭亡，因嫁殇之故而追封以爵；悳以郭氏因后族之故而袭甄姓封爵，重纰贻缪，于斯极矣。

《董卓传》

终叙李傕、郭汜、张济、胡才、张乐、韩遂、马腾、马超后事，文势迈远，有似《史记》。

《夏侯渊传》

自首至“汧氏反渊引军还”，所叙十三事，而字数极少，有似《史记·曹参世家》。

《曹仁传》

将骑兵数数点出，仿《史记·灌婴传》。

《诸夏侯曹传》：“援至良才。”

谓荐引贤才以辅爽也。

《乐进传》

自首至“别攻雍奴破之”，叙战功十五事，极简明。

《王粲传》

因粲而兼叙徐、陈、阮、应、刘事，略仿《孟子荀卿列传》之例。

“亦有文采，而不在此七人之例。”

例，当作列。此疑当作六人，合曹植乃为七人，谓邯郸淳、繁钦、路粹、丁仪、丁廙、杨修、荀纬七人，不得与王、徐、陈、阮、应、刘六人并列也。

《诸葛诞传注》：“丧王基之功。”

丧，疑当作表。

《邓艾传》

"使居民表"，犹云在民之外也。

《诸葛亮传》："五年，率诸军北驻汉中，临发上疏曰。"

古人绝大事业，恒以精心敬慎出之。以区区蜀汉一隅，而欲出师关中，北伐曹魏，其志愿之宏大，事势之艰危，亦古今所罕见。而此文不言其艰巨，但言志气宜恢宏，刑赏宜平允，君宜以亲贤纳言为务，臣宜以讨贼进谏为直而已。故知不朽之文，必自襟度远大思虑精微始也。前汉宫禁，尚参用士人。后汉宫中，如中常侍小黄门之属，则悉用阉人，不复杂调他士，与府中有内外之分，大乱朝政。诸葛公鉴于桓、灵之失，痛憾阉官，故力陈宫中府中宜为一体，盖恐宦官日亲、贤臣日疏、内外隔阂也。公以丞相而兼元帅，凡宫中府中以及营中之事，无不兼综，举郭、费、董三人治宫中之事，举向宠治营中之事，殆皆指留守成都者言之。其府中之事，则公所自治，百司庶政，皆公在军中亲为裁决焉。

《张嶷传》："又令离姊逆逢妻。"

离姊二字疑衍。冬逢之妻，为狼路之姑，即狼离之姊也。下文"并见其姊"，即见逢妻也。上文当作"令离逆逢妻"[①] 明矣。

《费祎传》："少孤，依族父伯仁。伯仁姑，益州牧刘璋之母也。"

上伯字疑当在父字之上，下伯字疑衍也。

《吕范传》："初策使范典主财计"云云。

《国策》之长者拒之，少者报之，高祖之封雍齿而斩丁公，略

①据文意，当作"令逆逢妻"。

与此节旨趣相同。

《周鲂传》

谲挑曹休七笺，此等可不必全录于传。

《胡综传》

代吴质作降文三条，此等亦可不录入传中。

《滕胤传》

作未了之势，犹有《史记》意度。

《孙峻传》："以后事付綝。"

峻虽已死，文亦作未了之势。

《孙綝传》："遣侍中左将军华融、中书丞丁晏告胤取据。"

此处应将据自杀叙出，或曰"语在据传"，或叙于杀滕胤之后亦可。

通鉴

《汉纪五十七》："权谓瑜曰：'卿能办之者，诚决。邂逅不如意，便还就孤，孤当与孟德决之。'"

决，疑当作快。瑜能办此，诚为快事。如不能办，则权自往决战。上决因下文决字而误耳。

《魏纪二》："济更凿地四五道，蹴船令聚豫作土豚。"

国藩按：豚、塍、坉一也，亦可作墩。当有水之地而筑之，则谓之堤，谓之埝。当无水之地豫筑之，则谓之豚，谓之塍、坉，亦可谓之墩，谓之埂。

《魏纪七》："爽得懿奏事，不通，迫窘不知所为。"

不通，谓不上之帝所也。

"初，吴大帝筑东兴堤以遏巢湖。其后入寇淮南，败以内船，遂废不复治。"

愚按：东兴堤成，湖内之船不得出，湖外之船亦不得入，吴寇淮南，自毁其堤，纳船以入湖内。败，毁也。内，读如出纳之纳。胡注失之。

《晋纪八》："皇舆东返，俊彦盈朝。"

吴中是时尚未知惠帝已崩，故第言皇舆东返。

"荣乃出，与周玘共说甘卓曰：若江东之事可济，当共成之。"

大江北流，故谓金陵为江东，历阳为江东。

《晋纪九》："王浚怒，遣燕相胡矩督诸军，与辽西公段疾陆眷共攻希，杀之，驱略三郡士女而去。"

疾六眷，务勿尘之子也。疾六眷即疾陆眷。胡语音同字异者皆同也。

《晋纪二十六》："邵保战死，难超退屯淮北。玄与何谦、戴逯、田洛共追之，战于君川。"

盱眙在淮南，玄等已追及于淮北，非盱眙之君山也。胡注失之。

《晋纪三十七》："闻晋兵入岘，自将步骑四万往就之，使五楼帅骑进据巨蔑水。"

巨蔑水，今曰巨沵河。

"于是众军转集，裕恐循侵轶，用虞邱计，伐树栅石头淮口，修治越城，筑查浦、药园、廷尉三垒。"

国藩按：添筑小城一段，谓之越城，谓越出大城之外也。今运河正闸之外，往往加一越闸。

《宋纪四》："道济曰：卿非大丈夫，小败何苦？"

何苦？犹云何害，何伤也。

《梁纪三》："魏王闻邢峦屡捷，命中山王英趣义阳。英以众少，累表请兵，弗许。英至悬瓠，辄与峦共攻之。"

魏命英趣义阳，英自至悬瓠助攻，故曰辄。辄，专也。

《梁纪八》："今四方多虞，府藏罄竭，冀定扰攘，常调之绢不复可收，唯仰府库有出无入。略论盐税，一年之中，准绢而言不下三十万匹。乃是移冀定二州置于畿甸，今若废之，事同再失。"

既失冀定常调之绢，又失盐税，故同再失。

"念生枭戮，宝寅就擒，费穆破蛮。"

三句略有事实。"丑奴请降，绛蜀渐平"二句，则为夸言以拒尔朱荣耳。

《梁纪九》："显先以庆之为徐州刺史，因固求之镇，显心惮之，不遣。曰：'主上以洛阳之地全相任委，忽闻舍此朝寄。'"

主上，梁主也。朝寄，梁朝所委寄也。胡注失之。

《梁纪十四》："侯景等夜解围去，辛卯，泰帅轻骑追景至河上。景为陈，北据河桥，南属邙山，与泰合战。泰马中流矢，惊逸，遂失所之。泰坠地，东魏兵追及之，左右皆散。都督李穆下马，以策抶泰背，骂曰：'笼东军士，尔曹主何在？而独留此！'追者不疑其贵人，舍之而过。穆以马授泰，与之俱逸。魏兵复振，击东魏兵，大破之"云云。

此处当书西魏之败，下文如独孤信、李远、赵贵等之弃卒先归，宇文泰之烧营而归，王思政之重创闷绝，蔡祐之发矢枕股，关中之闻败作乱，王罴之固守河东，高欢之攻破金墉，皆因西魏大败后事也。至于高敖曹之死，宋显之见杀，万俟洛之勒兵，则西魏兵复振、东魏小挫时事也。《通鉴》不先书西魏之败，故前后节次不清。

《陈纪四》："淳于量军夏口，直军鲁山，使元定以步骑数千围郢州，皎军于白螺。"

今岳州下四十里有白螺矶，又下五十里有螺山。

"卫公直亦奔江陵，元定孤军，进退无路，斫竹开径，且战且引，欲趣巴陵。"

卫公直在鲁山，亦在西岸，惟元定一军在东岸，故无路可归也。

《陈纪六》："齐主方与冯淑妃猎于天池，晋州告急者自旦至午，驿马三至。右丞相高阿那肱曰：'大家正为乐，边鄙小小交兵，乃是常事，何急奏闻！'"

上文云齐主自晋阳趣晋州，是闻急奏时正在途次也，或别有一天池欤？

《陈纪八》："时诸将竞劝梁主举兵，与尉迟回连谋，以为进可以尽节周氏，退可以席卷山南。"胡注："汉沔之地，在中南太华诸山之南。中南，当作终南。"

国藩按：自古言山南，皆专指终南山而言，不及太华也。

《陈纪九》："帝深嗟异，皆纳用之。遣太仆元晖出伊吾道，诣达头，赐以狼头纛。达头使来，引居沙钵略使上，以晟为车骑将军，出黄龙道，赍币赐奚霫契丹。"

元晖之出，所谓通使玷厥，使摄图备西也。长孙晟之出，所谓遣连奚霫，使摄图备东也。

《陈纪十》："命晋王广、秦王俊、清河公杨素皆为行军元帅，广出六合，俊出襄阳，素出永安。"

六合，横度也。襄阳，汉水之上游也。永安，江水之上游也。广所出之途，与晋伐吴王浑之任略同。俊所出之途，与贾充略同。素所出之途，与王浚略同。

《隋纪五》："唯卫文升一军独全。初九，军度辽，凡三十万五千，及还至辽东城，唯二千七百人，资储器械巨万计，失亡荡尽。”

上文云至萨水军半济，今又云卫文升一军独全，观此则三十万人中得脱免者，决不止二千七百人也。虽沿途多有逃亡，而史文亦不可尽信。

《隋纪八》：“左光禄大夫李孝恭招慰山南，府户曹张道源招慰山东。”

此山东，谓终南山之东，商雒等处耳。

《唐纪五》：“先是，汪华据黟歙，称王十余年。雄诞还军击之，至会，日暮引还，伏兵已据其洞口，华不得入，窘迫请降”云云。

前云甲子遣使来降，拜歙州总管，此云窘迫请降，事在十一月，当有一误，宜删一处。

《唐纪十三》：“陛下君临天下十有七载，以仁恩结庶类，以信义抚戎夷，莫不欣然，负之无力。”

国藩按：负，荷也。无力，谓恩重难荷也。庾信谢表所谓：“鳌戴三山，深知其重。”亦有难于负荷之义。

《唐纪十五》：“既而反谮遗直，遗直自言。”

自言，讼诉也。见《汉书》朱博、东方朔、外戚等传。

《唐纪十七》：“当时将帅号令，许以勋赏，无所不至，及达西岸，惟闻枷锁推禁，夺赐破勋。”

破勋者，有勋可纪，因坐他事而削除之。犹破国、破产之破。

《唐纪三十三》："屯武牢以拒贼。"

武牢，即虎牢。唐讳虎，改为武牢，在今汜水县西。

"先是清河客李萼，年二十余，为郡人乞师于真卿曰：'公首唱大义，河北诸郡恃公以为长城。今清河，公之西邻。'"

按：德州，平原治也。真卿在德州，去清河二百余里，故胡注引《九域志》以释之。

"三郡兵力战尽日，魏兵大败。"

当云知泰兵大败。兹云魏兵大败，不合《通鉴》之例。

《唐纪四十一》："承嗣知范阳宝臣乡里，心常欲之，因刻石作谶云：'二帝同功势万全，将田为侣入幽燕。'密令瘗宝臣境内。使望气者言彼有王气，宝臣掘而得之。"

田承嗣之玩侮李正已、李宝臣，与石勒之玩侮王浚、刘琨略同。

《唐纪四十二》："出则囚服就辨，入则拥笏垂鱼，即贬于潮。"

即字《汉书》多用之。此文出于韩退之《曹成王碑》，与《汉书》诸用即字者同。胡注训就也，非是。

"崇义惧，益修武备，流人郭昔告崇义为变，崇义闻之请罪，上为之杖昔，远流之。"

昔本流人也，因告崇义而更加罪，流之远州，故曰远流之。胡注非是。

《唐纪四十三》："留百骑击鼓鸣角于营中，仍抱薪持火，俟诸军毕发，则止鼓角，匿其旁，俟悦军毕渡，焚其桥，军行十里所，悦闻之，帅淄青成德步骑四万，逾桥掩其后。乘风纵火，鼓噪而进。"

留百骑击鼓鸣角于营中，令贼知我军已出趋魏州也。匿其旁，不使贼逾桥时得见之也。焚其桥，使贼败无路可归也。乘风纵火，贼烧附近民居以助势焰，与上文百骑持火不相涉。

文献通考

《序》："至于有侍中，给事中之官，而未尝司宫禁之事，是名内而实外也。"

唐以来以侍中为三公官，以处勋臣。又以给事中为封驳之官，皆以外庭之臣为之，并不预宫中之事。

"有太尉、司马之官，而未尝司兵戎之事，是名武而实文也。"

太尉，汉承秦以为三公，犹掌武事也。唐以后亦为三公，宋时吕夷简、王旦、韩琦官皆至太尉，非武臣也。大司马，周官掌兵，至汉元、成以后为三公，亚于司徒，乃后来执政之任，亦非武臣也。

"尚书令在汉为司牍小吏，而后世则为大臣所不敢当之穹官。校尉在汉为兵师要职，而后世则为武弁所不齿之冗秩。"

尚书令，汉初其秩至卑，铜章青绶，主宫禁文书而已。至唐，则为三省长官。高祖入长安时，太宗以秦王为之，后郭子仪以勋臣当拜，以太宗曾为之，辞不敢受。自后至宋，无敢拜此官者。

汉八校尉，领禁卫诸军，皆尊显之官、宰相之罢政者，至为城门校尉，又司隶校尉，皆领重兵，镇方面，乃大帅之职。至宋时，校尉、副尉为武职初阶，不入品从，至为冗从。

“则星辰之迟留伏逆往来，其所纪述，岂足凭乎。”

按：汉哀帝以日无精光，邪气连昏之事，问待诏李寻。而寻所对，具言其故。光武以建武五年召严光入禁中共卧，而太史奏客星犯帝座。二事见于李寻、严光传。而以汉志考之，终哀帝时，不言日无精光之事。光武建武五年，亦不言客星事，亦可证其疏略也。

《田赋一》：“赵过能为代田，田一亩三甽，岁代处故曰代田。”注：“代，易也。”

按：今年之甽在彼，明年之甽在此，播种不在原处也。

《田赋二》：“民赋曰调，晋平吴制户调。唐赋入之制曰租，曰庸，曰调。调者，令民输绢布也。”

按：征入曰调敛。散出曰调发，曰调遣。征入曰贡赋，散出曰赋政。于外曰赋工，曰赋盐，皆分颁于外也。即诗赋之赋，亦敷陈于外也。《赵充国传》“赋人二十亩”，赋田于人也。

《田赋三》：“唐代宗时，察民有粟帛者，籍其所有而中分之，甚者十取八九，谓之白著。”

按：白著，犹今俗言白当差也。

“唐大历中，国用急，苗方青则征之，号青苗钱。”

按：宋王安石以苗方青时贷钱与民，至秋收息，亦谓之青苗钱。

“后唐有稕场院，今天下纳秆草，每束约一文。”

按：《说文》：“稕，束秆也。”即今之稻草也。

《田赋四》：“五季暴政，食盐则输盐米。”

按：每正供米一石，另输盐米四斗，官给以盐一斤。

“五季时供军需，则有鞋钱。”

按：今征调官兵，亦有草鞋钱之名。

“五季时民输米入仓，则有蕟钱。”

按：蕟，籧篨也，所以藉米。今漕米上仓，亦有芦席钱之名。宋时杂赋，亦纳芦蕟。

“五代周显德中有逃户庄田，许人请射承佃，供纳租税。”

按：射，犹曰占也，犹曰认耕也。

“宋开宝中输纳钱帛，每贯收七文，每匹收十文，曰头子钱。”

按：耗钱耗米，名目历代不同，头子钱亦一名也。近世赌博者，百钱取五文入公，亦曰头子钱。宋末叶水心疏，言每贯取头子钱五十六文。

“李椿年言经界不正之弊，七曰倚阁不实。”

按：倚阁，犹今俗停阁、耽阁也。

"李椿年措置经界，言已打量者四十县，未打量者展期一月。"

按：打量，犹曰估计也，今世俗有此语。

《田赋五》："人烟田产在此处，而税在彼处，谓之寄佃。"

按：吾乡有居宅在此，而耕作在彼者，谓之寄作田。

"建炎四年诏：物帛非纰疏滥恶，不许抑退。"

按：纰，缯欲坏也，缯疏也。

"官收物而给印信文凭曰钞，即今钞关。宋绍兴中，凡赋税必具四钞。曰户钞，则人户收执。曰县钞，则关县司销籍。曰监钞，则纳官掌之。曰住钞，则府库藏之。"

按：今收钱漕者曰串票，征关卡者曰三联票，皆钞之类也。

"朱子正经界疏，实佃者或申逃阁，无田者反遭俵寄。"

按：俵，分散也，无田者或被他人以其税分寄名下。

《田赋六》："李冰为蜀守，壅江水作堋，穿二江成都中，双过郡下，以通舟船，因以灌溉诸郡。"

按：作堋以穿二江，犹云厮为二渠也。堋，犹水中之潭也。

"江东水乡，堤河之两涯而田其中，谓之圩。圩者，围也。内以围田，外以围水。盖河高而田在水下，故以堤御水。堤中通斗门，引水入港以溉田。"

按：今皖南如宁国、太平，皖北如卢州、颍州、六安州、滁州、和州，皆有围田，民多筑圩以居。

《田赋七》："当屯之内，有软有硬。"

按：当，犹该也。今世曰该府、该州县，六朝唐宋曰当道、当郡、当州、当县、当屯，今京师谚亦曰当街、当院。

"顺时觋土"

按：觋字，或书作覔，俗作觅，音莫狄切，又音脈。觋土，察土之脉也。

"汉昭帝元年，上畊于钩盾弄田。"注："帝年九岁，在钩盾近署试耕为戏。故曰弄田。"

按：邓通为弄臣，与此弄田，皆当时偶尔立名。

"稿"

按：吾乡呼稻草曰菅，草之去皮者曰菅心，草之编为席曰稿荐。

"取民间田契根磨"

按：唐宋公牍中，考究事实或曰根括，或曰磨勘，或曰根磨。今曰根究，曰磨对，曰勘验。

《钱币一》："《周礼》：泉府……买者，各从其抵。"

先郑注："抵，故贾也。"后郑注："抵，本也。"国藩按：抵，如今之借钱有保人也。今贩官盐者，亦须取具的保，乃许领引运盐。

"大观元年，改四川交子为钱引。"

按：引，亦钞券之类也。宋世有茶引，有盐钞，近世亦有茶引、盐引。

《户口一》："宣王料民于太原。"

按：谓料数之也。

"汉景帝二年，令天下男子年二十始傅。"注："傅，著也。言著名籍给公家徭役。"

按：今世谓之著役。

《户口二》："北周破江陵，尽俘士民为奴，曰官口。"

按：靖康之役，金人虏宋之贵族士庶，尽没为奴婢，即官口之类也。诸葛武侯拔西县，千余家还蜀。国初收山东直隶降人为汉军，亦官口之类也。其私家奴婢，如卓王孙家僮八百，程郑数百。又如晋代王公贵人有佃客，有典计，有衣食客。国朝王公府各有包衣旗之类，则私属也。

《职役一》："公人百姓决配。"

按：俗称在官人亦曰"公人"。

《职役二》："部送纲运。"

按：宋时以输送官物为纲，有茶纲，有盐纲，修艮岳有花石纲，南宋市舶有纲首，见《市粜一》。今黄河渡船有纲头。又按：国用亦有米纲、银纲、钱纲、绢绵纲。

"苏辙论复差役之弊，敷钱太重。"

按：敷钱，犹今云派钱也。

《征榷一》："自晋至陈，石头津置津主，十分税一。"

按：津主，即今水卡卡员，抽厘者也。石头津，在今龙江关矣。

"后魏税市入者，人一钱。北齐颜之推奏立关市邸店之税，后周除市门税。"

按：此即今之门厘矣。

"唐崔融议曰：'江津河口置铺，此津才过，彼津复止。'"

按：此铺犹今之设局设卡也。今俗曰铺，则市店之通称。

《征榷四》："椿。"

按：宋世曰月椿库，曰防椿库，曰封椿钱。如今之银钱曰存项，曰某项，又有曰椿发，曰椿办，曰椿管，则为活用之字。

《征榷六》："宋时勘合钱，每贯收十文。"

按：即今之税契司尾也。宋时亦名曰钞旁定帖钱。钞，即契也。旁帖，即粘尾也。

《市粜一》："谨守重流，而天下不吾泄矣。"注："谓谨守谷价，不使流散。"

按："粟有所渫"之渫，与此流字为韵。

《玉篇》："蛮夷以财赎罪曰賧。"

按：今賨布赕布，概称蛮夷之财赋。

《国用一》："并不给干。"

按：南齐仕宦，皆给以僮干，亦禄赐之类，即仆役也。

《刑二》："景四年，师侏儒当鞫系者，颂系之。"注："颂，读曰容，容宽不桎梏。"

按：颂系，即今刑部之保外不收系也。

"楚王英之狱，每上彭考。"注："彭，即榜也。"

按：今刑具俗称为上彭字。

"钻鑽之属，惨苦无极。"《说文》："钻，銸也。"《玉篇》："銸，拔发也。"《类篇》："銸，钳也，与镊同。"

按：銸与镊同，则钻者亦有两股夹取物，如今之夹翦矣。

《刑五》："枷研楔毂。"《唐书·索元礼传》："以铁笼毂囚首加以楔。"《玉篇》："毂，急束。"

按：铁笼，如铁枷然，囚首既入，则以毂束之，以楔辖之也。

《兵九》："候将来衮同再试。"

按：衮，亦或作滚。衮同，今雅语或作汇同，俗语作连同。

《兵十一》："豪右辜榷。"注："辜，障也，榷，专也。谓障余人买卖而自取其利。"

按：障塞他人之买卖，而己独专之。豪右辜榷，犹今奸商把持。

《职官五》："六部监门条，仍今六部，踏逐奏差序位。"

按：踏逐，犹云日逐，盖随时奏请更换也。

《职官十》："大理卿篇：左右各五案，如左厅曰详刑案、详谳案，右厅曰左推案、右推案之类。"

按：宋时诸司治事分案，如中书省五案，吏部尚书十五案，侍郎十五案，户部左曹三案，右曹六案，礼部五案，兵部十案，工部六案，刑部不分案，大理寺分十案，即刑部之职事矣。此外又有分窠者，分房者，与案异名而同实。今六部诸司不分案而分股，而具稿犹曰某司案呈，循古称也。

《职官十九》："自一品以下至流外勋品，各给事力，一品至三十人。"

按：力者，若今挑水夫之类。淳化阁帖有耒力字。

子

管子

《牧民第一》："不璋两原，则刑乃繁，不明鬼神，则陋民不悟。"

璋者，障之假借字。悟疑误，以与神不韵也。

《形势第二》

有感斯有应，有往斯有来，有实斯有名，有形斯有势，故为政者当尽其在我者，务其远者大者。

"飞蓬之问"

声闻之无根者也。

"主功有素，宝币奚为，羿之道，非射也。造父之术，非驶也。奚仲之巧，非斫削也。"

宝币非享神之具，羿非射，造父非御，奚仲非斫削，别有尸之者也。

"召远者使无为焉，亲近者言无事焉。"

召之不在于使，亲之不在于言，亦别有尸之者也。

"訾食者不肥体"

訾食者，计訾而食，犹云数米而炊。

《立政第四》："右五事。"

此管子经国之大略，即后世保甲之法所自昉。

《宙合第十一》："进伤为人君严之义，退害为人臣者之生。"

按：此即《扬雄传》"得时则大行，不得时则龙蛇"之义。

"以为鸟起于北，意南而至于南。起于南，意北而至于北。苟大意得，不以小缺为伤。"

庄子谓行小变而不失大常，亦此意。

《法禁第十四》："故曰绝而定。"

绝而定，犹董子"皆绝勿进"之绝。

《重令第十五》

此篇言令不违，即商鞅之所本。

"亏令者死，益令者死，不行令者死，留令者死，不从令者死，五者死而不赦。"

按：五不赦，商鞅之所本也。

"三器者何也？曰号令也，斧钺也，禄赏也。"

按《法禁篇》首三句曰法制，曰刑杀，曰爵禄，三者并重，亦即此三器也。

《法法第十六》："倨傲、易令、错仪、画制、作议者，尽诛。"

按：倨傲即私议自贵也，易令即怪严也，错仪即杂俗也，画制即异礼也，作议即私议也。

《兵法第十七》："始乎无端者，道也。卒乎无穷者，德也。"

按：始乎无端者，阴阳之循环，随所遇皆可为端也，故曰道。卒乎无穷者，人心之变化既极，而又以苦思得通也，故曰德。

"因便而教，准利而行，教无常。"

按："因便而教，准利而行"者，兵无常形，因势合变。

《大匡第十八》："士处靖。"

按：处靖，谓居止有定也。下"出入无常"是反面。

《小匡第二十》："夫鲍叔之忍，不僇贤人。"

《左传·正义》云："夫鲍叔之不忍僇贤人，其智知称贤以自成也。"王云："应从正义为是。不忍上应更增一'仁'字，与'智'字相对。"

《霸言第二十三》："兼正之国之谓王。"

按：兼正之国，疑当作兼正四国。

"故贵为天子，富有天下，而伐不谓贪者，其大计存也。"

"伐不谓贪"，王云伐字当为我字之讹。国藩按：伐字当为世字之讹。唐讳世，凡世字皆改作代，代又讹为伐耳。

《问第二十四》："事先大功，政自小始。"

按：以上总提，以下分条考问。

"徒负勿入"

谓不收其税入也。

《君臣上第三十》

此篇言为君者专重求人，不侵臣下之职。

《君臣下第三十一》："故曰：德侵则君危。"

按：侵，过也，犹淫也，溢也，侈也。故下文云审禁淫侵。上溢分则下亦越分，上禁淫侵适如其分，故下无冀幸也。

《小称第三十二》

此篇多精深语，大约畏民以自修，反己以自责。

"操名从人，无不强也。操名去人，无不弱也。"注："谓君自行善，持名使之延誉，故强也。君既行恶，即是持名去人，无善可称，故弱也。"

按：操名者，民操之也。操名以从我，则我强。操名以去我，则我弱。注失之。

"圣人得利而托焉"

按：圣人行善，宣之于气，达之于目，是心中之善托于气与目以出也，故曰得利而托。圣人有善则托可好，我有过则托可恶。

《四称第三十三》

此篇言有道君、无道君、有道臣、无道臣四者。

《侈靡第三十五》

此篇多不可晓。

《心术上第三十六》："故曰上离其道。"

按：此故曰二字涉下文解中而衍。

庄子

《养生主》

庄子自以为游方之外，不婴世网。余读《养生主》、《人间世》等篇，其持身涉世，用心亦何苦也！其曰："虚舟不忤，虽有忮心，不怨飘瓦，与齐偕入，与汨俱出。"反复言之，岂诚忘机哉？使诚忘机，则不复言机矣。《越世家》载其不救陶朱公之子，亦机心之为之也。姚惜抱氏责之，非过也。

《庚桑楚》："吞舟之鱼，砀而失水，则蠓能苦之。"

按：砀，水中石。水涸而见沙石，不得津润，失所凭依之象。《通鉴》："客谓靖郭君曰：君不闻海大鱼乎？网不能止，钩不能牵，荡而失水，则蝼蚁制焉。"以荡为砀，失其义矣。王介甫《和王微之高斋三首》："萧条中原砀无主，崛强又此凭江淮。"俗本误作"荡"，亦为失之。

淮南子

《俶真训》："夫大块载我以形，劳我以生，逸我以老，休我以死。善我生者，乃所以善我死也。"

数句袭《庄子·大宗师》篇。

《天文训》："右背德。"

按：背即后也。孙子曰："右背山陵，前左水泽。"亦以背与前为对。

《览冥训》："使俗人不得其君形者。"

君形，主宰乎形骸者也。

《本经训》："勾爪居牙。"

庾信赋作"钩爪锯牙"。

"凡人之性"节

此段杂袭儒家者言，与本篇大旨不合。

《主术训》："凡此六反者，不可不察也。"

六反者：小与大反，方与圆反，多与鲜反。

《缪称训》

《要略》云："断短为节，以应小具。"故此篇嘉言雨集，妙义云来，皆短章零节，无长言繁称者也。

《道应训》

此篇杂征事实，而证之以老子道德之言。意以已验之事，皆与昔之言道者相应也。故题曰道应。每节之末皆引《老子》语证之，凡引五十二处。

"太清问于无穷曰"节

此段袭《庄子·知北游》篇。

"啮缺问道于披衣"节

此段本《庄子·知北游》篇。"蠢乎若新生之犊"，庄作瞳焉。瞳焉者，目灼灼不瞬之貌。此作蠢乎，亦近之。

"四累之上也"注："此上凡四事，皆累于世，而男女莫不欢然为上也。"

按：累者，层累也。刺不入、击不中，一层也。弗敢刺，弗敢击，二层也。无其意，三层也。欢然爱利，四层也。故曰四累之上。高注失之。

"太王亶父居邠"节

太王事本《庄子·让王》篇。

"中山公子牟谓詹子曰"节

公子牟事本《庄子·让王》篇。

"桓公读书于堂"节

轮扁事本《庄子·天道》篇。

“大司马捶钩者年八十矣”节

捶钩事本《庄子·知北游》篇。

“跖之徒问跖曰：‘盗亦有道乎?’”

本《庄子·胠箧》篇。

“光耀问于无有曰”

光耀事本《庄子·知北游》篇。

“柴箕子之门”

按：《后汉书·杨震传》：“柴门谢客。”《三国志》：“以万兵柴道。”与此“柴”字义同，即塞也。

《诠言训》

此篇大指不以功名自章，不以贤智先人，即《庄子》“无成无亏”之义。

“故通性之情者，不务性之所无，以为通命之情者，不忧命之所无，奈何。”

四句本《庄子·达生》篇。

“通于道者，物莫不足滑其调。”

“莫”字疑误。

“方船济乎江”

虚舟事本《庄子·山木》篇。

《兵略训》："而胜亡焉。"

按："胜亡焉"犹云胜不系乎此也，全不系乎此也。

"将者必有三隧四义五行十守"节

三隧、四义、五行、十守、三隐、八善，皆不足贵，惟独见、独知，审量虚实为足贵。

《说山训》："故玉在山而草木润，渊生珠而岸不枯。"

二句本《荀子·劝学》篇。

"食草之兽，不疾易薮。水居之虫，不疾易水。行小变而不失其常。"

数句本《庄子·田子方》篇。

《人间训》"单豹倍世离俗"节

本《庄子·达生》篇。

《修务训》："夫事有易成者名小，难成者功大，君子虽未有利，福将在后至。"

言美成在久，后世当有知者，犹扬雄言后世有子云则知之矣。

《泰族训》

按：族，聚也，群道众妙之所聚萃也。泰族者，聚而又聚者也。始之又始，曰泰始。一之又一，曰泰一。伯之前有伯，曰泰伯。极之上有极，曰泰极。以及泰山、泰庙、泰坛、泰折，皆尊之之辞。

集

楚辞

《惜诵》："欲邅回以干傺兮。"

傺，当作"际"，谓际遇、际会。《庄子》："仁义之士贵际。"

《涉江》

《文选》独选此篇，无"乱曰：鸾鸟凤皇，日以远兮"以下一节。

《惜往日》

自吴才老疑《古文尚书》为赝作，《朱子语类》亦数数疑之，明宣城梅氏、昆山归氏复申其说，我朝自阎百诗后辨伪古文者无虑数十百家，姚姬传氏独以神气辨之，曰不类。柳子厚辨《鹖冠子》之伪，亦曰不类。余读屈原《九章·惜往日》亦疑其赝作。何以辨之？曰不类。

《怀沙》

《史记·屈原传》于"予何畏惧兮"之下多四句。

陈思王集

《箜篌引》

此篇言盛时难恃，乐不可极。其末，归于知命而无忧也。

《鰕䱇篇》

按：解题云："谓长歌行者，以芳华不久，当努力行乐，无至老大乃伤悲也。"此则有远志而思立功于世者，殊与长歌行不类。

《豫章行》

言贤才得知己而用之，则达则福；无知己而弃之，则穷则祸。

《蒲生行浮萍篇》①

《塘上行》或以为魏武帝所作，或以为文帝妻甄后所作，叹以谗诉见弃。此篇之意亦同。

《门有万里客》

《门有车马客》，其客多叙市朝迁变、朋旧凋落之事。此《门有万里客》，其客自叙行役之苦。

《怨歌行》

子建盖以周公自喻。

①逯钦立辑《先秦汉魏晋南北朝诗·魏诗卷七》作《浮萍篇蒲生行》。

《美女篇》

美女如此容华，而安于义命，不轻于求遇合，以喻士不求苟达也。

《白马篇》

此亦《求自试表》中之意。

《盘石篇》

诗意大抵言生于帝王之家，处于风波之地，常有性命之忧。

“磐石山巅石”

上“石”字有误。当用连绵字与飘飖字对。

《驱车篇》

此亦轻举远游之意。

《种葛篇》：“恩纪旷不接。”

谓已见疏于文帝，犹妇见弃于其夫也。

《弃妇篇》

子建见疏于文帝，屡迁国邑，有才而不见用，自嗟屏逐之臣，故以弃妇自喻。

《公燕诗》

此在邺宫与兄丕燕饮。时武帝在，故称丕为公子。

《赠徐幹》

和氏，植自喻。谓己有献宝之责，而已遭刖也。知己，植自指。谓徐幹俟已，而己之冠亦被敝弃也。

《赠丁仪》

首四句，赋景物。“朝云”四句，喻用才则民被其泽，弃才则国无所获。“在贵”四句，讥时之贵臣不以荐贤下士为意。末四句，自矢不弃良友。

《赠王粲》

鸳鸯，喻粲。“我愿”二句，喻己思引粲而无良会。“重阴”句，喻太祖。王粲最为太祖所重，故末四句云尔。

《赠丁仪王粲》

从军，谓建安三十年曹公西征张鲁。皇佐，指魏太祖。权家，谓兵法之权谋家也。君子，谓丁、王也。丁时为太子掾，位卑，故曰怨在朝。王时免官在家，故曰欢自营。欢怨皆有所不平，故勖之以中和。

《赠丁廙》：“君子义休偫，小人德无储。”

偫，待也，一曰具也。储，谓蓄积之以待无也。休偫，谓美而有余也。

《赠白马王彪》第五首

同生，指任城王彰。桑榆，以日之将落喻人之将老，影响虽捷，尚不如将逝之年光其去更速也。

第七首

言有司逼迫太甚，时虞不测之祸，变生斯须间事耳，谁能保百年哉！

《游仙诗》

此亦《升天行》、《五游篇》、《远游篇》、《仙人篇》等作之旨。

《杂诗》第一首

之子、远人，当有所专指之人，若徐幹之类。《易·小过》："飞鸟遗之音。"谓欲托之寄音信于故乡也，转瞬而雁之形影已不见矣。

第二首

转蓬、游子，似皆子建以自喻者。本根，指京师也。

第三首

良人，我君，皆喻思君之意。

第四首

此首自惜有才而不得及时见用也。

第五首

此即《求自试表》"愿身分蜀境，首悬吴阙"之意。

第六首

此亦《求自试表》之意。

《闺情》

此亦与《弃妇篇》相近。

《七哀诗》

按：《乐府诗集》所载又有一首，晋乐所奏凡二十八句，较本辞多十二句。

《情诗》

此代述久役不归之情。“游鱼”二句，言得所也。“眇眇”二句，言不如鱼鸟也。

阮步兵集

《咏怀》第六首

此首阮公以邵平自比。“膏火”二句，亦讥趋附权势者。

第九首

首四句阮公以伯夷自况。鹍鸠似亦刺趋时附势之小人。

第七首

魏甘露五年六月甲寅，司马昭立常道乡公，在月之三日，陈沆谓此诗即指此事。“三旬将欲移”云者，谓过三旬即移秋节也。“愿者卒欢好”云者，恐其复为齐王芳、高贵乡公之续也。

第八首

陈沆以罄折忘归为讥党附司马氏者，未知然否。至谓末四句为阮公自命之词，鉴黄鹄之失路，宁燕雀以卑栖，则深得本指矣。

第十首

陈沆谓此章讥党附司马氏者。愚谓前六句似讥邓飏，何晏之徒，后四句则自况之语，言虽不能避世高举，犹可全生远害耳。

第十三首

求仁得仁，犹云求祸得祸，苏李之诛，死自取之耳。

第十五首

此首自述其抗志自修，遁世无闷。“千秋”二句，言荣名不足称。“羡门”二句，言长生不足慕，但求有自修之实耳。

第十八首

首四句，言魏祚将倾。“朝为”二句，指前此被魏之恩泽者。“岂知”六句，言夏侯之属云亡，殉国之人未见。景山松，似有所指之人，可信其劲节不改者。

第二十首

陈沆以此首与“二妃游江滨”、“昔日繁华子”二章同类并观，皆以妾妇讥司马氏也。国藩按：歧路染丝，言变迁不定，翻覆无常，不特燕婉之情如此。即国之存亡，亦不过一反覆间耳。

第二十一首

阮公自况之诗。

第二十八首

首四句，谓日往月来，月往日来，互有屈伸，不相仇怨。人生有达即有穷，有得即有失，又何怨哉？“岂效”二句，言不学世上小儿营营干求。朱鳖，阮公以之自况，亦远游遗世之意。

第三十二首

此亦汲汲自修之意。

第三十四首

《扬雄传》云：“君子得时则大行，不得时则龙蛇。”龙蛇者，一曲一直，一伸一屈。如危行，伸也。言孙，即屈也。此诗畏高行之见伤，必言孙以自屈，龙蛇之道也。

第三十五首

“愿揽”二句，有鲁阳挥戈驻景之意。“白日不移光”云者，欲使魏祚不遽移于晋也。“天阶”二句，言手无斧柯，无路可以回天也。

第三十六首

无形，言无生之始也。《庄子》：“溯其始而本无形。”非徒无形也，而本无生。翳华树，日中时也，至冥则夕矣。

第三十七首

天之道阴求阳，阳求阴，气也。人之道男求女，女求男，情也。古人以不遇为不偶。《诗》、《骚》之称美人，皆求君求友也。此诗之望所思，亦求友之意，似有所指。言天时既嘉，道路无尘，而美人不来，能无感慨？

第三十八首

此首有屈原远游之志，高举出世之想。

第三十九首

此首似指王凌、诸葛诞、毌丘俭之徒。

第四十一首

首四句，谓晋氏网罗人才，庸庸者皆见录用。“生命无期度”以下，阮公自喻其游于世网之外。

第四十二首

首四句，言魏三祖时多良辅贤士。“阴阳”四句，指齐王芳以后之事。“园绮”八句，阮公以自喻也。上世士，即园绮伯阳之伦。

第四十三首

此首亦远游遗世之念。

第四十四首

“焉敢”二句，当有误字。凌风树，亦阮公以自况者。有托根霄汉，终古不凋之意。

第四十五首

“幽兰”四句，喻当世之贤士。“葛藟”二句，喻当世之在势者。

第四十六首

此首《艺文类聚》所载与今本不同，而义意近优。观李善《文选》注，江文通《拟咏怀诗》所引与《艺文》同，亦一证也。今从《艺文》定正。国藩按：此首似以鸒鸠自比，以明不慕高位，不贪远图之意。

第四十八首

按：《上林赋》注：“焦明，似凤，西方之鸟也。”此与鸣鸠并举，殊觉不伦。末二句与前四句尤为不伦，疑后人所附益也。

第四十九首

乔松，冀有国桢扶魏祚于将倾者。高鸟，自喻其遗世外也。末二句，谓有伯夷之心，而不学伯夷之迹也。

第五十首

明达，似指一死生、齐彭殇者言之。

第五十一首

首四句，言曹氏施厚泽于司马，而遭其反噬。末二句，言司马氏机智可怖。

第五十三首

“大要不易方”云者，谓贫富贵贱死生祸福，皆有自然之理，虽智巧万端，不能逃出范围之外。末二句，言花有荣必有落，人有盛必有衰也。

第五十四首

前八句，有远游遗世之志。末二句，言已虽生于浊世，岂其玉石不分，随众人混混而昧于时代之变迁耶？

第五十五首

按“日夕将见欺”似用季平子“日入慝作事”。

第五十六首

鹈鸪且飞且鸣，《诗·小雅》及东方朔《答客难》皆以喻汲汲自修之士，此则似讥附势之人。

第五十七首

首四句，有时移势异、举目山河之感。“翩翩”二句，言时移势殊，我亦遗世远举，不效世之聋瞆贪恋禄位茫然不知玉步之已改也。

第五十八首

此首亦有高举遗世之意。末二句，似讥拘守礼法之士。

第五十九首

二三者，似亦刺魏臣而二心于晋旋盛旋败者。

第六十首

少年欲从军立功而晚节悔恨者，念仇敌不在吴蜀而在堂廉之间也。

第六十二首

此首或指孙登、嵇康之流。

第六十三首

此首自述其韬精匿志观物自怡之素。

第六十四首

首二句与第九首相似，而基字不如岑字之稳。末句思妖姬，语尤不伦。疑非阮公诗，后人附益之耳。

第六十五首

以王子晋比曹芳，以浮丘比司马懿。

第六十七首

此首似讥司马懿厚貌深情，善自厉饰。

第六十九首

明珠句，似用邹阳明珠暗投之意。干，即投也。并一餐，即并日而食也。将损彼之有余益我之不足，而愁毒已生，公道不可持也。

第七十一首

此首有冉冉将老，修名不立之感。

第七十二首

首四句刺驰骛于名利之途者。“势路有所由”，谓赵孟能贱之也。“更希”句，即毁方瓦合，俭德避难之意。末句疑有误字。

第七十三首

前六句似刺贾充、钟会之徒。

第七十四首

“宁子”二句，谓宁戚非全不知道者，而饭牛之歌果为何事？而肯以身殉之也！薄宁戚而慕巢由，阮公之志事著矣。咄嗟，犹须臾也。言荣来辱去，辱来荣去，不过须臾间事，吾但味吾道真而已。

第七十六首：“秋驾安可学，东野穷路旁。”

秋驾，作税驾者误。《庄子》逸篇：“尹儒学御，三年而无所得。夜梦受秋驾，明日往朝师。师曰：‘今将教子以秋驾。’”注曰：“秋驾，法驾也。”国藩按：“秋驾”二句，言有才终至蹉跌。东野稷马力已竭事见《庄子》。

第七十七首

此首谓死不足忧，但恐有平生亲好迫之死于非命。“同始异支流”，谓少年相好之人，一旦异趣，谈笑之际，睇睐之间，已成胡越。此有忧生之叹矣。末句疑有误字。

第七十八首

终身履冰，下学上达，皆嗣宗吃紧为人处。

第七十九首

凤皇，阮公自况也。“处非立”三字疑有误。

第八十首

望佳人而不见，招松乔而不来，将抱孤芳而长逝耳。

第八十二首

此与四十四首、七十一首语意重复，别无精义。疑亦后人附益之也。

陶渊明集

《神释》

“日醉”二句，辨形赠影之言。“立善”二句，辨影答形之言。

《九日闲居》

时运倾，指易代之事。淹留无成，骚人语也。今反之谓事业则无所成，于道德岂无成耶？

《游斜川诗序》

《淮南子》：“昆仑山有层城九重。”陶公因目中所见之层城，而遥想昆仑之层城。观上文“临长流望曾城”句，当是斜川有山名曾城，故爱其佳名与昆仑同耳。骆庭芝云：“曾城，落星寺也。”

然云“独秀中皋”，则是指山，非指寺矣。

“中觞纵遥情”

中觞，犹大谢诗之“中饮”，即酒半也。

《示周续之祖企谢景夷三郎（时三人皆讲礼校书）》：“相去不寻常。”

言不近也。

“祖谢响然臻”

《荐祢表》：“群士响臻。”

《怨诗楚调示庞主簿邓治中》

《古今乐录》载怨诗始于卞和，继以班婕妤，盖伤不见知之意。此篇之末，亦伤世无知己也。

《答庞参军诗序》：“本既不丰。”

谓素瘤瘠也。

《五月旦作和戴主簿》：“回复遂无穷。”

去复来，来复去也。

“晨色奏景风”

《史记·律书》：“景风者，居南方。”

《移居》：“相思则披衣。”

言起往相访也。“此理”二句，言此乐不可胜，无为舍而去之也。

《于王抚军座送客》

王弘为抚军将军江州刺史。庾登之为西阳太守，时被征还京。谢瞻为豫章太守，时将赴郡。王抚军于湓浦饯之，或邀陶公预宴。

“悬车敛余晖”

《淮南子》：“日至悲泉，是谓悬车。”

《与殷晋安别》

“良才”句，指殷。“江湖”句，陶公自指。

《赠羊长史》

刘裕破秦以后，霸业已盛，玉步将更。故前者思游中都而九域未一，今者九域已一而世代将改，但当从绮角游耳。驷马不贯忧患，贫贱或多欢娱，亦公之素志也。

《始作镇军参军经曲阿》

谓无心遇之也。观一苟字，明其为适然相值，非有意就此参军也。

《庚子岁五月中从都边〔还〕阻风于规林》第二首：“巽坎难与期。”

巽，顺也。坎，险也。或曰巽，风也；坎，水也。

《癸卯岁十二月中作与从弟敬远》

“平津”二句，言苟不慕公孙宏〔弘〕之丞相封侯，则栖迟山林，亦未为拙也。不由，谓不由其道也。

《责子》

舒俨、宣俟、雍份、端佚、通佟凡五人。舒、宣、雍、端、通皆小名。

《饮酒》第二首

荣启期事见《列子》。至于九十，犹不免行而带索，则自少壮至老，当年之饥寒不可胜述矣。

第七首

此首《文选》录入《杂诗》中。

第十一首：“颜生称为仁，荣公归有道。”

归，犹称也。《论语》：“天下归仁焉。”称其仁也。曹植诗：“众工归我妍。”称其妍也。此归字与上句称字对举互见。

第十三首

晋宋间以同居为同止。两人同居，一醉一醒，渊明以醒者规规为愚，而醉者傲兀差颖耳。

第十六首：“孟公不在兹。”

孟公，陈遵也。

第十八首

末句用柳下惠事。盖以扬雄、柳下自比。陶公与亲旧亦好纵言啚论，但不言禅代事耳。

第十九首

彭泽之归在义熙元年，此云复一纪，则赋此《饮酒》当是义熙十二三年间。

《止酒》

首六句止字俱不贴酒说，末二句止字亦不贴酒。

《述酒》

按：汤文清公汉注《述酒》诗，定为廋词隐语，盖恭帝哀诗。

“重离照南陆”

司马氏出重黎之后，以离为黎，故为错乱也。

“素砾皛修渚，南岳无余云。”

修渚指长江，即江左也。此二句言气数衰谢。以上言晋室南渡，国虽未亡，而势已分裂矣。

“豫章抗高门，重华固灵坟。”

刘裕初封豫章王。重华，谓恭帝禅宋也。

“流泪抱中叹，倾耳听司晨。”

因恭帝之弑，故流泪长叹而达曙。

“神州献佳粟，西灵为我驯。”

义熙十四年，巩县人献嘉禾。西灵，当作四灵。裕《受禅文》有“四灵效征”之语。

“诸梁董师旅，芊胜丧其身。”

叶公杀白公胜，喻裕翦宗室之有才望者。

“山阳归下国，成名犹不勤。”

谥法：不勤成名曰灵。二句以魏降汉献为山阳公而卒弑之，喻裕废帝为零陵王而卒弑之也。

“安乐不为君”

安乐，公盖以刘禅比恭帝。

“平生去旧京”

“卜生”句、“平生”八句，不甚可解，汤公之说亦不可通。

“峨峨西岭内，偃息常所亲。天容自永固，彭殇非等伦。”

西岭，当指恭帝所葬之地。谓偃息丘山，天容自固，岂与寻常之寿夭并论哉！

《拟古》第二首：“闻有田子泰，节义为士雄。”

田畴，字子泰，事刘虞。虞为公孙瓒所害，誓为报仇，不遂。陶公盖以畴自比。

第六首：“稷下多谈士，指彼决吾疑。”

稷下决疑，亦詹尹问卜之类。渊明不仕之志久定，姑托为访卜稷下之辞耳。

第七首

前六句，公自咏。后四句，叹趋时附势之人。

第八首

首阳、易水、伯牙、庄周，陶公之志事可见矣。

第九首

两晋立国本无苞桑之固，干宝论之详矣。末二句，似追咎谋国者之不臧。

《杂诗》第一首："落地为兄弟。"

言随处相逢皆兄弟也。

第三首

此篇亦感兴亡之意。

第四首

"不知老"句贯下六句。谓自少至老，只在一丘一壑之中，与亲戚子孙相聚。正与"四海"句相反。末四句，谓死后纵有空名，而生前冰炭满怀，已不胜其苦矣。

第七首："素标插人头，前途渐就窄。"

素发在头，若标识然。前途渐窄，犹云来日渐短也。

第八首

代耕，禄也。既失其方，则寒馁乃其理也。

第九首

渊明未尝有游行之役，似因故国已亡，譬若远行在外，无家可归，托为之辞。后二首，亦有行役之感，不甚可解。

《咏贫士》第一首

云见而随灭，鸟出而复归，皆喻己之甘守故辙，早赋归来也。

谢康乐集

《述祖德诗》："弦高犒晋师。"

晋，旧作晋。《吕氏春秋》载秦三帅对弦高之言曰："晋之道也，迷惑陷入大国之道。"高诱注曰："晋，国名也。"

"明哲垂经纶"

明哲，指祖玄也。

第二首

河外，谓洛阳。西晋一失，不复反正也。江介，谓金陵。东晋疆宇日蹙也。贤相，谓祖玄也。舜分十二州，东晋时有其七，故曰七州。

《九日从宋公戏马台送孔令》

时哲、归客，皆指孔令也。《毛诗序》曰："鹿鸣废则和乐缺矣。”此云隆所缺，谓尚有鹿鸣之意。孔以养素为荣，而己以恋位为辱，故云愧将别。

《从游京口北固应诏》

玉玺、黄屋二事，皆因辨名教而立之等威也，若道则有超乎二事之外者矣。

《永初三年七月十六日之郡初发都》：“始得傍归路。”

灵运之永嘉，必途经始宁。故宅及祖父丘墓皆在始宁，故曰傍归路。

《邻里相送至方山》

资寡欲之理，为幽栖之道，岂止年岁之别，将有终焉之志。

《富春渚》：“外物徒龙蠖。”

徒龙蠖云者，听其或屈或伸，于己心了若无与也。

《七里濑》：“遭物悼迁斥，存期得要妙。”

物，外物也。期，襟期也。

《晚出西射堂》：“含情尚劳爱，如何离赏心。”

言鸟含情尚知劳爱，况乎人而离于赏心也。

《登池上楼》

虬以深潜而葆真，鸿以高飞而远害，今以婴俗网，故有愧虬鸿也。

“新阳改故阴”

《神农本草》曰：“春夏为阳，秋冬为阴。”

《游赤石进帆海》

永宁、安固二县中路东南便是赤石，又枕海。“仲连”句，明海上之可悦。“子牟”句，言虽悦海上，仍不忘朝廷。

《游岭门山诗》：“威摧三山峭，沛汩两江驶。”

威摧、沛汩，皆叠韵连绵字。

《田南树园激流植援〔楥〕》：“樵隐俱在山，繇来事不同。不同非一事，养痾亦园中。”

樵者在山，隐者亦在山。老圃在园，吾之养痾亦在园。所以在园者亦不同，故曰“不同非一事”。

《于南山往北山经湖中瞻眺》：“解作竟何感，升长皆丰容。”

解作、升长，用二卦名。

《还旧园作见颜范二中书》

“圣灵”句，谓宋高祖。“微尚”句，谓归隐之志未遽宣陈也。“事踬”句，言愧不似史鱼两如矢之直也。“心惬”句，言慕孙叔敖三去相之贤也。两如、三避，歇后语，究未稳惬。“盛明”二句，指宋武帝。“殊方”二句，谓已昔蒙召用。

《酬从弟惠连》

首章喜惠连之来会。次章喜其聚而虑其离。三章叙别后得其来诗。

《初发石首城》

“日月”句，指宋太祖也。“成贷”句，贷施也。既贷其性命，又予以官职，故曰兼兹。“晨装抟曾飚”，曾飚，犹层飙也。抟字用《庄子》“抟扶摇羊角”字。“再与”句，前之永嘉，今适临川，故曰“再与朋知辞”。

《道路忆山中》

越客，灵运自谓。楚人，指屈原。“存乡”句，亦指屈原。

“自已为谁纂”

已，止也。纂，继也。《庄子》曰：“夫吹万不同，而使之自已也。”言情已止矣，不解因何复纂也。

《拟魏太子邺中集诗》第二首王粲

“秣马赴楚壤”，粲至荆州也。上宰，指魏武帝。“云骑”二句，谓平刘表也。

第三首陈琳

相公，指魏武帝。明德，指魏文也。

第四首徐幹：“中饮顾昔心。”

《说苑》：“晋灵公欲杀赵宣孟而饮之酒，宣孟知之，中饮而出。”国藩按：中饮，犹曰酒半也。郑注《天官·小宰》“中字别之”，《三国志·周瑜传》“中江举帆”，两中字与中饮略同。

第五首刘桢："朝游牛羊下，暮坐括揭鸣。"

括揭鸣，疑当作埘揭鸣。揭与桀音义同。埘揭鸣，即雏鸣，谓晨也。朝游则至于夕暮，坐则达于晨也。

鲍参军集

《采桑》

《陌上桑》本秦罗敷拒绝挑者之辞。《乐府解题》谓《采桑》亦出于《陌上桑》。国藩按：《陌上桑》谓夫不在而拒人，此则似与夫同处者。

《代放歌行》

《放歌行》一曰《孤儿行》，一曰《孤子生行》。言孤儿为兄嫂所苦，难与久居也。鲍照此诗则言荣利之场不宜轻入也。此诗首四句，以蓼虫之习苦，喻世之习于荣利朊仕，沈溺而不反者。"雏鸣"八句，极言荣利之场，众所共趋。"夷世"十句，盖反言以见意，向使君非爱才嫌猜不断，则不能不临路迟回矣。

《代陈思王京洛篇》第一首

"春吹回白日"四句，言时移事异，盛极必衰。

《代门有车马客行》

《门有车马客》皆言问讯，其客备叙市朝迁变亲友凋落之意也。鲍诗则并叙此客旋又别去。笃行李，犹云珍重道途。

《代东武吟》

《东武吟》伤时移事异，荣华徂谢也。此专言苦战老将，伤时事之移易。“始随张校尉”，张骞也。“后逐李轻车”，李蔡也。“密途”二句，密，近也。“近途犹万里”，则远者可知。“宁岁犹七奔”，则多事时可知。

《代出自蓟北门行》

《出自蓟北门行》大致与《从军行》同，而兼言燕蓟风物，此则并及忠节矣。

《代陈思王白马篇》：“埋身守汉境，沈命对胡封。”

埋身沈命，皆坚志赴敌之意。

《代升天行》

《升天行》本求仙之意，而此诗“穷途”二句，似亦讥学仙者。

《松柏篇》：“行女游归途。”

行女，已嫁之女。

《代苦热行》

前言苦热瘴毒，末言从军死地，劳多而赏薄。

“茵露夜沾衣”

茵，草名，有毒，其上露，触之肉即溃烂。

《代结客少年场行》

《结客少年场行》本言轻生重义，慷慨以立功名者。此则兼言晚节坎壈之状。

《答客》

对客自陈素抱，而终问之，亦屈原《卜居》之旨。

《从临海王上荆初发新渚》

首二句袭王粲《从军行》调。

《咏史》："寒暑在一时。"

所好生毛羽，所恶成疮痏。势利所在，变态须臾，故曰"寒暑在一时"。

《拟古》第一首

自伤不遇，不如鲁客之宦成名遂。

第二首

前十句，以舌端笔锋，跌宕自喜。"晚节"四句，仅以和戎见长，悼本志之变化。末二句，言今之事已异于昔之志，则后之遇当又异于今之事矣。

第三首

志在立功边郡。

《绍古辞》第七首："忧来无行伍，历乱如覃葛。"

《诗》："女子善怀，亦各有行。"似为明远此句之所本。

《学刘公干体》第三首

以朔雪自比其岁寒皎洁之性，以桃李比侧媚之子希世取宠者。兹晨，冬也。艳阳天，春也。

《白云》

此亦轻举远游之意。

《行药至城东桥》

此诗亦感春之属。前十四句，言众人争名争利，扰扰不休。末四句，言容华销歇，不胜感叹。

"开芳及稚节，含采吝惊春。"

二句以草喻人也。吝，惜也。草始而开芳，既而含采，草极茂则有惊春之象，盛极则必衰，故可惜也。

谢宣城集

《暂使下都夜发新林至京邑赠西府同僚》："驱车鼎门外，思见昭邱阳。"

成王定鼎于郏鄏，其南门名定鼎门。此借用以指建康之南门，昭邱指荆州。

《郡内高斋闲望答吕法曹》："若遗金门步。"

若字有倘能之意。

《新亭渚别范零陵》："洞庭张乐地，潇湘帝子游。云去苍梧野，水还江汉流。”

洞庭、潇湘，皆范赴零陵经过之道。苍梧则更在零陵之南，故曰云去。零陵之水必须由江汉、金陵以东入于海，故曰水还。

“广平”二句

言范同广平而声听方向籍，已当居茂陵之下，将于彼而求见。

《忝役湘州与宣城吏民别》：“下车遽暄席。”

暄席，即暖席也。后世所讥虬户铣溪，亦此类耳。

《晚登三山还望京邑》：“灞涘望长安，河阳视京县。”

以灞陵、河阳比三山，以长安、洛阳比石头城。

《始出尚书省》

朓兼尚书殿中郎，高宗辅政，以朓为谘议领记室，故出尚书省也。逢休明，谓齐武帝时也。“宸景”句，谓武帝崩也。“继体”句，指郁林王昭业也。“英衮”二句，谓明帝废郁林王、海陵王而即位也。明帝即高宗也。轻生，似朓自称之辞，犹自称微生、小生也。辞宫阙，出尚书省也。陪旌棨，为谘议领记室也。

《和王著作融八公山》：“西距孟诸陆。”

《周礼》曰：“正东曰青州，其薮曰孟诸，亦在八公山之东。”而云西者，避上文耳。

“素景沦伊穀，阽危赖宗衮。微管寄明牧，长蛇固能翦。”

素景，晋也。伊穀，洛阳也。沦者，谓怀愍陷于贼庭。宗衮，指谢安。明牧，指谢玄。

“春秀良已凋，秋场庶能筑。”

“春秀”句谓年华已逝。“秋场”句谓终当归田。

《和伏武昌登孙权故城》

“北拒”句，谓周瑜破曹操于赤壁。“西龛”句，谓陆逊破刘备于西陵。“卜揆崇离殿”，卜揆用《诗》“卜云其吉，揆之以日”，指吴相宅于武昌也。茂宰，指伏曼容。幽客，朓自谓也。

李太白集

《古风》第二首

“蟾蜍”句，暗指杨妃。“螮蝀”句，指禄山陷京师。两耀，谓元宗在蜀，肃宗在灵武。

第六首：“虮虱生虎鹖。”

按：《上林赋》：“蒙鹖苏绔白虎。”盖画鹖苏以为冠，画白虎以为袴也。此云虮虱生虎鹖，盖虮虱生于衣袴之上也。

第十二首

君平、驺虞、鸑鷟皆太白以自比。

第二十首

此首亦志在学仙。

第二十一首

此首言曲高寡和。

第二十二首

此首有倦游思归，落叶归根之意。

第二十三首

此首悲年光之迅驶。

第二十六首

美女求偶，皆喻贤才求主。不独此首为然，亦不独公诗为然。

第二十七首

此首亦伤时光之易逝。

第二十八首

此首亦欲高举出世。

第二十九首

“大儒”二句，用《庄子》儒以诗礼发冢事。

第三十一首

此首亦感时节之早谢。

第三十二首

此首自况，即赋大鹏之意也。

第三十三首

此首似讽天宝末征兵讨阁罗凤，即白太傅《新丰折臂翁》之诗意。

第三十四首

此首刺当时文士之以雕饰夺天真者，即第一首“绮丽不足珍”之意。

第三十五首

此首戒怀材者不宜自炫，宜以老子、鲁连为法也。

第三十六首

前六句，言积诚可以回天。后六句，言众口可以铄金。理有定而事无定，反复感叹。

第三十七首

此首喻贤才处幽谷，须有汲引之者。

第三十八首

此首言万事反复，波澜千变。

第三十九首

此首亦自况之辞。

第四十首

此首即屈子《远游》之意。

第四十二首

此即郭景纯所讥“燕昭无灵气，汉武非仙才”之意。

第四十三首

此叹华士不能久荣。

第四十四首

此首志在高举出世，亦自况之诗。

第四十五首

此叹承平时权门之盛，今已衰歇。

第四十六首

末二句自况，即陶公“凝霜殄异类，卓然见高枝”之意。

第五十一首

此首亦岁不我与之意。

第五十八首

此首即翟公署门之意。老杜《贫交行》亦同此慨。

《古朗月行》

按：“蟾蜍蚀影”、“阴精沦惑”等句，似亦讽谗谄蔽明之意。

《上之回》

渭川老，文王访贤也。襄野童。黄帝问道也。瑶池宴，穆王佚游也。末四句，似有所讽。

《门有车马客行》

“北风”二句，言两京俱陷，借古题以伤时事。

《东海有勇妇》

魏鼙舞五曲中一曰《关中有贤女》，太白作此代之。

《白马篇》

言人当立功立事，尽力为国，不可念私也。鲍照、沈约之作，则言边塞征战之事。

《秦女休行》

左延年辞言秦女休为燕王妇，为宗报仇，杀人都市，遇赦得免。傅元〔玄〕词言庞娥为报仇杀人，以烈义称。太白此辞拟左延年。但左、傅俱用长短句，太白但用五言，为小异耳。

《东武吟》

伤时移事异，荣华徂谢也。

《短歌行》

魏武帝《短歌行》有身世多忧、汲汲求贤之意，各家多及时行乐之意。

《空城雀》

按：《空城雀》自鲍照以下，皆有含辛茹苦、守分安命之意。

《紫骝马》

郭集以《紫骝马》为从军久戍怀归而作。此诗末二句反之，语愈沉痛。

《豫章行》

按：《豫章行》，陆机、谢灵运之作言寿短景驰，容华不久。傅元〔玄〕之作言尽力于人，终以华落见弃。太白此作，则似从军之辞。

《对酒》

按：魏武帝赋对酒，其旨言王者德泽广被，政理民和，万物咸遂。范云以下则言但当及时行乐。

《去妇辞》

按：自从二字疑衍。通首皆五言，不应著此一七字句。按此顾况《弃妇辞》也，后人窜入太白集中。

《长歌行》

按：《长歌行》言人当努力为乐，无至老大乃伤悲也。

《赠徐安宜》

“浮人若云归”，浮人，犹流人也。“游子滞安邑”，游子，太白自谓也。

《赠任城卢主簿潜》：“海鸟知天风。”

海鸟，太白以自喻也。

《早秋赠裴十八坦》

“抚琴发长嗟”以上十句，太白自咏也。

《赠范金乡二首》

前一首自述，次首颂范。观“枉清眄”、“相招携”等句，似范有书邀太白东游也。“桃李”二句，谓纵无书信人，犹愿攀附而来。“那能”二句，言况复有书相招也。

《玉真公主别馆苦雨赠卫尉张卿》第二首

前路备陈苦雨愁寂之状，末八句自露英雄振奋之概。

《赠韦秘书子春》

首八句，论贤者宜济世，不宜高隐。“惟君”八句，言韦门第甚盛，不宜久于秘书。“且复”八句，叙韦暂归山中。末八句，叙两人交谊。“却顾女儿峰”句，女儿山在河南府宜阳县，韦秘书此时当暂归山中，行将复出也。

《赠何七判官浩》

五字句中跌宕乃尔。

《读诸葛武侯传书怀赠长安崔少府叔封昆季》

用崔州平影入少府，针线痕迹宛尔可寻。

《赠崔侍御》

杨齐贤本无末二句，似以无之为是。如有此二句，“赤草使”必有误字。①

《赠新平少年》：“搏击申所能。”

亦有李广斩霸陵尉之意。太白千古英豪，度量亦殊不广。

《书情赠蔡舍人雄》

首八句，自叙夙有用世之志。“遭逢”十句，叙被谗去国。“皇穹”十句，叙谗谤得雪，再被恩宠。“夫子”四句，颂蔡将得志乘时。“我从”句至末，自述邈然高蹈之志。

《赠别从甥高五》

三朝，谓岁朝、月朝、日朝，即正月元旦也。见《汉书·谷永传》。观“贫家羞好客”六句，盖高五至公家辞别，而公愧款接不能丰腆耳。

《赠裴司马》

通首皆用比体。“愁苦不窥邻”，于人无怨也。“泣上流黄机”，反身修德也。“天寒”四句，动心忍性也。“容华世中稀”，增益其所不能也。

《赠从孙义兴宰铭》

元恶，谓安史之乱。疲人，即疲民也，因避讳而作人。应桑林，用《庄子》庖丁解牛合于桑林之舞事，谓李铭与亚相投契，

①王琦《李太白全集》注：“缪本下多‘何当赤车使，再往召相如’二句。”

如响斯应也。

《赠溧阳宋少府陟》

首四句，以李、宋二姓引入。“当闻”四句，喜相见而披豁情愫也。“威蕤”四句，指宋由京而至江南。“早怀”四句，自叙遭谗失志。末四句，叙投分之意。

《赠张相镐》第一首

“昔为管将鲍”以下皆自述也。

第二首

首二句，自叙家世本出李广。“想像”六句，借晋事以喻明皇幸蜀。

《狱中上崔相涣》

太白坐永王璘事，系寻阳狱，宣抚大使崔涣与御史中丞宋若思验治，以为罪薄宜贳。

《系寻阳上崔相涣》：“毛遂不堕井，曾参宁杀人。”

毛遂、曾参皆有两人同名，事见《西京杂记》。太白引此以自比其遭谗之枉。

《赠刘都使》

此向刘都使借贷之诗，下语极有斟酌。

《赠常侍御》：“周秦保宗社。”

周秦，谓东京。西京时尚未收复也。

《经离乱后天恩流夜郎忆旧游书怀赠江夏韦太守良宰》

自首至“白日落昆明”三十句，自叙少时以谪仙之才，讲匡时之略，曾承韦太守饯别于长安。自“十月到幽州”至“荣枯异炎凉”三十四句，自叙薄流燕齐，知禄山之必反而未敢言，又与韦相见于昌乐，亲见韦秩满归朝之事。自“炎凉几度改”至“两京遂丘墟”，叙安史之乱。自“帝子许专征”至“何由诉苍昊”二十六句，叙永王璘东巡，已因迫协赐金而获罪。自“良牧称神明”至“天然去雕饰”三十句，叙至江夏后韦太守顾遇之厚，并赞其诗句之工。自“逸兴横素襟”至末三十四句，叙与韦绸缪日久，得闻赦书，仍思见用于世，破贼立功。

《赠宣城宇文太守兼呈崔侍御》

首十二句，太白自叙高洁之性。“昔攀”十二句，自叙平生有灭胡之壮志。“蹉跎”十六句，自叙功名不遂，薄游江南，流连宣城之状。“君从”二十句，颂宇文太守之贤。“光禄”至末二十句，叙太白与宇文交谊，兼及崔侍御。

《赠宣城赵太守悦》

首十二句，叙赵世胄之盛。“忆在南阳”十二句，叙昔相见之早，并颂太守之贤。“迁人”十六句，谢赵款接之厚，仍冀其汲引也。

《自梁园至敬亭山见会公谈陵阳山水兼期同游因有此赠》：“黄鹤久不来，子安在苍茫。”

子明、子安俱于陵阳得仙，黄鹤栖于园，即子安之仙迹也。

《献从叔当途宰阳冰》

首六句，以萧、曹、耿、贾引起阳冰，不甚精切。“浮云”三句，言邑中艰难瘠苦。

《安陆白兆山桃花岩寄刘侍御绾》

此等诗似谢宣城。

《闻丹丘子于城北山营石门幽居中有高凤遗迹仆离群远怀亦有栖遁之志因叙旧以赠之》

叙嵩阳一会，旋别向雁门。洛阳一会，旋别向故园。脉络分明，而行间一种跌宕飘逸之气，独迈群贤。

《淮阴书怀寄王宗成》

前十二句，言昔在梁苑与王相会。“聚后”十二句，叙近至淮阴心怀。

《禅房怀友人岑伦南游罗浮兼泛桂海自春徂秋不返仆旅江外书情寄之》

自首至“白日凋华发”，叙岑在岭南。自“春气变楚关”至“出望黄云蔽”，叙已在寻阳。末八句，叙怀想之殷。

《自金陵溯流过白壁山玩月达天门寄句容王主簿》：“故人在咫尺，新赏成胡越。”

谓虽有新赏，而隔绝不得与同。咫尺万里，如胡越也。

《留别西河刘少府》："闲倾鲁壶酒，笑对刘公荣。"

阮籍与王戎饮酒，不与刘公荣，谓其相知甚深，无所疑忌也。

《感时留别从兄徐王延年从弟延陵》

首十句，叙李氏本老子贵胄，至唐而宗支蕃衍。自"哲兄"以下二十八句，叙徐王事。自"兄弟八九人"以下二十二句，叙延陵与己交契之厚。自"鸣蝉"至末十四句，述留别之意，时方枯旱也。

《窜夜郎于乌江留别宗十六璟》

疑乌江及宗字误。

《送王屋山人魏万还王屋》

首十六句，叙魏万邈然独往，高卧王屋。"入剡寻王许"句，王许，谓王羲之、许迈也。大江自三峡以下直至濡须口皆楚境也，故称曰楚江。

《送温处士归黄山白鹅峰旧居》

首八句，自叙曾游黄山。"亦闻"六句，叙温归白鹅峰。"凤吹"八句，送温去而又约相访也。

《送杨少府赴选》

首十句，言吏部选政之平。"山苗"二句，用左思"郁郁涧底松，离离山上苗"之诗，而反其意。"夫子"四句，送其赴选之正文也。"衣工"句以下，太白亦有用世之志，冀时有山公者甄拔及之耳。

《送族弟凝至晏堌单父三十里》

金乡、单县等处，村庄多名堌者，如今日定陶之冉堌、巨野之龙堌，皆巨镇也。其字亦作固。《通鉴》有“薄旬固”。涞水，在单县西南。

《送裴十八图南归嵩山》第一首

“风吹”句，谓贤人遭谗毁。“日没”句，谓小人鸣得意。

《江西送友人之罗浮》

“君王从疏散，云壑借巢夷”二句，太白自谓供奉翰林，不合诏赐金还山也。

《宣城送刘副使入秦》：“已过秋风吹。”

言事过之后，略无形迹，犹云如浮云之过太虚，如东风之射马耳也。

《五松山送殷淑》：“仲文了不还。”

犹云仲文去已久也。

《登黄山凌歊台送族弟溧阳尉济充泛舟赴华阴》

“静者伏草间”，公自谓也。“空手”二句，极言处贫约者不得自伸。

《酬王补阙惠翼庄庙宋丞泚赠别》

荒溪波、浩然津，皆太白所命之名。犹庄子称建德之国、无何有之乡耳。

《答裴侍御先行至石头驿以书见招期月满泛洞庭》

石头驿，在嘉鱼之上，白螺矶之下，去岳州百五十里。公时在江夏，裴以月之初三、四至石头驿，约公速行，将以十五同泛洞庭。公答此诗，时当已过十五矣。原注称石头驿在金陵，失之矣。

《寻鲁城北范居士失道落苍耳中见范置酒摘苍耳作》

自咏。

《猛虎辞》

古来《猛虎行》多言不以艰险变节，太白之《猛虎行》则自伤不遇耳。

《金陵凤凰台置酒》："天老坐三台。"

天老，力牧，黄帝之相。

《登金陵冶城西北谢安墩》

首十句，叙元帝中兴都金陵。"西秦"八句，叙谢安破秦兵事。"冶城"句以下，述登览之怀。"胡马风汉草"，马牛其风，谓奔逸也。胡马奔至汉地，因曰风汉草。

《九日登巴陵置酒望洞庭水军》："龌龊东篱下，渊明不足群。"

按：杜公讥四皓为局促，太白讥渊明为龌龊，自是诗人一时豪语，非定论也。东坡极称"局促商山芝"为杜公杰句，过矣。若谓其辞虽讥之，其意实钦之，乃为窥见古人深处耳。

《自广平乘醉走马六十里至邯郸登城楼览古书怀》

相如、廉颇，程婴、杵臼，平原、毛颖，三端，乃赵事之最大者。

《效古》第一首

此太白因晚节穷困，回忆昔年遇主宠荣之时。末二句反言之，凡寓言类多迷离其辞。

第二首

此哂妒己谣诼者，都无才望，皆碌碌庸流耳。

《拟古》第一首

此托为思妇望征夫之辞。

第二首

此托为贞妇不二心之辞，《陌上桑》罗敷作以自明其心者。

第三首

此托为痛饮者及时行乐之意。

第四首

此香草以诒美人之意。

第五首

此卷舒自由、坦怀行乐之意。

第六首

此首指安史之乱。“六龙颓西荒”，喻明皇幸蜀也。“鸳鸯”二句，太白自喻，而在江南为永王所污染也。“惟昔”二句，谓诸将不过鹰犬之材，忽跻侯王之尊也。

第七首

此首言仕途险巇，非己所可干，当立名于身后耳。

第八首

此首欲饮酒学仙，以遣愁思。

第九首

此与十九首中之“回车驾言迈”、“去者日以疏”二首同意。

第十一首

此亦采芳以诒美人之辞。

第十二首

此亦托为贞妇思夫之辞。

《寄远》第一首：“写水落井中，同泉岂殊波。秦心与楚恨，皎皎为谁多。”

写水，即泻水也。本鲍明远“泻水置平地”。“写水”四句，谓彼此两地，同一相思，未知情恨孰多耳。

第十二首：“朝共琅玕之绮食。”

琅玕，玉也，谓玉食也。

《蜀道难》

按：《乐府题解》曰："《蜀道难》备言铜梁、玉垒之阻，与《蜀国弦》颇同。"《尚书谈录》曰："李白作《蜀道难》以罪严武。后陆畅作《蜀道易》以颂韦皋。"而公所自注则曰讽章仇兼琼，或故乱其辞邪？

《梁甫吟》

按：李勉《琴说》言曾子思其父母，撰《梁甫吟》。郭茂倩谓《梁甫吟》者，言人死葬此山，亦葬歌也。诸葛武侯之《梁甫吟》似吊贤士之冤死，太白此诗则抱才而专俟际会之时。

《乌夜啼》

按：郭集所引《唐书》、《梁志》、《乐志》、《教坊记》皆云，宋彭城王义康闻乌夜啼，被赦，而作此曲。今郭集所录诸诗，殊无及赦事者。

《春日行》

鲍照《春日行》，言春日泛舟饮酒。张籍《春日行》，言春日入园赏花。太白此诗，言泛舟而不愿学仙。

《前有樽酒行》

此题郭集录者七家，大抵及时行乐之意。

《北风行》

鲍照、太白皆言北风雨雪，而行人不归。

《鞠歌行》

按：《鞠歌行》言知己难逢之意。郭集《古今乐录》曰：“王僧虔《技录》平调，又有《鞠歌行》，今无歌者。”陆机序曰：“按汉宫阁有含章鞠室，灵芝鞠室，后汉马防第宅卜临道，连阁通池，鞠城弥于街路，鞠歌将谓此也。”又东阿王诗“连骑击壤”，或谓蹴鞠乎？三言七言，虽奇宝名器，不遇知己，终不见重；愿逢知己以托意焉。

《中山孺子妾歌》

郭集《汉书》曰：“诏赐中山靖王哙及孺子妾冰未央才人歌诗四篇。”如淳曰：“孺子，幼少称孺子。妾，宫人也。”颜师古曰：“孺子，王妾之有品号者。妾，王之众妾也。冰，其名。才人，天子内官，按此谓以歌诗赐中山王及孺子妾、未央才人等尔。累言之，故云及也。而陆厥作歌，乃谓之《中山孺子妾》，失之远矣。”《艺文志》又曰：“临江王及愁思节士歌诗四篇、李夫人及幸贵人歌诗三篇，亦皆累辞也。”国藩按：如郭之说，则靖王子哙也，孺子妾冰也，未央才人也，三者平列。陆厥及太白辞皆失之。然则古辞之郢书燕说者亦多矣。

《设辟邪伎鼓吹稚子曲辞》

《鼓吹曲》皆军中之乐。“耿介死不求”四句，亦烈士报国之志也。

《白头吟》

郭集《古今乐录》曰："王僧虔《技录》曰《白头吟行》，歌古《皑如山上雪》篇。"《西京杂记》曰："司马相如将聘茂陵人女为妾，卓文君作《白头吟》以自绝，相如乃止。"《乐府解题》曰："古辞云：皑如山上雪，皎若云间月。又云：愿得一心人，白头不相离。"始言良人有两意，故来与之相决绝。次言别于沟水之上，叙其本情。终言男儿重意气，何用钱刀为。若宋鲍照"直如朱丝绳陈张，正见平生怀直道"、唐虞世南"气如幽径兰"，皆自伤清直芬馥，而遭铄金玷玉之谤，君恩以薄，与古文近焉。一说云，《白头吟》疾人相知，以新闻旧，不能至于白首，故以为名。唐元稹又有《决绝词》亦出于此。

《临江王节士歌》

《汉书·艺文志》云："临江王及愁思节士歌诗四篇。"是临江王也、愁思节士也，二者平列。陆厥及太白之辞皆失之。庾信赋云："临江王有愁思之歌。"亦失之矣。

《司马将军歌》

按：刘曜之将平先破陈安于陇上，安部下为《陇上歌》。太白作此拟之，而无悲伤壮士战死之意，未详何说。

《结袜子》

按：《汉书》："王生使张释之结袜，而释之名愈重。"太白此辞大抵言感恩之重，而以命相许也。

《来日大难》

郭集所录诸家题皆曰《善哉行》，太白题曰《来日大难》。古辞云："来日大难，口燥唇干。"言人命不可保，当见亲友，且永长年术，与王乔八公游焉。

《猛虎行》

按：《猛虎行》多言不以艰险改节，太白此诗则自伤不遇耳。"旌旗"以下八句，叙述安史之乱。颇似"楚汉"以下十句，借张韩以自喻。"有策不敢犯龙鳞"以下，则自叙其落魄不偶。宣城、溧阳，皆其所经之地也。

《玉壶吟》

"凤凰"以下八句，皆自赞之辞。"西施"四句，伤不遇也。

《笑歌行》

此首与《悲歌行》二首，皆非太白诗也。郭茂倩乐府以《悲歌行》录入杂曲歌辞，以《笑歌行》录入新乐府辞，不知有何区别？殆亦强作解事，不辨其为赝作耳。

《扶风豪士歌》

"洛阳三月"四句，言安禄山破东京。"我亦东奔"四句，自叙避乱来吴，因至扶风豪士之家。扶风豪士当亦秦人，而同时避乱于吴者。"扶风豪士天下奇"以下十句，专赞其豪侠奇伟。"抚长剑"以下九句，自述其高怀逸志。

《梁园吟》

玩诗指，盖公溯黄河而西赴长安过梁园时怀古而作也。不知定在何时？或禄山未乱以前耳。

《鸣皋歌奉钱从翁清归五崖山居》

鸣皋山在河南府陆浑县，故曰伊阳。公此时与从翁俱在梁园，故从翁归鸣皋，应由嵩少经过也。

《劳劳亭歌》

既以康乐自比，又以袁宏自比，但恨无邂逅相知如谢尚者，致寂寂独宿空帘耳。

《东山吟》："浩浩洪流之咏何必奇。"

"浩浩洪流，带我邦畿"，嵇康诗也。太白之意谓不恋恋于王畿耳。

《峨嵋山月歌送蜀僧晏入中京》

观"黄鹤楼前"二句，太白时在江夏见僧晏也。"我滞吴越"句，当指前事言之耳。

《和卢侍御通塘曲》

结句似与起句相应，言会稽虽有邪溪，尚不如寻阳之通塘；会稽之梁孟，尚不如寻阳之卢侍御也。

《江夏赠韦南陵冰》

"苦心不得申"一句以上，喜迁谪后相遇。绣衣，当即指潘侍御。南平，指从弟之遥也。头陀寺在鄂州，宋大明五年建。

《忆旧游寄谯郡元参军》

"君留洛北"以上，洛阳相会，旋即相别。"我醉横眠"以上，汉阳相会，旋又相别。“歌曲自绕”以上，晋州相会，旋又相别。“鄭台之北”以上，关中相遇，旋又相别。四会四别，统名曰忆旧游。

《鲁郡尧祠送窦明府薄华还西京》

自“蛟龙盘”以上，均叙尧祠风景。自“君不见”以下，诙诡跌宕，变化离合，不可方物矣。

“高阳小饮真琐琐、山公酩酊何如我。竹林七子去道赊，兰亭雄笔安足夸。”

赊，远也。谓竹林诸子去道甚远也。四句评贬古人之豪饮嘉宴不足尚也。

《单父东楼秋夜送族弟况之秦时凝弟在席》

自“长安宫阙九天上”至末，皆太白自伤曾为近臣，有流落天涯之感。

《答杜秀才五松山见赠》：“铜井炎炉歊九天。”

秋浦有铜有银，南陵有铜官冶，即梅根冶也。

杜少陵集

《送高三十五书记》

国藩按：“王师”句、“穷荒”句、“慎仪”二句，皆不满于哥舒之辞。

《苦雨奉寄陇西公兼呈王征士》：“奋飞既胡越。”

按：“奋飞”句言为雨所阻，咫尺千里，不能奋飞，若胡越之相隔也。

《同诸公登慈恩寺塔》

按：昔贤谓以王母比杨妃，瑶池日晏比淫乐忘返。在杜公之意或有之，至谓虞舜苍梧以二妃不从比杨妃之从游，又谓黄鹄比贤人远引，阳雁比小人怀禄，则失之凿矣。黄鹄盖公以自喻，谓己有大志而卒无所遇，不如碌碌者多得温饱耳。

《奉同郭给事汤东灵湫作》

按：首十四句，叙玄宗常以十月幸骊山汤泉。“初闻”以下十六句，叙龙移湫之事。“陂陀”以下六句，钱笺以为指安禄山入朝之事，似未必然。末四句，言郭给事有诗也。

《夜听许十损诵诗爱而有作》：“陶谢不枝梧。”

枝梧，谓格格不入，互相撑拄，不相投契也。《汉书·朱云传》：“连拄五鹿君。”拄，即枝梧不相让之意。不枝梧，则相契合矣。

《自京赴奉先县咏怀五百字》

按：自首至“颇愁绝”，自述生平大志劲节。自“岁暮”至“难再述”，因过骊山而叹君臣欢娱，忧其荒淫兆乱。自“北辕”至末，叙泾渭改道至奉先，及到家情事。此诗作于天宝十四载十一月，而安禄山即于是月叛乱，诗中极究君臣欢娱，岌岌有乱离之忧，或禄山反叛已略有所闻邪？

《白水县崔少府十九翁高斋三十韵》

按：是时安禄山已陷东都，而关中无恙，故因见华岳而言林峦皆有兵气，川光亦杂锋镝也。相公军，谓哥舒翰守潼关之师也。

《晦日寻崔戢李封》

按：阮籍等，即公自指，并指崔、李等也。“熟醉”句，“高其翔”句，皆谓只谋一身之乐，不恤天下之忧也。“长鲸”三句，指今天下之乱。

《送率府程录事还乡》：“义动修蛰蛇。”

修蛰蛇，不知所谓。

《塞芦子》

按：“扼两寇”者，谓东扼高、史等窥太原之寇，西则扼昆戎之寇。塞者，所以遮塞而扼守之也。钱氏谓塞芦关而入，直捣长安，殊非塞字之义，亦非诗旨。杜公以书生谈兵，未必有当于事理。然公之意，以延州为秦之北户，在长安之臂，扼此两寇，则长安或可收复耳。末言胡行速如鬼，言我不疾驱塞之，胡将连行而入，则长安之守益固，援益厚，不复可克矣。

《北征》

“忧虞何时毕”以上，将归而恋阙，不忍遽去。“残害为异物”以上，叙述途次所见景物。“生理焉得说”以上，叙到家后情形。“皇纲未宜绝”以上，回忆至尊在凤翔而忧回纥不可恃。末节追颂戡乱之功，而极抒望治之怀。

《遣兴》第三首

按："时来"二句，谓天下多事，但展材力，早晚皆可致富贵也。"鹿皮"二句，公以自况，谓不思乘时自奋于功名，但忘机观物耳。

《幽人》

按：此游仙诗之类。"洪涛"以下八句，自思一旦飘然长往，造此境界，以自适其适。"知名"二句，谓不欲学四皓留名于世也。"五湖"二句，自叹束缚尘中，不能出世也。

《佳人》

按：此诗不可解。当有一贤者曾居高位，后遭屏弃，公敬慕而伤悼之，故作诗以叹美之耳。"关中昔丧败"四句，当是实赋其事，前后皆以美人喻贤者。迷离其辞，使人骤难寻求，与阮公《咏怀诗》相近。"在山"句，谓贤人隐居未仕者。"出山"句，谓贤人已仕而因事为时所弃，则爱怜之者少矣。如李陵、房琯，虽为史迁与杜公所重，而终不为时论所许，亦出山泉浊之类也。

《前出塞》

按：钱笺谓《前出塞》为征秦陇之兵赴交河而作，刺主上穷兵开边。其说近是。谓《后出塞》为征东都之兵赴蓟门而作，讥禄山逆节已萌而人主不悟，其说尚有未当。两诗皆公在秦州追忆前事而作，《前出塞》追咎天宝间征兵开边，《后出塞》追咎至德间征兵赴蓟以讨安史。观"坐见幽州骑"二句，则所忆者乃安史已破两京以后之事，非忆未乱以前之事也。

《两当县吴十侍御江上宅》

吴君因论贼谍，分别真伪，酌予原宥而见黜。叙事雅洁，极不易学。

《青阳峡》

末八句，谓登陇阪时气象寥廓，眼界已为之一旷矣。不意兹山又突兀趁人，信造物之冥寞难测也。

《鹿头山》

登鹿头山，则成都沃野千里，如在目前，故云“始喜原野阔，俯见千里豁”。

《赠蜀僧闾邱师兄》

按：“呜呼先博士”以下十六句，均咏闾邱。“均晚看作者”二句，指僧也。“不独卿相尊”者，谓主上亦重之也。

《将适吴楚留别章使君留后兼幕府诸公得柳字》

自首至“扁舟落吾手”，自叙居蜀已久，将赴吴楚。“眷眷”八句，叙饮饯。末十二句，叙别意。

《寄题江外草堂》

自首至“数能同钓船”，谓至成都经营草堂，数年乃成。自“干戈未偃息”以下，谓因乱至梓州，违离草堂，思忆之也。

《南池》

自首至“富乔木”，叙南池景物。自“独叹”至“一川渎”，叙汉主淫祀。末六句，唱叹作收。

《草堂》

按：自“请陈丧乱初”至“自及枭獍徒”，叙宝应元年严武入朝，徐知道反，旋为其下李忠厚所杀也。自“义士皆痛愤”至“此又足惊吁”，叙徐逆虽诛，而成都无主，纪纲大乱，诛杀无辜，但所谓“一国三公”者，不知指何人耳。自“贱子且奔走”以下，叙广德二年严武再来镇蜀，公自梓州复还成都。

《营屋》：“不顾翦伐残。”

按：不顾，疑当作不愿。谓前此甚好此竹，爱惜六载，不愿伐之，兹晨将营屋，乃伐去千竿耳。

《太子张舍人遗织成褥段》

叙事得雄直之气，韩公五古多学此等。

《杜鹃》

黄鹤本载旧本题注云：“上皇幸蜀还，肃宗用李辅国谋，迁之西内，上皇悒悒而崩。此诗感是而作。”钱笺以是说为然。国藩按：望帝禅位于开明，而自隐于西山，与明皇幸蜀而内禅于肃宗，其事略同。此诗及《杜鹃行》皆为上皇而作，殆近之矣。

《郑典设自施州归》

“列郡”句以上，叙郑自施州归。“北风”句以下，叙公亦思南行也。

《七月三日亭午以后较热退晚加小凉稳睡有诗因论壮年乐事戏呈元二十一曹长》

按："歘思"以下八句，盖公回思少年时清秋射猎之乐。公他日有诗，所谓"放荡齐赵间，裘马颇清狂。春歌丛台上，冬猎青邱旁"者也。

《牵牛织女》

末句不可解。

《毒热寄简崔评事十六弟》

"空床难暗投"云者，谓蝮蛇出于床间，不敢于暮暗时投身寝卧也。而执烛入室，又恶其炎热，种种可憎，况乃心怀故乡乎。公诗拙处往往如此，不可学也。

《赠李十五丈别》："玄成美价存，子山旧业传。"

李十五之父当有名位于时，故以韦贤、庾肩吾比之。

《暇日小园散病将种秋菜督勒耕牛兼书触目》

自"采撷接青春"以上，叙散病种秋菜之事。自"飞来两白鹤"以下，书触目也。

《八哀诗赠左仆射郑国公严武》："受辞剑阁道，谒帝萧关城。"

武自剑阁受元宗之命，谒肃宗于灵武，亦与房琯、张镐相同。

《八哀诗赠秘书监江夏李公邕》

自"学贯天人际"以上，浑赞其才与学。自"干谒走其门"

以下，叙其多作碑版，鬻文获财。自“往者武后朝”以下，叙其风骨峻嶒，劲直获罪。自“伊昔临淄亭”以下，公自叙获交于李公，而托录其论文之语。论文以下，述李公评论诸家之文。“是非张相国”，谓李于张之文有褒有贬，因此两贤相厄，李为张所排挤。键，犹机也。谓李之机锋警捷，一发不能自闭也。“例及吾家诗”四句，谓李评论杜审言之诗。赏其嗣真之作，比之玉山之桂也。“钟律”句，赞李论文法律之细。“鲲鲸”句，赞李才力之大。以上皆就论文言之。“陂陀”以下十句，则哀之耳。

《八哀诗故秘书少监武功苏源明》

蔡梦弼以肃宗复两京辨别逆顺，诸署伪官者皆伏诛，故有“范晔李斯”之句。独源明以临难不变其节，得知制诰，故有“茂松之况”云云。国藩按：肃宗收京之后，污伪职者以六等定罪，殊不类范晔、李斯之事。不知公诗竟何指也？又“虏庭悲所遣”句，似苏公曾奉命出使虏中，谕贼使反正而不效者。“胡为投乳赞”句，似苏公曾撄奸权之怒，摧折以死者。其事均不可考，诗旨亦难尽明。

《八哀诗故著作郎贬台州司户荥阳郑公虔》

“春深泰山秀”六句，追忆昔在长安与虔宴游之乐，所谓怀囊也。原注：“著作与秘书监郑君审篇翰齐价谪江陵”，故有“阮咸江楼”之句。

《八哀诗故右仆射相公张公九龄》

自“寂寞想玉阶”至“讽咏”句，叙张公仕宦出处，虽一生翱翔云路，而不忘江湖之思也。“碣石”句，指安禄山。“天池”

句，指李林甫。二人者乃张公之榛梗也。自“诗罢地有余”至“未缺”句，叙张公诗文之美。

《往在》

自首至“私泣百岁翁”，叙述禄山陷京师，焚毁宗庙之事。自“车驾既云还”至“罘罳行角弓”，述肃宗收京重修庙祀。而以末四句叙吐蕃再毁宗庙之事。自“安得自西极”至末，悬想中兴致治之盛，而以结二句自抒不得还乡之悲。豪迈苍凉之气，跌宕变幻之节，皆臻绝诣。

《昔游》

自“是时仓廪实”至“起黄埃”，指禄山酿乱之由。“思灭胡”，谓禄山讨奚契丹也。“望三台”，谓禄山领范阳节度使求平章事也。“隔河”云者，杜公时游单父，在黄河之南；禄山领范阳，在黄河之北。当日见禄山之烦费骄贵，隔河长眺，不胜感叹，至今犹忆之也。

《壮游》

“俗物都茫茫”以上，述少年意气之盛。“忽如携葛强”以上，叙历游吴、越、齐、赵。“引古惜兴亡”以上，叙至京师，豪气渐衰，时事渐变。“鼻酸朝未央”以上，叙禄山乱后，肃宗至凤翔，公以拾遗谏争获罪，末节述暮年客蜀。

《敬寄族弟唐十八使君》

唐十八流配施州，在夷陵舍舟登陆时，有书与公，公寄此诗酬之。

《送重表侄王砅评事使南海》

自“盛事垂不朽”以上，述祖姑国初识英雄事。自“凤雏无凡毛”以下，叙砅昔日避乱之情，今兹送别之感。

《咏怀》第一首

按：督有司以供军储，取民之财，多有不堪问者。“高贤”二句，如今日厘金局之类，虽贤者亦知其病民而不能遽去。“疲苶”二句，杜公自叹有策而不得施也。

第二首

按：公盖有意为岭表交广之游，既而不果。

《送顾八分文学适洪吉州》

自首至“钩深法更秘”句，赞其八分之工。自“文学与我游”至“时危话颠踬”句，叙前后交谊之厚。“我甘多病老”至末，送别也。

《宿花石戍》：“罢人不在村。”

罢人，即疲民也。罢与疲同，民字避讳故作人。《周礼》曰：“以嘉石平疲民。”《西征赋》：“收疲民于西夏。”《文选》亦因避讳作疲人。

《奉赠李八丈判官》

“泛爱惜衰朽”句，言李待己之厚。以下即自叹其穷老也。

《入衡州》

首十二句，言唐自安史之乱，纪纲一失，兵端遂多。自“嗟彼苦节士”至“明征天莽茫”句，叙潭州刺史崔瓘清谨守法，将吏多不便之。兵马使臧玠为乱，瓘遂遇害。自“销魂避锋铦”至“通郭”句，叙避乱入衡州。自“华表云鸟埤”至“蚊蚋”句，叙衡州刺史杨济及其客苏涣讨贼必胜。自“橘井旧地宅”至末，言将往郴州，依其舅崔伟及其掾张劝。

《白丝行》

首六句，言白丝之美，自喻其材质。“美人”六句，言制衣之精，自喻其技能。末四句，言污坏弃置，自喻其不见珍于时。

《哀江头》

按：《哀江头》，吊杨妃也。“忆昔”八句，极言昔年贵宠奢丽。“明眸”四句，叙贵妃缢死，明皇入蜀，生死去住，彼此心伤。末四句，言其悲感。

《洗兵马》

按：钱笺谓此诗刺肃宗而作，句句指摘。虽未必尽然，然“成王”六句，系指收京者乃二三豪杰，非灵武之从臣也。“鹤禁”二句，讥肃宗之有亏子道。“攀龙”四句，讥灵武诸臣之骤贵。皆诗旨之显而易见者。

《石笋行》《石犀行》

按：两诗皆前六句立案，后半乃讥议之。《石笋》则议其不实也，《石犀》则议其无益也。赵氏以为《石笋》讥李辅国，恐未必然。

《杜鹃行》

按：此诗钱笺以为哀上皇迁居西内。幽郁孤寂之状，似为得之。

《投简成华两县诸子》

韩公学杜，与此等最相似。

《短歌行》

瑰玮顿挫，跌宕票姚，可谓空前绝后。

《丹青引》

首八句，赞其书画。“开元”八句，叙其画凌烟功臣。“先帝”十六句，叙其画马。末八句，叙其写真。

《寄韩谏议》

按：《邺侯外传》：“平生多遇异人，颇修真仙之术。”此诗“至京”以下六句，盖隐约指其事。“似闻”四句，指邺侯于元肃间有定社稷之功。“国家”二句，言己虽位卑而不忍不言。“周南”句，杜公自指。“南极”句，仍指邺侯耳。

《释闷》

按：湖城，在今阌乡，即汉之湖县，后魏之湖城县也。代宗由长安幸陕，必过湖城。钱笺引晋元帝至湖阴事，失之矣。

《荆南兵马使太常卿赵公大食刀歌》

“如针水”、“英雄弭”，俱不可解。

《王兵马使二角鹰》："将军玉帐轩翠气。"

《甘泉赋》："飏翠气之宛延。"李善注曰："言宫观之高，故翠气宛延在其侧。""昆仑虞泉入马蹄。"虞泉，即虞渊，唐讳渊字也。

《白凫行》

按：黄鹄，自喻其少年之远志。白凫，自喻其老年之贞节。中四句，自喻其穷困蹭蹬。末二句，言志士仁人蹭蹬者多，非仅我也。

《朱凤行》

按：此诗与《凤凰台》一首用意略同，均以凤自况而思有济于世。彼言凤之心在致君，此言凤之心在泽民耳。蝼蚁、黄雀，皆民也。鸱枭，虐民之吏也。

《清明》："金灯下山红粉晚，牙樯泪桅青楼远。"

二句谓舍马登舟也。

《暮秋枉裴道州手札率尔遣兴寄近呈苏涣侍御》

按：自首至"费灯烛"，极写得书欢忭之情。自"忆子初尉"句至"吹青春"，叙迁官甚速，冀其大用。末四句，忆其聚会燕语之时。"宴筵"二句，因裴公曾语及苏，因叙与苏交情之密。"茅斋"四句，与苏往还亲密也。"无数"三句，言群小得志。"蛟龙"句，言苏不见用也。

《陪郑广文游何将军山林》第三首："万里戎王子。"

《本草》："日华子云，独活，一名戎王使者。"此花当是其类。

第四首："碨涡深没马。"

按：碨涡，当是旧时水磨，今碨硙未必尚存，而其涡漩之水犹深可没马也。

第七首："棘树寒云色。"

吴若本注："刊作楝。"《尔雅》云："梾，赤楝白者。楝，山厄切。注云：赤楝好丛生山中，白楝圆叶而岐，为大木。"国藩按：本句云"寒云色"，下云"阴益食单凉"，自当作楝树，非棘树也。

《元日寄韦氏妹》

此至德二载元日作。妹嫁韦氏，即《同谷七歌》所云"有妹有妹在钟离"者也。钟离，即今之凤阳府，战国时属楚地。诗中"郢树"句，指妹在楚境也。妇人称其夫曰郎、曰伯。《诗》："自伯之东。"

《留别贾严二阁老两院遗补诸公》

二阁老，贾至、严武也。杜公家寓鄜州，弥年艰窘，诏许自往。视此将北征之时所作。

《至德二载甫自京金光门出间道归凤翔乾元初从左拾遗移华州掾与亲故别因出此门有悲往事》

按：公以至德二载疏救房琯获咎，赖张镐救全之。至次年，出为华州司功。或为当事者所排挤，非肃宗意也，故曰"移官岂至尊”。

《独立》

按：草露，喻谗谤污染也。蛛丝，喻网罗罥罣也。天机虽自淡泊，无奈与人事日日相近，动辄得咎，故因有所见而感叹。

《观兵》

按：末二句，言不宜老师于邺下，当直取燕蓟贼巢也。

《秦州杂诗》第三首：“州图领同谷。”

同谷，今在甘肃阶州之成县境，去秦州约二百里。

《怀锦水居止》：“柴门岂重过。”

谓此生不复能经过成都草堂也。

《将晓》第一首

“巴人”二句，应作一气读，谓巴人之往成都者常被梗阻，不得还归也。

《奉寄李十五秘书文嶷》第一首：“竹枝歌未好。”

竹枝歌，巴渝之遗音，惟峡人善唱。

《洞房》八首

按：此八首当为一时所作，可作一章读。洞房、夙昔、能画、斗鸡四首，追忆开元盛世时宫中淫乐之事历历。一首自叹今日在夔凄凉之状。洛阳、骊山二首，吊明皇之不终。提封一首，惩前而思所以毖后也。

《不离西阁》第一首："肯别定留人。"

言不知西阁之意，肯别我乎？抑定留人乎？

《东屯北崦》

浮生，杜公自言平生为盗贼所困。异俗，谓居巴蛮异俗之地，亦多贫民也。

《朝》第一首："病身终不动。"

终不动者，谓鹘与乌皆以晨而动，万物皆静极而动，惟己因病终不动也。

《宴王使君宅》第一首

首二句，谓韩信被追之际，谢安未起之日，皆泥蟠而未大展其才之时也。若吾徒，则自漂泊耳，自逆旅耳，自朽质耳，岂复泥蟠者比，尚有飞腾变化之时乎？

《赠田九判官梁邱》

使节、将军，指哥舒翰也。阮瑀、田郎，始及梁邱。

《和裴迪登蜀州东亭送客逢早梅相忆见寄》

按：末二句，因裴蜀州东亭之梅而言己之成都草堂亦有江梅垂发也。

《秋兴八首》

按：此八首皆居夔州而怀长安。前三首，对夔州景物而增悲秋之感。后五首，杂忆长安今昔之事。第四首，怀达官第宅。第五首，怀宫殿。第六首，怀曲江。第七首，怀昆明池。第八首，怀渼陂也。

《咏怀古迹》第一首

羯胡，以侯景比安禄山。庾信，杜公以自比也。

《季夏送乡弟韶陪黄门从叔朝谒》

按：诗中莫出者，犹云无出其右也。相国，指杜鸿渐，以大历二年六月入朝，鸿渐本以黄门侍郎同平章事镇蜀，故称曰黄门从叔。

《解闷十二首》

后四首，专咏荔支，不知何以与前八首同为解闷之诗。

陆宣公集

骈体文为大雅所羞称。以其不能发挥精义，并恐以芜累而伤气也。陆公文则无一句不对，无一字不谐平仄，无一联不调马蹄。而义理之精，足以比隆濂、洛；气势之盛，亦堪方驾韩、苏。退之本为陆公所取士，子瞻奏议终身效法陆公，而公之剖晰〔析〕事理精当，则非韩、苏所能及。

《奉天请罢琼林大盈二库状》："右臣闻作法于凉，其弊犹贪。作法于贪，弊将安救？"

四句见《左传·昭七年》。

"示人以义，其患犹私。示人以私，患必难弭。"

以上四句，不知有所本否。

"生之长之，而不恃其为。成之收之，而不私其有。付物以道，混然忘情。取之不为贪，散之不为费。以言乎体，则博大。以言乎道，则精微。"

数句言天子理财之道，极大极精。

"而诸方曲献"

曲献，犹云私献。

"天衢尚梗"

言世乱也。犹皇路清夷言世治也。

"试询候馆之吏"

公时奉使出外，故询候馆之吏。今之驰驿者，州县皆至公馆迎候。

"果如所虞"

即果如所虑也。不作虑者，调平仄马蹄耳。

"积憾已甚或忿形谤讟"节

叙军士怨讟之兴，款款入情，婉婉动听，此等处最不易及。

“奉三无私，以壹有众。”

壹对三，有众对无私，开后世借对之法，究不宜学。

韩昌黎集

《复志赋》：“甘潜伏以老死兮。”

将跌入佐汴，先出潜伏一层。笔势跳跃，而志之所以复，亦必先有此志为张本。

《南山诗》

“西南”十句，赋太白山。“昆明”八句，赋昆明池。清沤为微澜所破碎，故猱狖躁而惊呼呀而不仆，此述昆明池所见。“前寻”下二十二句，言从杜陵入山，因群峰之拥塞，不得登绝顶而穷览也。恶群峰之拥塞，思得如巨灵、夸娥者，擘开而析裂之，以雷电不为先驱，终不能擘，遂有攀缘蹭蹬之困。“因缘”以下十二句，因观龙湫而书所见。“前年”以下十二句，谓谪阳山时曾经此山，不暇穷探极览也。“昨来”以下至“蠢蠢骇不懋”，谓此次始得穷观变态。前此游太白、游昆明池、游杜陵、游龙湫，本非一次，即谪贬时亦尝经过南山，俱不如此次之畅心悦目耳。

《谢自然》

“灼灼信可传”以上，叙谢自然白昼轻举事。以下论神仙事不足信。

《秋怀》第一首

此首因闻脱叶秋声而生感。

第二首

此首言四时运行，百物虽有早晚长短贵贱之不同，要皆禀气自然，不足异也。

第三首

此首言己之所嗜，与时异趣，虽举世不好而无怨也。

第五首

此首即陶公今是昨非之意。若新有所悟者，以浮名为耻，从薄味为幸，知道之言也。

第六首

此首本思遗世高举，不复愿伺候于尘埃之中，而为生事所累，尚须黾勉以从王事也。

第七首

此首言本不能逐时趋，因石甂谋生之故，难遽舍去。与上首之指略同。

第八首

此首因落叶而感触生平之志事，甚远且大。

第九首

此首因叶落而疑为月贯志士，固有非常之感触也。

第十首

此首因仕途崄巇，动触陷阱，思委蛇以逐时趋，而此心终以为耻，不敢自违其本志也。强怀，本志也。弱念，时趋也。诘曲，时趋也。冥茫，本志也。

第十一首

此首有安贫知命，致死不变，确乎不拔之意。

《赴江陵途中寄赠王二十补阙李十一拾遗李二十六员外翰林三学士》

“行行诣连州”以上，因上疏而贬连州。“对案辄怀愁”以上，叙道途及连州之苦。“旅泊尚夷犹”以上，叙顺宗即位大赦，公量移江陵法曹。末节，宪宗即位，朝政清明，有望于三贤之借筹援引。

《江汉一首答孟郊》

王褒云：“有其具者，易其备。”舟马裘烛，皆御物之具也。忠信，履险之具也。韩公与其徒党固常常以自立相勖矣。

《此日足可惜一首赠张籍》

“谅知有所成”以上，籍与公相见于汴州，籍中进士。“决若惊凫翔”以上，公送董晋之丧至洛中，途闻汴州乱，至洛东还，将赴徐州，中间一谒李元于河阳。由洛赴徐本应行黄河之南，是时或因汴州之乱，避行河北欤？“窗户忽已凉”以上，由河阳经汜水陈许而至徐州。“子岂知我情”句，谓望其来而籍竟来矣。末叙籍来月余而又别。

《归彭城》："见待颇异礼，未能去皮毛。"

谓不能披肝沥胆，豁露天真，犹今谚云客气也。

《送惠师》

自"遂登天台"以下十八句，叙天台观日出。"禹穴"以下十二句，叙会稽观禹穴、浙江观潮。"庐岳"以下十二句，叙江州观庐山、南海观罗浮。"自来"八句，叙惠至连州，遍游诸胜。"昨日"以下十八句，惠别韩公之辞。"吾言子当去"以下十句，韩公送惠之辞。

《送灵师》

首八句，论佛法为世大害。"灵师"八句，叙其少时事。"轩腾"句，谓其弃俗而为僧矣。"围棋"十二句，叙其博奕〔弈〕诗酒之能。"寻胜"以下二十二句，叙其游黔蜀及在瞿塘落水得生事。"昨者"以下十句，叙游林邑。"十月"以下十六句，叙其在连州久聚。"韶阳"以下十四句，叙其由连至韶。

《县斋有怀》

首十六句，叙少年中进士试宏博时事。"人情"以下二十句，叙出都从董晋、张建封幕事。"求官"以下十四句，叙为御史上疏被谪事。"湖波"以下十四句，叙道途及阳山之苦。"嗣皇"以下十六句，思得赦宥而归故土。

《合江亭》

邦君，指齐映，初建此亭者也。老郎，继齐而树兰栽竹者也。庸儒，指元澄，被杨凭劾去者也。君侯，指邹君，款接韩公者也。

邹君逸其名，老郎并逸其姓。

《陪杜侍御游湘西两寺独宿有题一首因献杨常侍》

“陪赏”句以上，叙陪杜侍御同游。“幸逢”以下十六句，叙独宿。“珥貂”以下，颂杨常侍。

《岳阳楼别窦司直》

“轩然大波”以下十四句，状其洪涛壮观。“朝过宜春”以下二十二句，状其风息波恬。自“主人孩童旧”至末，公于窦氏兄弟最为契好，故于欢宴之余，追忆前事，言之沉痛。

《送文畅师北游》

“自言本吴人”以下十八句，皆述文畅在四门馆之言。“出其囊中文”以下十二句，叙前作《送文畅序》赠别之事。“三年窜荒岭”以下十四句，叙贬阳山及回京再见文畅。自“当今圣政初”至末，送文畅北游，而自拟归耕。

《答张彻》

自“肝胆一古剑”至“惧冲城昼扃”，皆叙贞元十五年，睢岸连居，与张彻相从之乐。自“及去事戎辔”至“泪眦还双荧”十六句，叙公以徐州从事朝正京师，与彻同行之事。“尘祛”二句，公先出京，彻后出京，又与途中相见而再别也。“洛邑得休告”以下十二句，叙登华山事。“峨豸忝备列”以下二十四句，叙为御史上疏贬阳山事。“赦行五百里”以下至末，叙入为国子博士，因答彻诗。

《苦寒》："褰旒去耳纩。"

旒垂目，纩塞耳。褰旒去纩，谓明目达聪也。

《崔十六少府摄伊阳以诗及书见投因酬三十韵》："又言致猪鹿，此语乃善幻。三年国子师，肠肚习藜苋。况住洛之涯，鲂鳟可罩汕。"

国藩按：崔诗必言将以猪鹿野鲜饷公，公诗辞之。善幻，犹云善戏。《汉书·西域传》有"善眩"之语。颜注云："眩，读与幻同。""况住洛之涯"，公时以国子博士分教东都。谓但食藜苋鲂鳟，不劳致猪鹿异味也。

《招扬之罘》："柏移就平地，马羁入厩中。"

国藩按：柏移平地，谓去荒陋之邦而渐染雅化。马入厩中，谓去覂驾之习而范我驰驱，皆裁成之罘之意。

《双鸟诗》

朱子以双鸟指己与孟郊而作。落城市者，己也。集岩幽者，孟也。《韵语阳秋》已有此说。

《题炭谷湫祠堂》："吁无吹毛刃，血此牛蹄殷。"

国藩按：退之刚正傲岸，不信神道。如《衡山诗》则曰："神纵欲福难为功。"《记梦诗》则曰："乃知神人未贤圣。"此诗则曰："血此牛蹄殷。"皆凛凛有生气。

《送陆畅归江南》："悲啼车上女，骨肉不可分。"

国藩按：董晋家洛阳，观"悲啼上车〔车上〕女"句，陆自董府携妇归吴，而公在洛时送之也。

《嘲鲁连子》

国藩按：此当有与公争名者，而公甘以名让之。禅，让也。鸿声，大名也。

《赠张籍》

“此是黄金产”，黄，当作万。至“文章绍编划”十一句，皆张籍之辞。“我身”疑当作“君身”，盖籍称公不应我之也。

《寄崔二十六立之》

自“往岁战词赋”至“无人角雄雌”三十二句，叙崔技能之高，科名之震。自“由来人间事”至“那用分高卑”二十四句，叙崔登科后仕宦不遂，所如不偶。彀鸟子、驹马子、麛鹿子，皆喻新进少年，不得自由，处处为世法所束缚。自“怜我还好古”至“譬彼鸟黏黐”四十八句，叙与崔交谊之厚。诸毛，方氏以为笔也，朱子以为必是为《毛颖传》而发。国藩按：韩公《毛颖传》，柳州曾赞叹之，崔之来书及诗当亦赞《毛颖传》之奇伟、“蛟螭雷电”等或即来诗中语邪？“敦敦凭书案”，敦敦，即敦彼独宿之敦，谓痴坐不动也。《贾捐之传》中有所谓颛颛者，义亦略同。自“且吾闻之师”至“相待安要箪”三十四句，言名位不足恋，当以文章传后，约崔同归偕隐。自“我有双饮醆”至末二十四句，叙公以双盏之一遗崔，亦所以报百尺彩也。鲸月草、花芙蓉，皆盏上所画者。

《示爽》

"汝来江南近"二句，不可解。韩公本贯在河内之修武，又曾迁居洛阳，爽自江南赴长安，二处皆其经过之地，或谓其过河内、洛阳，与里闾相近，二句作一句读邪？不然，则上句有讹误邪？公作《女拏铭》云："归骨于河南之河阳韩氏墓。"是河阳亦可以河南称之，洛阳则自古久称河南，妄意此句当作河南近。俟质之博闻君子。

《赠别元十八协律六首》

元十八，盖将裴行立之命，以书及药物劳公于途次者。

第一首："何人识章甫，而知骏蹄踠。"

章甫适越，不为时用。骏蹄历险，或致蹉跌。二端皆公以自喻者。识知二字，则谓元能知之亮之也。

《南内朝贺归呈同官》："鲜不调盐醯。"

调盐醯，似寓韩彭菹醢之意。

《鸣雁》

此在幕府不得志之时，欲远举而他适也。

《条山苍》

"波浪"句，喻世人随俗波靡。"松柏"句，喻君子岁寒后凋，亦自况之诗。

《八月十五夜赠张功曹署》

自"洞庭连天"至"难追攀"句，皆张署之歌辞。末五句，韩公之歌辞。

《忆昨行》

自首至“泪落”句，叙张与裴帅赛社之宴，酒后卧病。自“念昔从君”至“眉方开”句，叙与张同贬南荒而俱幸北归。自“今君从署”至末，祝张病体康复，将耦耕于嵩山之下。“上公礼罢”句，上公，方以为当作社公，叙荆帅裴均罢社而享客也。朱子云：“上公即社神也，不必改为社公。”“今君从署”二句，张在江陵虽经邕管经略使路恕奏署为判官，而可以辞谢不往，故劝其投檄北去。投檄，犹投绂、投劾之投。

《刘生诗》

刘在广南当有名妓，声价甚高而遇刘独厚者。“美酒”二句，刘之冶游也。“倒心”句，倾情于名妓也。“千金”句，声价高也。“绸缪”句，待刘厚也。

《陆浑山火和皇甫湜用其韵》

自首至“孰飞奔”，浑写野火之盛。自“祝融告休”以下至“赪目暖”，设为祝融宴客仪卫之盛，宾从之豪，笑语之欢。告休，犹休暇也。卑尊，即客也。《周礼·小司徒》云：“使各登其乡之众寡。”《乡大夫》云：“率其吏与其众寡。”此云卑尊，犹彼云众寡耳。自“项冥收威”至末，皆水火相克相济之说。“拳肩跟”者，谓肩与足跟拳跼相连，极言颛顼玄冥君臣失势之状。洪曰：“丁，火也。壬，水也。火，女也。水，男也。”丁女而为妇于壬，故曰“女丁妇壬”。自“火行于冬”至“囚之昆仑”九句，皆上帝劝慰水神之辞，言不必与火结仇，时至行将胜之也。

《和虞部卢四汀酬翰林钱七徽赤藤杖歌》："空堂昼眠倚牖户，飞电著壁搜蛟螭。"

东坡《以铁柱杖寿乐全诗》有句云"欹壁蛟龙护昼眠"，融化此两句而为之也。

《石鼓歌》

自"周纲陵迟"以下十二句，叙周宣蒐狩，镌功勒石。自"公从何处"以下十四句，叙拓本之精、文字之古。自"嗟余好古"以下二十句，议请移鼓于太学。自"中朝大官"至末十六句，慨移鼓之议不遽施行，恐其无人收拾。

《卢郎中云夫寄示送盘谷子诗两章歌以和之》

首十四句，叙昔至盘谷访李愿事。天井关之水被风吹洒洛阳，语则诞而情则奇。"归来辛苦"以下十句，叙卢寄示诗篇，知李已入山矣。末六句，叙已将归耕。

《射训狐》："斗柄行拄西南隅。"

谓天将明也。"意欲唐突羲和乌"，谓侵陵主上也。

《城南联句》

自首至"鞁妖藤索绀"六十四句，杂叙城南所见景物。回平，按平者，地之平处也，如华山有青柯平、种药平之类。卷脔，不舒放也。见《庄子》。自"荒学五六卷"至"幽蠹落书棚"二十四句，叙荒郊茔域凄凉之状。自"惟昔集嘉咏"至"风期谁复赓"三十八句，言城南乃昔日文人词客游咏宴集之地，今无复往时云霞之兴、风期之盛矣。余晶，日光也。凝，犹遏也。谓其声能遏日光，使不动也。自“皋区扶帝壤”至“鹘鹬攒瑰橙”五十八句，历叙土壤之美，因及人才之俊、物产之富、冶游之盛。自“鹜广杂良牧”至“抑横免官评”二十八句，叙簪缨世族之豪横。自“杀候肆陵翦”至“恶嚼啅腥鲭”二十二句，叙射猎之乐。自“岁律及郊至”至“恩熙完刖剠”十六句，叙郊祀之礼。自“宅土尽华族”至“眼剽强盯瞠”三十句，叙民居寺宇之丽，因及游寺之人。“蹴绳覸娥婺”，盖美女为秋千戏者，亦游寺所见也。

《会合联句》

“念难须勤追”二句，忆往时之艰难，悔出言之轻易也。自“念难须勤追”至“谪梦意犹恂”十八句，叙韩公以言事谪贬阳山，还朝为国子博士。郊、籍、彻三人皆在弟子之列，诗意仍以韩公为主。

《纳凉联句》

自“长篓倦还捉”以上，皆叙烦热之状。“幸兹得佳朋”以下，乃叙纳凉之事。

《秋雨联句》

醨，薄也。“氛醨”句，谓云气稍薄。“雺乱”句，谓旋又拥塞也。阴旌，谓云气如旌旆。摎流，犹周流也。帝鼓，谓雷。鲁儒，二公以鲁两生自比也。以秦人好言利，故鲁儒无可丐贷。

《征蜀联句》

砏与炮同。《广韵》：“军战石也。”硠礔者，爇石之声。爇堞，烧其城也。抉门，启其门也。熇歊，焚城之声，叠韵字。呀拗，门辟之状，双声字。遏雄虓，令将帅无多杀也。“汉栈罢嚣阗”者，谓自秦至蜀，征人渐少，不甚嚣阗也。

《晚秋郾城夜会联句》

自“再入更显严”至“达志无陨获”句，皆叙裴相破贼还京后迁官宴客之事，似非事前所作之诗。“雪下收新息”亦非事前语。岂在郾城时作此诗，而还朝后更润色之邪？“酡颜倾凿落”。凿落，饮器。白乐天诗：“银杯倾凿落。”“生堂合鼛镈。”《尔雅》：“大磬谓之馨，大钟谓之镛。”注：“亦名镈。”

《原性》

此实与孔子性相近二章相合。程、朱又分出义理之性，气质之性，以明孟子性善之说之无失，亦自言各有当。要之，韩公之言固无失耳。

《原毁》

言在上者，须明斯世所以多忌多毁之由，而后可以知人。篇末说明作意。“闻古之人有周公者”节，通篇德艺平列，周公原不仅有艺。就艺中引一尤不可几者，故举周公。

《行难》

以行难命题，所以表陆先生之贤也。为文之意，则欲存此理，使有用人之责者知之耳。句法瘦炼，王荆国多师此种。

《杂说》一

此段未经人道。舜武得五臣十乱而益彰其神圣，所谓得云益灵者也。名师贤相亦能广植徒党，旁求俊彦，亦有所谓云者①，其义甚大。

《杂说》四

谓千里马不常有，便是不祥之言。何地无才，惟在善使之耳。

《读荀》

此与《读鹖冠子》、《读仪礼》、《读墨子》四首，矜慎之至，一字不苟，文气类史公各年表序。

《读鹖冠子》："正三十有五字，乙者三，灭者二十有二，注十有二字云。"

正者，正讹也。乙者，上下倒置也。灭者，涂去也。注者，添缀于旁也。

《师说》

传道，谓修已治人之道。授业，谓古文六艺之业。解惑，谓解此二者之惑。韩公一生学道好文，二者兼营，故往往并言之。末幅云："闻道有先后，术业有专攻"，仍作双收。

《进学解》

仿东方《客难》，扬雄《解嘲》，气味之渊懿不及，而论道论文二段，精实处过之。"春秋谨严，左氏浮夸，易奇而法，诗正而葩，下逮庄骚，太史所录，子云相如，同工异曲。"韩公于文用力

①似应作"亦有所谓得云益灵者"。

绝勤，故言之切当有味如此。

《讳辨》

此种文为世所好，然太快利，非韩公上乘文字。

《伯夷颂》

举世非之而不惑，乃退之生平制行作文宗指。此自况之文也。

《释言》

才高被谤，为文自解，仍不减其崚嶒之气。

《汴州东西水门记》："诞置联锁于河，宵浮昼湛，舟不潜通，然其襟抱亏疏，风气宣泄。"

诞置，犹云大置也。宵则使锁浮于水面，不使通舟楫也。汴州之有河水，犹襟抱然。无门以阑之，故亏疏宣泄也。

《燕喜亭记》

柳公山水记以峭削见奇，固非韩公所能比并。

《徐泗濠三州节度掌书记厅壁记》

此等文虽公为之，不能奇也。

《画记》

桐城方先生以为此学周人之文。

《蓝田县丞厅壁记》

崔斯立之为人，必有奇崛之才，而又天趣横溢。与公相见，必彼此善谑，而又相敦以古谊者。如“西城员外丞”一诗，前路谑且为虐矣，而后半绝沈痛。“刖足献玉”一书，绝沈痛，亦带谑声。“蓝田十月雪塞关”一诗亦然。此文则纯用戏谑，而怜才共命之意、沈痛处自在言外。

《新修滕王阁记》

反复以不得至彼为恨。此等蹊径自公辟之，亦无害。后人踵之以千万，乃遂可厌矣。故知造意之无关义理者，皆不足陈也。

《科斗书后记》

叙述无一闲字。

《郓州溪堂诗序》

“于时沂密始分而残其帅”：生此波澜。“然而皆曰郓为虏巢且六十年”节：著此一段议论，便尔壮阔，蹊径独辟。若先陈新立之难，又陈不扇而变之难，便无此奇警。“公私扫地赤立”：能造难状之语。“于是天子以公为尚书右仆射”：接法本史公。

《猫相乳》

叙事绝善，而所以为文之意，固不免人之见者存，故收处过谀。“夫猫，人畜也”：谓畜于人。

《争臣论》

逐节根据经义，故尽言而无客气。“夫天授人以贤圣才能”节：此段陈义甚高。

《太学生何蕃传》

善用缩笔，纡余顿宕，如将不尽。

《重答张籍书》

观此书，则韩公当日之于二氏，亦未敢昌言排之。二氏盛行中土六七百年，公以数篇文字斥之，遂尔炳如日星。识力之大，令千世人肃然起敬。“非我其谁哉”，自任处绝沈著。

《与孟东野书》

真气足以动千岁下之人。韩公书札不甚矜意者，其文尤至。

《答尉迟生书》

傲兀自喜。

《答杨子书》：“尚须验以言。”

公已深知杨子，恐杨不之信也，故须验以言。

《上襄阳于相公书》

谀辞累牍，固不能工。

《上留守郑相公启》：“愈无适时才，渐不喜为吏。”

凡为文，必视乎其行，能弃官如屣，而后气壮，而文无沮词。

《上宰相书》

连用三“抑又闻”，义层出不穷。然究是少年，才思横溢，欠裁炼处，故文气不遒也。若删去“洪范曰”至“廉于自进也”，则格老而气遒矣。

《后十九日复上宰相书》

后二书皆可不上，宰相能知我，前书足矣；其不知，十上何益？公少年时盖阅世尚未深，而自守未定也。

《后二十九日复上宰相书》：“以其于周不可，则去之鲁。于鲁不可，则去之齐。于齐不可，则去之宋、之郑、之秦、之楚也。”

鲁，同姓，礼义之邦，故次周后。齐，大国，次之。宋、郑，小国，次之。秦、楚，戎蛮，又次之。非率尔泛指也。

《答侯继书》：“含意连辞，将发复已。”

含意，辞不能申其意也。连辞，欲陈此说，复牵彼义，裁度不能遽当也。凡文家经营为文时有此二难。“然古之人未有不通此，而能为大贤君子者”：所陈数事，皆专家之学，卤莽者多弃置不讲。观韩公此书，然后知儒者须通晓各门，乃可语道。孔氏所谓博学于文，亦此义也。“将试学焉，力不足而后止”：凡人于右数事，皆未试而先称力不足，所谓画也。

《答崔立之书》

韩公命世之英，自位不在文中所称五子下，其试于礼部吏部，盖深用为耻。立之乃以“献玉再进”相勖，所谓鷦鷯已翔乎寥廓，而罗者犹倚夫薮泽也。篇中前半述已隐忍就试之由。“夫所谓博学者”一段，鸣其悲愤。后幅“方今天下”一段，写其怀抱，视世绝卑，自负绝大，极用意之作。“君子小人之所悯笑”：君子小人，犹言人人。《周礼·乡大夫》：“帅其吏与其众寡。”众寡者，言乡人或众寡无定也。此言人人悯笑，无分君子小人也。“夫所谓博学者”节：博学宏辞，美称也。惟公足以当之。而顾不能中选，甚羞与今世之中选者比伦，而又不能不隐忍与之同试；甚愿与屈孟五子同志，而又不能效其不与斗筲者同试。心所耻，而行不能从。己所耻，而人不能谅。层层感愤，迸露纸上。“必知其怀惭，乃不自进而已耳”：谓怀惭之极，至于自甘终不进取乃已。“作唐之一经，垂之于无穷”：极自负语。公盖奴视一世人。

《重答李翊书》

韩公文如主人坐于堂上，而与堂下奴子言是非。然不善学之，恐长客气。

《代张籍与李浙东书》

笔端大崚嶒。若出他手代盲人干有位者，气必不能自振矣。

《答李秀才书》

义深而文淡永。

《答陈生书》：“孰信哉，信乎己而已矣！”

陈生必求俯仰趋时之术，故告之以此，所谓对症下药也。不然，专信己则足以长傲。王介甫云：“时然而然，众人也。己然而然，君子也。”语弊亦似此。

《与李翱书》：“今而思之，如痛定之人思当痛之时。”

能达难白之情。

《答胡生书》:“不知者乃用是为谤”节

言不惜称道揄扬之爱惜也。彼辈自有可合之人,吾不因其可以干泽而思与之苟合。若能如此,则可孤行而不恤众谤,而生又不能。生离乡远出,本为求仕,非徒求韩公之知也。是者指上文相知称道云也。

《与崔群书》:“风土不并以北。”

不与江北比并也。“自古贤者少不肖者多”节:悲感交集。王荆公《与段缝书》中段为曾子固代鸣不平,文气脱胎于此。“人固有薄卿相之官”节:愤激出奇想,沈痛至矣。“仆无以自全活者”一节:后路绝深痛。

《与陈给事书》:“衣食于奔走。”

造句奇。

《与冯宿论文书》“以此而言”节

自负语。绝沈著。

《与祠部陆员外书》“文章之尤者有侯喜者”节

称人之长,造句俱极跌宕。

《应科目时与人书》

其意态诙诡瑰玮,盖本诸《滑稽传》。干泽文字如是,乃为轩昂,他篇皆不能自振。

《与孟尚书书》

此为韩公第一等文字，当与《原道》并读。

《答吕毉山人书》

绝傲兀自负。

《答渝州李使君书》

李盖有所干于要路，求韩公为之道地，故答之如此。“传曰：君子俟命”节：既以安命俟命之说进，又言李君亦烂熟安命俟命之说，如常御之饮食，厌饫久矣，无益于事，故增愧。

《答元侍御书》：“斥其余，以救人之急。”

斥，远也。挥而远之，谓散去也。

《与鄂州柳中丞书》

文气绝劲。

《与鄂州柳中丞第二书》“就令如是”节

砉然入人之肺腑，故足以作忠孝之气。“夫远征军士”节：论事之文，不逊贾、晁。

《送陆歙州诗序》“我衣之华兮”节

洒然而来。

《送孟东野序》

天择物之善者，而假之鸣。其为鸣盛与鸣不幸，惟天之所命耳。文之立意止此，征引太繁，颇伤冗蔓。“维天之于时也亦然”：

通首按住“天”字。

《送许郢州序》：“而能与卑鄙庸陋相应答如影响。”

四字并用，措语过重。“情已至而事不从，小人之所不为也”：转换处痕迹未化，便可直接本事，不须为二语纽合也。“故其赠也，不以颂而以规”：收句俗笔。

《上巳日燕太学听弹琴诗序》

和雅渊懿，东京遗调。

《送齐皞下第序》

入题连用三“乎”字，俗调。篇末一一回缴前文，俗调。

《送陈密序》

闲淡有体。

《送李愿归盘谷序》

别出奇径，跌宕自喜。

《送董邵南序》

沈郁往复，去肤存液。

《赠张童子序》

前半志选举，疏健。后半勖童子，简宕。

《送浮屠文畅师序》

辟佛者从治心与之辨毫芒，是抱薪救火矣。韩公言若无中国之圣人，则彼佛者亦如禽兽。为物所害，莫能自脱。如此立说，彼教更从何处置喙？立言有本，故真气充溢，历久常新。

《送何坚序》

前半磊落而含游戏之声，收复奇情幻出，合读之，但觉狡狯不测。

《送廖道士序》

磊落而迷离，收处绝诡变。

《送王秀才序》

淡折夷犹，风神绝远。

《送孟秀才序》

叙述絜训词当。

《送陈秀才序》：“如是而又问焉，以质其学。”

只此一意，再作往复，亦复傲兀自喜。

《送王秀才序》

读古人书，而能辨其正伪醇疵，是谓知言。孟子以下，程朱以前，无人有此识量。

《送幽州李端公序》

骨峻上而词瑰玮，极用意之作。

《送区册序》

送区宏南归诗傲兀跌宕，此文当是一时作，故蹊径与句之廉悍，并与诗相类。

《送张道士序》

立言绝善。“诗宁当不俟报”：述上书不报事，立言飘洒，不著痕迹。

《送高闲上人序》

事之机括，与心相应。事不如志，则气挫。所向如意，则不挫于气。荣辱得失，不纠缠于心，此序所谓机应于心不挫于物者，姚氏以为韩公自道作文之旨。余谓机应于心，熟极之候也。《庄子·养生主》之说也。不挫于物，自慊之候也。《孟子·养气》章之说也。不挫于物者，体也，道也，本也。机应于心者，用也，技也，末也。韩公之于文，技也进乎道矣。

《送殷员外序》

字字峭立，倜傥轩伟。

《送杨少尹序》

唱叹抑扬，与《送王秀才序》略相类。欧公多似此种。

《送权秀才序》

酬应之作，亦自不俗。

《送湖南李正字序》：“往时侍御有无，尽费于朋友。”

有无，犹多寡也。《檀弓》：“称家之有无。”言尽家之财，无问或多或寡，罄用之也。此言侍御尽家之财，皆费于朋友也。

《送石处士序》

唐时处士声势，足以倾一世。韩公颇不满于石、温二生，观寄卢仝诗可见。此文前含讥讽，后寓箴规，皆不著痕迹，极狡狯之能。

《送温处士赴河阳军序》

此种起法，创自韩公，然不善为之，譬若唐人为官韵赋。往往起四句峭健壁立，施之于文家，则于立言之体大乖。汉文无起笔峭立者。按之固自有序也，不可不察。

《送郑尚书序》

气体似《汉书·匈奴传》。

《送水陆运使韩侍御归所治序》

此即条议时事之文，铺叙处绝警耸。“吾以为边军皆不知耕作”：接笔绝遒紧。

《石鼎联句诗序》

傲兀自喜，此等情事亦适与公笔势相发也。

《欧阳生哀辞》

前半叙述矜当，后半就“父母老矣”反复低回，绝耐紬诵。“詹闽，越人也”：油然入情。

《祭穆员外文》

瘦折奥峭。

《祭郴州李使君文》

亦不出六朝轨范。不使一秾丽字，不著一闲冗句，遂尔风骨遒上。通首不转韵，古无此体。宋人为长短句祭文，则皆一韵到底。

《祭河南张员外文》

以奇崛鸣其悲郁，鏖战神鬼，层叠可愕。

《祭薛中丞文》

无俊健之骨，不似韩公手笔。当是同僚所为，而薛氏托公名为重耳。

《潮州祭神文》第二首

别出才调，岸然入古。

《祭柳子厚文》

峻洁直上，语经百炼。公文如此等，乃不复可攀跻矣。

《吊武侍御所画佛文》

置身千仞之上，下视昧昧者，但觉可怜悯也。公诗如谢自然谁氏子，文如孟尚书书，及此等，当观其卓然不惑处。此篇吊辞亦绝古劲。

《李元宾墓志铭》

志中不称元宾之长，而铭词著“才高乎当世，行出乎古人”二语，故尔可贵。若通首赞颂不休，不足取信矣。

《崔评事墓铭》：“外尽宾客于其所止，其来如归。”

尽，礼也。凡崔君栖止之处，族宾皆来归也。“虽不肖收之如贤”：王介甫叙人之长，皆学此等。

《施先生墓铭》

或先叙世系，而后铭功德。或先表其能，而后及世系。或有志无诗，或有诗无志。皆韩公创法。后来文家踵之，遂援为金石定例。究之深于文者，乃可与言例。精于例者，仍未必知文也。

《考功员外卢君墓铭》

“大历初，御史大夫李栖筠由工部侍郎，为浙西观察使。”起笔逆，此处接笔逆，以下得势矣。“以老故，自任者以千百数”：老故，犹称老成、故旧。

《施州房使君郑夫人殡表》：“此非其丘。”

狐死正丘首，不忘本也。权殡于此，终当反葬，故曰“非其丘”。

《监察御史元君妻京兆韦氏夫人墓志铭》：“率所事，所言皆从仪法。”

家世可详则详之，行谊无可详则只二语。

《登封县尉卢殷墓志》

朴老。

《兴元少尹房君墓志》

“谨饬畏慎。”称其贤只四字。“子与吾儿次卿游”：古者兄弟之子亦称子，故曰吾儿。称侄，俗也。

《河南少尹李公墓志铭》

“京兆尹符县割界之”：下符于万年，割田与之也。“以崇文幕府，争盐府因革，便不便，命公使崇文”：或因以盐井与之，或遂革之，二者孰便，命使者往治也。“迁苏州，李锜前反，权将之戍诸州者”：公未迁苏，李锜已先反于镇海。公至苏十二日，贼始至苏也。“皆敛兵立不逼”：新书言贼钉公于舷，志为饰词。“锜命械致公军”：致于镇海军也。“锜适败缚”：锜败为其属所缚，故曰败缚。“民抱扶迎尽出”：抱幼扶老皆出迎。“奈何乎公”：奇句。

《集贤院校理石君墓志铭》

石处士之名，殆能倾一世人，而韩公不甚许之，观铭诗可见。寄卢仝诗亦寓讽刺。卒之籍、湜、郊、岛辈，皆有以自表见于后世，而温、石二公，仅见于韩公之文而已，盛名足据乎？

《江西观察使韦公墓志铭》

他文提振处绝耸矫，此稍逊之。“不足张职”：观察使位高禄厚，则所职宜巨。三州职事无几，故云不足张职。“人去渫污，气益苏”：既为南北市，又为长衢，故人去卑湿而气苏也。“马以不连死”：马多无经年不一死者，不连死谓不相继以死。“前走七州刺史”：谓七州刺史奔走于前也。

《河南府王屋县尉毕君墓志铭》

“尚书生坰家破时，坰生始四岁”：此处人主位不清，后并混淆。谨以公他文之法准之，妄易数字云：君之父也，君讳坰，字某，家破时，君生始四岁。“闻君笃行能官，请相见”：上文不易，则此处“君”字无胎。

《襄阳卢丞墓志铭》

“常最其列”。于同列中居最也。“今年实元和六年”：奇句。

《唐朝散大夫赠司勋员外郎孔君墓志铭》：“昭义节度卢从史，有贤佐，曰孔君。”

此等起法，维韩公笔力警耸矫变，无所不可。若他手为之，恐偾张而长客气。故不如朴拙按部之犹为近古也。

《唐银青光禄大夫守左散骑常侍致仕上柱国襄阳郡王平阳路公神道碑铭》

“割余雩都，作县安远”：割雩都县之余地，析置安远县。“陶甓而城罢，人屡筑”：土城易崩，故屡筑甓城，一劳永逸也。“人不岁苫”：以草覆屋，每岁易之，故曰岁苫。有陶瓦，故不岁苫。“至则出仓米，下其估半，以廪饿人”：句酷炼。“坐牢江东心”：坐镇以坚江东士卒之心。

《乌氏庙碑铭》

最善取势。左领君、中郎君、尚书君，三世同庙。不叙左领、中郎事迹，专叙尚书，大家之文。所以遒简也。低手三世各铺叙几句，便无此劲洁。

《唐故河东节度观察使荥阳郑公神道碑文》

“削四邻之交贿，省嫔嬉之大燕”：偶句伤气。“施罢不俟日”：或行或罢。

《魏博节度使沂国公先庙碑铭》

起最得势，朴茂典重，近追汉京，远法《尚书》。序文疏简，著意在铭诗，而终不称其先世功德一字，可谓有体。

《刘统军碑铭》

“公由游寄”：因游浮寄于蜀也。“盖古有云：人职其忧，无事于职，而与固谋”：四言诗中有此收束瘦劲之笔。“蔡卒幸丧”：幸许有新丧。“新师不牢”：士卒心不固。“劻勷将逋”：幕府诸人也。“声驾元侯”：驾其上。“脱权下威”：不揽权也，下弛也。

《衢州徐偃王庙碑》

衢州有徐偃王庙，其事本支离漫诞，文亦以恢诡出之。命意甚远，其神在若有若无之间，想亦营度既久而后得之。“藩拔级夷”：藩篱撤，阶级平也。

《袁氏先庙碑》：“莫不官称。”

能称其位。

《曹成王碑》

贬潮与降良事小振，平李希烈事大振。凡叙事皆分大小，为主宾，骤看乃似直叙漫铺。韩文志传中有两篇相对偶者，如曹成王、韩宏两篇为偶，柳子厚、郑群两篇为偶，张署、张彻两篇为偶。推此而全篇可以为偶者甚多，惜不能一一而称量而配合之耳。

《试大理评事王君墓志铭》

以蔡伯喈碑文律之，此等文已失古意。然能者游戏，无所不可。末流效之，乃堕恶趣矣。“妻上谷侯氏，处士高女。高固奇士，自方阿衡太师，世莫能用吾言，再试吏，再怒去”：通首写奇崛疏狂之态，皆因此事而引申之。

《扶风郡夫人墓志铭》：“克受成福，母有多子。”

金石文，造句正轨。

《殿中侍御史李君墓志铭》：“愈追占其梦曰”节

叙占梦事，与前叙推算事首尾两相映发，余俱不甚着意。

《秘书少监赠绛州刺史独孤府君墓志铭》：“戴美世令，而年再不赢。”

上戴前人之美，世有令德，父子俱不永年。

《虞部员外郎张府君墓志铭》：“而独以其死累余，可伤也已。”

淡宕遽收。

《检校尚书左仆射右龙武军统军刘公墓志铭》：“殊不敢以不见舍望公。”

舍，谓开城次舍之也。望，怨望也。

《监察御史卫府君墓志铭》

集中有《与卫中行书》，交谊绝厚。而铭其兄墓，专叙其合药一事，极愚可悯。若中行存世俗之见，只肯称美而不称恶，公或俛从之，而夹叙其善事一二，则文不能如此之奇警矣。自欧、王已不能行此直道于人，后世更无论已。“趾美进士，续闻成宗”：趾美，犹踵美，续令闻成大宗也。“君虽益厌，然不能无万一冀”：二句袭《封禅书》。

《河南令张君墓志铭》

“无敢阑入”：阑，犹防也。张君有防范，诸曹不敢参入一语也。凡称阑入，皆越入定防之内。《汉书》“户殿门失阑”，亦失防守之义。“棘棘不阿”：促促棘棘，他书不经见，所谓已出。“君独疏言，治迫岭下”：他手摘录疏言，必数句乃了。此仅一句，故遒。“尚书有经数”：经，常也，经费字出《平准书》。“留噤不敢从”：留，留牒不下民间也。噤，不应观察之求，亦未声言与之争也。“其兄将作少监，昔请铭于右庶子韩愈”：观集中《祭张十一文》，张与公往还情事最密，而此仅一句，故知文各有裁。

《凤翔陇州节度使李公墓志铭》

“守卒出”：天子蒙尘，故守卒弛而放出罪人也。“随走所幸”：走德宗所至之地。“不宜规小利，起事盗恩”：起事，起边衅也。盗恩，每有小获，报捷朝廷，辄予以恩，是盗窃也。“贩者负入褒斜，船循渭而下”：褒斜不通舟车，肩负以入西上也。船循渭，东下也。“首尾相继不绝”：此句兼承上二句。

《中散大夫少府监胡良公墓神道碑》

“使人自京师南走八千里，至闽南两越之界上，请为公铭，刻之墓碑于潮州，刺史韩愈曰”：三十四字为句，岸然自喜。“遭谗府介”：介，绍，皆佐人者也。魏公开府郑滑，以胡为佐，故曰“府介”。“不配其有”：言官不称其能。

《故相权公墓碑》

矜慎简炼，一字不苟，金石文字之正轨也。“公在相位三年”节：叙事先其尤大者，简当。“其所设张举措”节：叙权公相业，专述用人一节。大抵嘉善而矜不能，和而不失其正，二句该之，而文特矜炼。只此是叙名臣之法。若一一叙列事迹，则累牍不能尽矣。“以幾教化”：冀以教化迁人于善。“多所助与，维匡调娱”：不能者助之，能者与之。维持匡救，正也。调停娱乐，和也。“不为声章”：不为严刻之条教。“其在山南河南，勤于选付”：选付，选择事之要务即与分付，不繁琐，无留滞也。“凤鸟不至”：奇句。“半途以税”：税，止也。用税驾字。“出入屏毗”：出为藩屏，入为天子所毗也。

《平淮西碑》

“大慝适去”：谓安史也。“又况一二臣同”节：叙诸将皆述皇帝诏言，故文气振拔异常，通首得势在此。

《南海神庙碑》

笔力足以追相如作赋之才，而铺叙少伤平直，故王氏谓骨力差减也。然古来文士，并以赋物为难。盖藻绘三才，刻画万态，而不可剽袭一字，故其难也。后人虽缀前人字句为文，又不究事物之情状，浅矣。

《处州孔子庙碑》

太史公《孔子世家》赞数十语，文外有无限远神遥韵。此文前半赞叹孔子，无复不尽之味，不无遗恨也。“自天子至郡邑守长，通得祀而遍天下者，唯社稷与孔子为然”：切定祀事，不泛作孔子颂，是文家定法。

《罗池庙碑》

此文情韵不匮，声调铿锵，乃文章第一妙境。情以生文，文亦足以生情。文以引声，声亦足以引文。循环互发，油然不能自已，庶可渐入佳境。“光显矣，已而摈不用”：不叙一事，文各有裁。“荔子丹兮蕉黄”：九歌嗣响。

《黄陵庙碑》

此等题以高简为要，百数十言足矣。若与剖晰〔析〕考证，必且阙疏不当。“故《九歌》辞谓娥皇为君，谓女英帝子”：此等故无确据，如此说，亦自可从。“其下言方乃死者，所以释陟为死也”：既以陟代死字，则下文死字为复，而方乃二字不可解说矣。“如言舜南巡而死，宜言下方，不得言陟方也”：帝王之死，皆可称陟，则生时所至之处皆称陟，如后世之称幸者，亦无不可。必谓南去不得言陟，亦未然也。且自大别至零陵，皆溯江水湘水而上，溯逆流二千余里，亦不得称下方。“二妃之力，宜常为神，食民之祭”：谓二妃有功于舜，遂宜为神受祭。其说亦疏。且何以立专祠祀于湖北，亦宜有说。

《江南西道观察使中大夫洪州刺史兼御史中丞上柱国赐紫金鱼袋赠左散骑常侍太原王公神道碑铭》："军息之不已，掌吏坏产，犹不释囚之。"

贷钱于军，而取其息。息日增加，取之无有已时。既破产，则囚追。

《司徒兼侍中中书令赠太尉许国公神道碑》

桐城姚郎中云："观宏本传及《李光颜传》，载宏以女子间挠光颜事，与志正相反，退之谀墓，亦已甚矣。而文则雄伟，首尾无一字懈，精神奕然。""指付必堪其事"：指，意指也。付，委以事也。"又首变两河事"：河东、河内。"若兵北过河，我即东兵以取曹"：由郓至河东，故北过河。汴在郓西，故东兵。"归财与粮以济诸军"：归，输也。"师道之诛"：若他手为之，则曰"诛李师道"也，与上文对举矣。退之则随手变换，无所不可。"承五乱之后，掠赏之余"：掠，乱兵掠去也。赏，乱时重赏购募也。"赞元经体"：经野体国也。"汴之南则蔡，北则郓"节：叙次既毕，复摘其尤大者著议，以最其功。笔端大廉悍，亦其位置裁布有以显之也。"察其嚬呻，与其睨眴"：其所苦也，其所伺也。"三年而墟"：谓三年之内，蔡郓并为墟也。"天施不留，其讨不逋"：天之所施不憖留，谓魏博也。天之所讨不稽逋，谓蔡郓也。

《柳子厚墓志铭》："今夫平居里巷相慕悦"节

此段为俗子剽袭烂矣，然光气终自不灭。

《昭武校尉守左金吾卫将军李公墓志铭》

"以先朝时，当信妄人柳泌能烧水银为不死药"：妄人，韩公于事后贬之之名也。当荐时固不以为妄矣。“大支于今，其尚有封”：言太宗之支，久不当有封矣。赖成王特起，故尚有封也。“谁黜不复”：谁，犹云谁谓也。

《朝散大夫越州刺史薛公墓志铭》：“皆家归之。”

归之，如自归其家也。

《楚国夫人墓志铭》

“又太尉刘公甥内外尊显”：夫人于韩氏为内家，于翟氏为外家。韩宏称母之族刘氏又外家也。“司徒公曰”节：两层意相配，而词不对。王荆国于此等则皆置对停匀矣。“高陵相汉，义以家酬”：翟方进封高陵侯，其子翟义倾家以酬国恩。“孰盛与夷”：等，夷也[①]。

《国子司业窦公墓志铭》

“比四代仍袭爵名”：谓同昌以上四代，皆封西河公。“佐六府五公”节：五府六公[②]，而仅叙崔纵、郑馀庆，余皆不叙，文所以简贵正在此。而叙事简直有法，故文气遒而不冗。“公始佐崔大夫纵留守东都”：两层意对立而词亦渐相耦，已开王荆公志文法。“铭”：酷炼，然伤雕琢，足以开茁轨之习矣。“圣愕旋河犊引比”：谓孔子闻窦鸣犊死，临河而返。“相婴拨汉纳孔轨”：谓窦婴拨汉乱，纳之于正大之轨也。

---

①据上文，应作“夷，等也”。
②据上文，应为“六府五公”。

《正议大夫尚书左丞孔公墓志铭》

通首得势在前半，叙去官事。前半得势又在首句。笔愈提，则气愈振。“臣与孔戣同在南省”节：疏文绝似《汉书》诸杂奏记。“如戣辈在朝，不过三数人”：他手为之，必有“足以致治”四字。“自海抵京师”节：叙事绝狡狯。“绝海之商，有死于吾地者”：海外诸国商人中有海隔绝也。“尽没有之”：没入官而据为己有也。“厚守宰俸而严其法”：不许守宰没海商之货，故严立法令也。“观吏厚薄缓急，或叛或从”：待之厚而缓其禁，则从；待之薄而操之急，则叛。“以破诸黄为类，向意助之”：谓与淮西河南北等类也。“岭南嚣然”：叙诸黄事住此，不申言孔公料事之明，最为简裁。铭：谓吾不得见孔子而见其孙云云，其或尚与孔子类也。铭词绝奇。

《江南西道观察使赠左散骑常侍太原王公墓志铭》

以江南西道观察使，特叙一段于中以为主峰，余则叙官阶于前，叙政绩于后，章法变化。为王公作神道碑，又作墓志铭，二文无一字同。观此知叙事之文，狡狯变化，无所不可。神道碑于叙官阶逐段叙其政绩，此篇首先将官阶叙毕，然后申叙居某官为某事。“征命拜中书舍人”：拜中书舍人，与除江西南道观察使事迹，即叙于官阶之下，与神道碑同一位置，有变有不变也。“丞相闻问语语验”：闻其言而问之也。“以其诳匄渔利，夺编人之产”：诳，欺也。匄，求也。以二者渔利。编人，谓户口编列版籍。《相如传》云：“非编列之民。”“钱余于库，米余于廪”：二句同神道碑。“公之为拾遗”：篇首已叙官阶，此下再申叙事迹。此等蹊径于文体为已卑，王介甫多学之。“旬岁皆称其便”：旬，遍也。周，一岁也。旬月，周一月。旬日，周天干之十日也。“铭”：用韵法创见。“我最其迹”：考“成有殿最”，“最”字本此。《韩宏碑》“最功定次”亦如之。

《殿中少监马君墓志》

情韵不匮。凡志墓之文，惧千百年后谷迁陵改，见者不知谁氏之墓，故刻石以文告之也。语气须是对不知谁何之人说话，此文少乖，似哀诔文序。

《南阳樊绍述墓志铭》

道路所遇及器物门里杂铭二百二十句：谓山水泉石诸古迹皆可为铭。“然而必出于已”节：退之言属文，皆亲切有味。“于辞于声天得也”：若叙知声如叙其于辞，则冗长不警拔矣。前半叙其文辞，铭辞亦专赞其辞，而此言其于声云云。警绝。“后皆指前公相袭”：公心之所安，而昭彰无疑者。《诗》“公然来思”、《左传》“贿赂公行”，意皆如此。

《中大夫陕府左司马李公墓志铭》

“王孙道明唐初以属封淮阳王”：天潢族属。“景融亲益疏不王”：于亲属益疏远也。“鲁公真卿”：不称姓，古法。“尹惭其廷中人曰”：言对廷中人有惭色。“拾掇三年，无所得”：言摭拾其罪过不得。“是与其敌，故得用”：言与宰相为亲故。“词愈下而微，既极复飞”：言王封后累世式微也，言穷极无家。

《故幽州刺史判官赠给事中清河张君墓志铭》

“奏君名迹中御史选”：谓声名行迹也。“发半道”：谓张君行至中途。“轹蹙我事，无庸杀”：戒张御史戒其徒。“君出门骂众曰”：著语极精神。“其友侯云长佐郓使”：郓于范阳相去不千里。“世慕顾以行”：东有所慕，西有所顾，犹瞻徇也。噎喑，犹嗫嚅不敢出声也。

《河南府法曹参军卢府君夫人苗氏墓志铭》

“其族世所谓甲乙者”：崔、卢，唐世所称巨族。甲、乙犹云第一、第二也。“有携有婴”：携，牵以行也。婴，在抱也。

《故贝州司法参军李君墓志铭》

李翱善为文，故公此首尤矜慎。稍变其豪横之气，而出以瘦劲。“圹于丁巳”：掘坎也。“坟于九月丁酉”：四周圆卑，中隆起也。“窆于丁卯”：下棺也。“翱其孙也，有道而甚文，固于是乎在”：收处绝疏古，化去笔墨痕迹。

《处士卢君墓志铭》：“贵兮富兮，如其材得何数兮。”

材应得之，贵富不足数也。

《虢州司户韩府君墓志铭》

凡墓志之文以告后世，不知谁何之人。其先人有可称则称之，其身无可称则不著一语可也。此文合法。

《女拏圹铭》

“愈之为少秋官”：替代语，破文体。“言佛夷鬼”：自然沈痛。

《乳母墓志铭》

铭者，自名也。自述先祖之德善行义，刻之金石，长垂令名，故字从金从名，不必有韵之文而后为铭也。观《孔悝铭》可见亦有先叙事迹，后更为铭诗者。欲使后世歌颂功德，故诗之也。别有铭相警戒者，如《金人铭》、《十七铭》之类，为数语便于记诵，亦昭著使垂不朽，既自警，亦警人也。又六朝人遇山水古迹，多为铭，亦刻石，使众著于耳目之义。总之，铭也者，垂后著名之通称，不分词之有韵无韵，亦不分文之为颂为箴也。

《瘗砚铭》

“复其质，非生死类”：归于土，故曰复质。“全斯用，毁不忍弃”：谓全时则用之。

《毛颖传》

东坡诗云：“退之仙人也，游戏于斯文。”凡韩文无不狡狯变化，具大神通。此尤作剧耳。

《送穷文》

“傲数与名”：名数皆学之粗迹。“文穷不专一，能怪怪奇奇，不可时施，只以自嬉”：四语足尽韩文之妙。“不可时施”：言不可施于时。“企足以待，置我仇冤”：言我企足以待彼，而彼置我于冤仇也。“子知我名，凡我所为，驱我令去，小黠大痴”：四句错杂成文，“驱我令去”句，当在“凡我所为”之下。“惟乖于时，乃与天通”：精语惊人。“携持琬琰，易一羊皮。饫于肥甘，慕彼糠糜”：琬琰、肥甘，谓百世不磨之名。羊皮、糠糜，谓遇时之浮荣也。

《鳄鱼文》

文气似《谕巴蜀檄》。彼以雄深，此则矫健。“出贡赋以供天地宗庙百神之祀之壤者哉”：长句耸拔。

《故金紫光禄大夫检校尚书左仆射同中书门下平章事兼汴州刺史充宣武军节度副大使知节度事管内支度营田汴宋亳颍等州观察处置等使上柱国陇西郡开国公赠太傅董公行状》

着意在谕回纥、谕李怀光，及入汴州三事，余皆不甚措意。惟有所略，故详者震耸异常。“尔之马岁至”节：微有描摹《左传》痕迹。

《论今年权停选举状》

此首与下《御史台上论天旱人饥状》、《请复国子监生徒状》，当时奏议文字如此，虽以韩公为人，气体仍自不古。

《复仇状》

柳子厚此议最为允当。

《钱重物轻状》

颇似贾生《博祸七福疏》。

《为韦相公让官表》

韩公为四六文，亦不厕一俗字，欧王效之，遂开宋代清真之风。

《论捕贼行赏表》“昔秦孝公用商鞅为相”节

引用太烂漫，苏长公文多似此。

《潮州刺史谢上表》

“苟非陛下哀而念之”节：求哀君父，不乞援奥灶，有节概人固应如此。“臣于当时之文，亦未有过人者”：如奏议文字及试礼部吏部之文。“东巡泰山”：此则阿世取悦。韩公于此等处，多信道不笃。

《论孔戣致仕状》

孔公墓志铭中节录此状数语，绝古茂。而此文亦平平耳。所谓于当世之文，亦未有以过人也。

《论淮西事宜状》

“难处使先”：凡有艰难之处，使先冒其锋也。“悉令却牒，归本道”：以客军各归本道，而以其兵器给召募人。“临城小县可收百姓于便地，作行县以主领之，使免散失”：从前各处堡栅皆置兵马，则百姓倚以无恐。今兵马聚为四道，则各处无声援，不免散失。故无兵马屯聚之处，则作行县以主领之。

《论变盐法事宜状》

“积数虽多，不可遽算”：每斤失利七八文，积至百千亿斤，则失利无算也。“及至院监请受”：车牛到官，请受而用之。“不用门户，皆被停留”：不用之车牛，皆暂停住。“轮纳之时，人事又别”：犹今俗称交卸。“凡是和雇，无不皆然”：载盐时须轮次，交纳时又有规条，不得自由。

昌黎外集

《芍药歌》

太烂漫，不似韩公诗。

《海水》

层折不穷。

《与少室李拾遗书》

敦谕隐士之文，以六朝骈文为雅，若散文，则三四行已足，如两汉中诸小简可也。

《答刘秀才论史书》“且传闻不同”节

退之实见史不易为，为之者皆不免草草，率尔言及此，则虽迁、固，亦不免自心惭愧也。假令迁、固同传一人，同叙一事，其传闻爱憎，仍各不同也。欲不谓之草草得乎？退之不为史，正识力大过人处。

《鄂人对》

“然或陷于危难，能固其忠孝”：“然或”二字接法不古。“矧非是希免输者乎”：“矧”字不法。

《题李生壁》

低回唱叹，深远不尽，无韵之诗也。“昔时无度量之心”：度量，谓为之限制，如布帛之有幅也。无度量，谓不为限制，烂漫而无所不可也。

《祭董相公文》："雨水于云，渎水于坤。蕃昌生物，有假有因。天眷唐邦，锡之元臣。"

雨、渎比元臣，云、坤比唐邦。

《顺宗实录》

为张荐、令狐峘立传，俱不宜阑入《实录》中。若张万福、陆贽、阳城，为一时伟人；王叔文、王伾、韦执谊，为一时奸回，自宜详叙颠末。然张、陆、阳皆德宗朝人，尚不宜阑入《顺宗实录》，独二奸为与顺宗相终始耳。

柳河东集

《零陵三亭记》

昌黎志东野则仿东野，志樊宗师则仿宗师，其作《罗池碑》似亦仿此等文为之。然如"禅谌宓子"等句，实未脱唐时骈文畦径，昌黎不屑为也。

《对夕月》

柳子厚《对夕月》开洪容斋、王伯厚及近世顾亭林、钱辛楣、王怀祖之先，故知古人读书非卤莽者。

白氏长庆集

《醉后走笔酬刘五主簿长句之赠兼简张太贯二十四先辈昆季》

自首至“月夜”句，叙昔年与刘及张、贾兄弟同居符离。自“我年渐长”至“骇人”句，叙公与张、贾先后登科，而刘未得科第。自“元和运启”至“才微”句，公自叙遭际明时，得官禁近。自“晚松寒竹”句至末，叙重与刘君相聚，刘有赠诗而公酬之。

《霓裳羽衣舞歌和微之》

自首至“长引声”句，叙元和时，曾于内宴时见霓裳舞。自“当时”至“各星散”句，叙在杭州时，曾教妓学霓裳舞。自“今年五月”至“图写出”句，叙在苏州以书问元，元以霓裳谱答之。自“我爱”至末，言将取苏妓教之。

《池上作》

西池、南潭，皆池中胜处也。

李义山集

《重过圣女祠》

圣女祠，集中凡三见。程氏以为皆刺当时女道士者。萼绿华降羊权家，杜兰香数诣张硕，皆以仙女而与男子交际，所以深讥之也。

《题僧壁》

集中有《赠田叟》诗，第六句云：“交亲得路昧平生。”程氏谓此篇亦是彼诗之意。穷途以求故人，倾身纳交而弃我如遗，犹之舍生求佛，而卒无所得。“琥珀初成忆旧松”：按旧松，似指令狐楚。谓己少时，赖以奖借成名。

《潭州》

大中元年，郑亚廉察桂州，义山为从事，是年李德裕贬潮州。程氏以为义山经过潭州时，闻德裕之贬而作是诗。

《赠司户刘蕡》

程氏以为义山为桂州判官时，当自桂林奉使江南，又使南郡，蕡贬柳州司户当在此时，或道途舟次相遇，而赠此诗。

《饮席戏赠同舍》

同舍，盖妓席惜别者。

《令狐八拾遗绹见招送裴十四归华州》

“二十中郎”，用谢万事。郗方回为王羲之妻舅。谢道韫为王凝之妻。裴十四当是携家同行，但不知与令狐氏是何等姻亲耳。

《寄令狐学士绹》

唐书史绹夜对禁中，烛尽，帝以金莲华炬送还。“夜吟”句，美其恩遇之隆也。

《少年》

此刺当时勋戚子弟。

《药转》

程注云：“此篇淫媟之辞。”朱竹垞以为药转字出道书，如厕之义也。

《隋宫》

唐人讳渊，紫泉即紫渊。谓长安也。芜城，扬州也。刺隋锁长安之宫殿，而欲家于扬州。

《杜工部蜀中离席》

朱鹤龄以为拟杜工部之诗，雪岭松州等俱切老杜肃、代朝事。程梦星以为柳仲郢镇东蜀，辟义山为判官检校工部郎中，诗作于是事。题当为辟工部。国藩按：工部郎中，京朝之官，非幕府之官也。检校工部则可，辟工部则不可。朱说近之。

《梓州罢吟寄同舍》："五年从事霍嫖姚。"

霍嫖姚，喻柳仲郢。

《无题二首》

二诗言世莫己知，己亦誓不复求知于世。托辞于贞女，以自明其波澜不起之志。

《昨日》

此冶游惜别之诗。

《子初郊墅》

集中又有"子初全溪作"。朱氏程氏未著子初何人。

《井络》

第七句，是作意预警奸雄辈，无恃蜀中之险而图割据也。

《宋玉》

此诗吊宋玉所以自伤也。当系自桂林奉使江陵时作。

《奉和太原公送前杨秀才戴兼招杨正字戎》

杨敬之，兼太常少卿。二子戎、戴同日登科。朱注：“太原公，王茂元也。”第三句，送戴。四句，招戎。

《临发崇让宅》

《西溪丛语》：“洛阳崇让坊有河阳节度使王茂元宅。”临发者，将由洛阳王宅赴京也。

《野菊》

朱氏云：“此诗又见孙逖集，题作《咏楼前海石榴》。”程氏云：“此诗与九日诗词旨皆同。《野菊》命题，即君子在野之叹。”国藩按：程氏说是也。义山以官不挂朝籍为恨，故以未尝移栽御筵，不能不致怨于令狐氏耳。

《过仆射旧宅》

伊慎，兖州人，大历间以军功封南兖郡王，历官检校尚书右仆射，兼右卫大将军。末二句，朱氏以为义山时自桂林奉使江陵，故有此语。程氏以为伊慎立功初在岭南，后在湖襄。愚意当从朱说。

《闻歌》

程氏以此诗为宫妓流落在人间者而作。考唐德宗尝命陆贽草诏，使浑瑊访求奉天所失裹头内人，其事可证。观“细腰”句，似在江陵时所作。

《赠华阳宋真人兼寄清都刘先生》

此诗朱氏以宋真人为女道士。程氏谓义山以刘比周史，而自比于徐甲，推复至矣。义山文集有云“志在玄门”，宋真人必道侣也。

《重有感》

文宗太和九年十一月二十一日甘露之变，宦官既杀宰相王涯、贾悚、舒元舆等。时郑注为凤翔节度使，为监军所杀，王茂元在泾原，萧弘在鄜坊，勒兵以备非常。昭义节度使刘从谏三上疏问王涯等罪名。义山欲茂元入清君侧之奸，故有此诗。

《春雨》

此借春雨怀人，而寓君门万里之感。朱云：“玉珰缄札，犹今所云侑缄。”

《楚宫》

宋申锡为宦官所诬，贬开州司马，卒于贬所。开州属山南道，本楚地。程氏以为此诗吊宋申锡而作。

《宿晋昌亭闻惊禽》

《长安图经》：“自京城启夏门北入东街第二坊曰晋昌坊。”国藩按：末四句，言失群之胡马、挂木之楚猿，与此惊禽之心相同，即与义山之羁绪亦同也。

《安定城楼》

泾州保定郡本安定郡。此义山在王茂元泾原幕中时作。

《利州江潭作》

武后自册为金轮皇帝。父士彟为利州都督，生后。此诗在利州咏武后也。三、四句，即潭中之景寓怀古之意。五、六、七句，均以龙比武后。

《泪》

前六句，泪凡六种，固已可伤。末二句，以青袍寒士而送玉珂贵客，其泪尤可悲也。

《流莺》

末句亦自恨官不挂朝籍之意。

《七月二十九日崇让宅燕作》

程云："集中有《七月二十八日夜与王郑二秀才听雨梦后作》七古一首。叙见知于王茂元而归结悼亡之意。"此诗仅后一日，所言亦复凄婉。疑七月二十八九为义山悼亡之日。

《赠从兄阆之》

鱼标鹿迹，言处处有机事机心也。

《九成宫》

送荔支者，而被天书恩幸。亦"一骑红尘妃子笑"之意。

《咏史》

此篇朱氏以为因文宗而发。今按三四句，咏文宗之俭，如史所称“衣必三浣”是也。五句，以马喻贤才，伤时无良臣也。六句，以蛇喻宦官盘结而不能去也。末句，言己为文宗开成二年进士，曾与众仙同咏霓裳也。

《无题》

此篇程注以为出秘书省调宏农尉时所作。三、四句，出为外吏而不忘禁省也。五、六句，言省垣朋游之乐。末句兰台，朱氏以为义山为王茂元所辟得侍御史事。

《赴职梓潼留别畏之员外同年》

畏之名瞻，韩偓之父，开成二年与义山同年进士。观前四句，似韩与义山同时娶妻，同年登第，而义山旋即悼亡。朱云：“义山与畏之为僚婿。”意或然与。时韩留京师。

《曲池》

此似冶游惜别之诗。

《留赠畏之》

程云：“此必将赴梓潼，往谒畏之，值其朝回而不一见，故有慨乎言之耳。”朱云：“左川即东川。”国藩按：此必自东川奉使入京一次。故自称曰“归客”。与前《留别畏之》诗非一时也。

《玉山》

程注：“此诗亦望恩干进之意。”国藩按：此人盖居势要而有才望者，三、四句，皆就山取譬，山能回日驭，谓其能回天眷也。

山有上天梯，谓其接引甚易也。神仙，言其居要地。才子，言其负时望也。

《牡丹》

程云："此艳诗也。"以其人为国色，故以牡丹喻之。首句原注："典略云：夫子见南子，在锦帷之中。"

《一片》

程氏以此为幽期密约之诗。国藩按：此当致书友人，求为京朝一官，如陈咸致书于陈汤，得入帝城死不恨也。前四句，言帝城风景可望而不可即。后四句，言春去秋来，日月易逝，时事变迁，无使我更失望也。

《促漏》

此诗高棅以为拟深宫怨女而作。程氏以为托于闺情，亦怨令狐绹之不见答耳。

《可叹》

此诗程氏以为叹彼姝所遭非耦。起句结句盖曾与义山目成而不及乱也。愚谓此亦刺戚里之为女道士者。

《富平少侯》

此亦讥勋戚子弟。

《赠赵协律皙》

吏部相公，令狐楚也。时为当路所轧，置之散地，故曰宾馆徒在。安平公，崔戎也。以太和八年六月卒，故曰“妓楼已空”。第四句原注：“愚与赵俱出今吏部相公门下，又同为故尚书安平公所知，复皆是安平公表侄。”

《曲江》

太和九年正月，郑注言秦中有灾，宜兴土工厌之，乃兴曲江之役。是年十一月，因甘露之变，遂罢曲江亭馆。此诗所以慨也。天荒地变，王室之公忧也。伤春，义山之私戚也。当别有感耳。

《回中牡丹为雨所败》

回中，在安定高平，其中有宫。程云：“此二首乃叹长安故妓流落回中者，牡丹特借喻耳。”

杜樊川集

《长安杂题长句》第二首

“韩嫣”四句，言勋戚豪家之盛。末二句，言不游权贵之门也。

第三首

此首言方春景物之丽，士女冶游之盛，而已甘陋巷寂寞也。

第四首

“期严”四句，自言疏慵，不宜于从公，有稽〔嵇〕康七不堪之意。

《李给事中敏》

太和六年大旱，中敏以司门员外郎上言，请斩郑注以快忠臣之魂。帝不省。中敏以病告归。注诛，中敏被召，累迁给事中。又论仇士良不应荫子，为士良所怒，由是复弃官去。

《和白相公圣德和平致兹休运岁终功就合咏盛明呈上三相公长句四韵》

宣宗大中二年收复河湟，白敏中进诗，同时马植、魏扶、崔铉皆进诗。三相公，谓马、魏、崔也。“圣德和平”四句，盖白公题中语。

《送国棋王逢》：“浮生七十更万日。”

牧之是时年四十二三，若得至七十，犹有万日。

《西江怀古》

注家谓楚人指蜀江为西江，谓从西而下也。国藩按：诗中魏帝符〔苻〕坚等语，殊不似指蜀中者。六朝隋唐皆以金陵为江东，历阳为江西，厥后豫章郡夺江西之名，而历阳等处不甚称江西矣。此西江或指历阳乌江言之。

《池州李使君没后十一日处州新命始到后见归妓感而成诗》

“巨卿”句，用《后汉书·范式传》。“阿鹜”句，用《魏志·朱建平传》。“生子”句，用《任延传》。

《八月十二日得替后移居霅溪馆因题长句四韵》

据冯注，牧之于大中四年至湖州，五年八月得替，恰及一年，故曰“一年人住岂无情”。

《早雁》

雁为虏弦所惊而来，落想奇警，辞亦足以达人。

《湖南正初招李郢秀才》

李郢，字楚望，大中进士，长安人，唐末避乱岭表。冯注云："李郢有《和湖州杜员外冬至日白蘋洲见忆》诗，与牧之此诗用韵并同，此湖南当是湖州之误。"

《怀钟陵旧游》第一首

汉之豫章郡，隋改为县，唐改钟陵县，后改南昌县。征南，指沈传师也。传师太和元年卒，子枢、询皆登进士第，询历清显，至礼部侍郎，故以机、云比之。

第四首

冯注：《通典》："南昌有龙沙。"《水经注》："龙沙，沙甚洁白，高峻而陁，有龙形。"国藩按：此诗之意，谓沙之白细，就中可拣出蜀罗也。以比就红粉队中拣选绝色，盖携妓夜游之诗。

《咏歌圣德远怀天宝因题关亭长句四韵》："圣敬文思业太平。"

宣宗徽号曰圣敬文思和武光孝皇帝。

《寄浙东韩乂八评事》："一笑五云溪上舟。"

会稽若邪溪，徐浩改为五云溪。

《书怀寄中朝往还》

往还，犹云旧游。"为吏尘中势自回"：回，犹云变易也。

嘉祐集

《诗论》："以为可以博生也。"

博，换也，贸易也。古琴曲有《不博金》，犹谚称"金不换"也。宋世有博马司，谓以茶易蕃马也。

元丰类稿

《序越州鉴湖图》："谓湖不必浚者，曰益堤壅水而已。"

湖不必浚，前八说所无。益堤壅水，刁约、张伯玉之言也。

《宜黄县学记》："则其材之不成，无疑固然。"

"无疑固然"四字，似当作固然无疑。

《越州赵公救灾记》

末段文气平衍。

《广德军重修鼓角楼记》

气体颇近退之，但少奇崛之趣。

东坡文集

《石钟山记》

自咸丰四年十二月，楚军水师在湖口为贼所败，自是战争八年，至十一年乃少定。石钟山之片石寸草，诸将士皆能辨识。上钟岩与下钟岩，其下皆有洞，可容数百人，深不可穷，形如覆钟。彭侍郎玉麟于钟山之顶建立昭忠祠。乃知钟山以形言之，非以声言之。郦氏、苏氏所言，皆非事实也。

《代张方平谏用兵书》

东坡之文，其长处在征引史事，切实精当；又善设譬谕，凡难显之情，他人所不能达者，坡公辄以譬谕明之。如《百步洪》诗，首数句设譬八端。此外，诗文亦几无篇不设譬者。此文以屠杀膳羞喻轻视民命，以棰楚奴婢喻上忤天心，皆巧于构想，他人所百思不到者。既读之，而适为人人意中所有。古今奏议，推贾长沙、陆宣公、苏文忠三人为超前绝后。余谓长沙明于利害，宣公明于义理，文忠明于人情。陈言之道，纵不能兼明此三者，亦须有一二端明达深透，庶无格格不吐之态。“至于兴事首议之人，冥谪尤重。盖以平民无故缘兵而死，怨气充积，必有任其咎者”数句，非儒者之言，亦失陈奏之体。“此岂为善之报也哉”：武氏之祸，谓由太宗穷兵所致，亦非事实。“譬犹屠杀牛羊，刳脔鱼鳖，以为膳羞；食者甚美，死者甚苦”：姚姬传氏谓东坡此书是子虚乌有之事，方平并未入奏，盖在黄州时闻永乐徐禧之败，神宗悔痛，故追作是文以发挥己意。其以屠杀膳羞为喻，亦是黄州戒杀时议论也。国藩谓东坡好佛，以好杀喻黩兵，理自可通，惟首段言“冥谪尤重”，则失体耳。

《园邱合祭六议札子》

按：秦氏蕙田录此疏于《五礼通考》中，极辨其谬。盖主天地必宜分祭之说，虽依经据古，确不可易，而苏氏酌时势以立言，亦自不可废也。

《上皇帝书》

奏疏总以明显为要，时文家有典显浅三字诀。奏疏能备此三字，则尽善矣。典字最难，必熟于前史之事迹并熟于本朝之掌故，乃可言典。至显浅二字，则多本于天授。虽有博学多闻之士，而下笔不能显豁者多矣。浅字与雅字相背，白香山诗务令老妪皆解，而细求之，皆雅饬而不失之率。吾尝谓奏疏能如白诗之浅，则远近易于传播，而君上亦易感动。此文虽不甚浅，而典显二字，则千古所罕见也。“臣近者不度愚贱，辄上封章言买镫事”：篇首三百余字，失之冗漫。汉唐制科对策往往如此。今京曹奏疏，首段亦多浮词。若督抚奏疏，宜就事论事，闲语不可太多。“驱鹰犬而赴林薮，语人曰：我非猎也。不如放鹰犬而兽自驯。操网罟而入江湖，语人曰：我非渔也。不如捐网罟而人自信”：善言事者，每于最难明之处设譬喻以明之。东坡诗文皆以此擅长。“宰相，人臣也，且不欲以此自污，而陛下独安受其名而不辞，非臣愚之所识也”：四句有倾轧王介甫之意。“今者徒闻江浙之间数郡雇役”：王荆公新法惟雇役为善政，当日诸君子亦争之不已，厥后司马温公改雇役仍为差役，东坡又力争之。雇役，犹今军中雇募民夫给与饭钱也。差役，犹今掳人当夫，不给钱文也。“又欲官卖所在坊场，以充衙前雇直”：衙前，犹差总之名也。凡县有大役，如运送官物钱粮之类，则责成衙前为夫役之总。故宋时派充衙前者，乡之富民，立即贫穷。韩魏公、司马温公皆有疏论之。王荆公以坊场为衙前雇价，较之前此全不给钱者，已稍优矣。“且东南买绢本用见钱”节：买绢之初，本发见钱，后亦失信。拣刺义勇之初，本言永不戍边，后亦失信。以喻王介甫放青苗钱之初，本言不许抑配，不久亦必失信也。东坡言事，或引古事以譬之，或引近事以譬之，取其易晓。“计其间愿请之户，必皆孤贫不济之人家，若自有赢余，何至与官交易”：今之领常平仓谷者，亦皆孤贫不济之人；况宋领青苗钱须还利钱乎？“顷在陕西，见刺义勇提举诸县，臣尝亲行，愁怨之民哭声振〔震〕野。当时奉使还者，皆言民尽乐为”：又以刺义勇时民怨而帝不闻，喻青苗一事亦民怨而帝不闻。“纵使其间薄有所获，而征商之额，所损必多”：均输，犹官运之盐也。商税，犹各卞〔卡〕之抽厘也。官运多则厘税少，自然之理。“使天下常调”：循资按格者，谓之常调官。“许以风闻而无官长”，无官长，犹云无上司也。今都察院之总宪、副宪虽称台长，亦非堂官之体。“臣恐自兹以往，习惯成风，尽为执政私人，以致人主孤立。纪纲一废，何事不生”：“执政私人”等句，亦有倾轧之意。“臣之所谓愿存纪纲者，此之谓也”：“存纪纲”一节，事实太少，议论亦浅，与前二条殊不相称，不足平列为三。

东坡诗集

《和子由踏青》

前八句，叙踏青。后八句，就道人卖符生波。

《石鼓歌》

“下揖冰斯同鷇鷇”以上，推寻字体。“岂有名字记谁某”以上，叙石鼓为周宣王时作。以下至末，论鼓不为秦所掊击。

《司竹监烧苇园因召都巡检柴贻勖左藏以其徒会猎园下》

“欲出已被苍鹰遮”以上，言狐兔岁藏苇中，叙猎之地。“野人”以下正赋猎事。末言猎罢置酒。

《朱寿昌郎中少不知母所在刺血写经求之五十年去岁得之蜀中以诗贺之》

末引六事作收，别是一种章法。

《续丽人行》

“心醉”二句拙。“孟光”二句腐。

《次韵答刘泾》

前嘲刘之苦，后叙己之乐。

《和子由送将官梁左藏仲通》

前八句，自叙闲适之趣。后八句，叙梁来徐兼忆子由。

《次韵孔毅父久旱已而甚雨三首》

第一首专咏久旱。第二首前半喜已得雨，后半将谋作塘。第三首咏甚雨而及杨道士。

《和蔡景繁海州石室》

“苍髯白甲低琼户”以上，叙石曼卿种桃。“我来”四句，叙公尝携家一游，有婢弹胡琴。“尔来”十句，因蔡寄诗复念及胡琴婢。

《张近几仲有龙尾子石砚以龙剑易之》

此等为后世恶诗所借口，最不宜学。

《寄蕲簟与蒲传正》

翻从寒冷时倒映出炎热得簟之妙，亦自昌黎“却愿天日长炎曦”句脱胎。

《送表弟程六知楚州》

三老，当谓东坡与程六德孺之祖为二老，又加石氏一老也。诸孙，即指程六及坡自谓耳。前十句，叙少时故乡聚处。后十句，叙暮年京师送别。

《送王伯敭守虢》

“争入崤函”句，谓行人争入函谷关而至长安，不肯久留虢州也。

《武昌西山》

前十二句，叙昔在黄州，往来西山。“浪翁”六句，叙邓曾作洼尊铭。“当时”六句，叙会宿玉堂。

《次韵米黻二王书跋尾二首》

前六句，叙曾在三馆见二王真迹。后八句，羡米得此本。

《书王定国所藏烟江叠嶂图》

前十二句，状画中胜境。“使君”四句，点明题目。“君不见”十二句，言樊口胜境亦不减于途中之景，但人自欠闲耳。

《喜刘景文至》

前十二句，喜刘至。后八句，念苏杭旧游，以刘自杭来也。

《在颍州与德麟同治西湖未成改扬州三月十六日湖成德麟有诗见怀次其韵》

首四句，辨杭颍之雌雄。“我在”六句，叙在杭修堤。“朅来”四句，叙在颍治湖。末六句，叙见官扬州。

《游博罗香积寺》

首六句，叙麦禾之美。“谁言”六句，因见麦禾溪水，而谋及臼磨。末八句，艳说饱食麦禾之味。“收面”句，麦也。“舂糠”句，禾也。“云子”句，禾也。“琼肌”句，麦也。“牢九”句，麦也。“真一”句，禾也。

《荔支叹》

后八句，因荔支而叹贡茶、贡花之弊。

《次韵正辅同游白水山》

首八句，言被尘俗所缠缚，欲为物外之游。“首参”十句，叙自到岭南，备历诸胜。“朱明”八句，言自罗浮游白水。“故人”至末十四句，有飘逸出世之想。“仙山一见五色羽”：此句谓有五色雀，曾一至儋耳庭中，公后有《五色雀》诗。

《欧阳晦夫遗接䍦琴枕戏作此诗谢之》

首六句，自叙至岭南后冠服。“见君”六句，叙送冠枕。末十句，有怀欧梅。

《常润道中有怀钱塘寄述古第二首》："去年柳絮飞时节，记得金笼放雪衣。"

按：映雪堂刻东坡帖，有"开笼若放雪衣女，长念金刚般若经"一事，亦与此诗相合。

《与参寥行园中得黄耳蕈》："萧然放箸东南去。"

东南去者，公此时将离徐州改官湖州矣。

山谷诗集

《送范德孺知庆州》

德孺，名纯粹，元丰八年八月除知庆州。山谷以次年春为此诗赠之。乃翁，谓范文正公。阿兄，谓忠宣公纯仁也。

《次韵李之纯少监惠砚》

汝州叶县有黄公山。山谷熙宁间尝为叶县尉，当迎候之纯也。猛兽赑屃，借以言石之状。仙伯，谓李之纯。蓬莱，谓见李于京师也。与清流者，山谷以哲宗初除馆职也。黄山，即黄公山。谓前此见石，不知其可为砚材。

《咏李伯时摹韩幹三马次苏子由韵简伯时兼寄李德素》

太史，当谓子由作起居郎左史之任。云雨垂，谓如在天上也。"马官"二句，言其驯伏如此，必非新自西极来者。任注诗意："若曰老于中朝之士，与来自钓筑者，其英杰之气固自不同，如仗下马与渥洼之骥也。""士或"句，言五羊皮已自轻其身矣，而今乃有并不须此价者。

《次韵子瞻和子由观韩幹马因论伯时画天马》

翰林，谓东坡也。坡诗云："少陵评书贵瘦硬，此论未公吾不凭。"言少陵评幹不画骨，李侯亦不以为凭也。

《谢黄从善司业寄惠山泉》："锡谷寒泉椭石俱。"

椭，音妥，圆而长曰椭。椭石，所以澄水也。

《次韵钱穆父赠松扇》

银钩，字也。玉唾，诗也。帻沟娄，高丽城名。毲襶，谓不晓事人，山谷以自道也。

《戏和文潜谢穆父赠松扇》

山谷有《猩毛笔》诗，盖亦穆父高丽所得。文潜体肥，故有肉山之讥。黄闲，弩名。

《次韵王炳之惠玉板纸》

"董狐南史一笔无"二句，山谷时为史官，自谦云尔。

《送郑彦能宣德知福昌县》

冠氏县，属大名府。郑由冠氏迁福昌，故称之曰郑冠氏，犹称王元之曰王黄州，称范德孺曰〈范〉庆州，称孙贲曰孙阳翟耳。

《双井茶送子瞻》

双井，在洪州分宁县，山谷所居也。

《和答子瞻》

山谷时病目，故首二句云云。东坡《谢山谷馈茶》诗云“明年我欲东南去”，故曰“贻我东南句”。

《子瞻以子夏邱明见戏聊复戏答》

“上清虚皇对久如”句，谓奏对久之。诗笺曰：“丞然，犹言久如也。”轩辕，谓神宗。时山谷修实录，故云。

《省中烹茶怀子瞻用前韵》

文德殿东上阁门之东，有井绝佳。陆羽，复州竟陵人，著《茶经》三篇，以庐山康王谷水帘为天下第一。“争名”句，谓众人争名于烈焰之中，东坡则以水沃其焚如之焰也。

《戏呈孔毅父》：“校书著作频诏除。”

山谷以元丰八年四月为校书郎，元祐二年正月为著作佐郎。

《以团茶洮州绿石研赠无咎文潜》

元祐元年十二月，试太学，录张耒试太学正，晁补之并为秘书省正字。所谓“道山延阁”，所谓“此地”，并指禁省馆阁言之也。思齐，指宣仁太后。紫皇及访落，并指哲宗也。

《次韵答曹子方杂言》

山谷在京寓居酺池寺。首五句，山谷自叙近状。时持戒律甚严，故有“斋盂”之句。冷卿，如称祠部为冷厅，广文为冷官之类，谓光禄卿也。或云：冷，姓也。国藩按：“冷卿”以姓为是。“往时”以下八句，山谷昔在冷宅，始知曹之名。“谁怜”四句，叙与曹相遇，时曹贫而冷亦不如昔矣。末七句，招曹偕隐。张侯，似是张仲谋。

《次韵子瞻武昌西山》

元次山因石颠有窊，因修之，以藏酒，命为洼樽而铭之。邓圣求在武昌，尝作《元次山洼樽铭》。东坡在玉堂与邓同夜直，话及此事，因作《武昌西山》诗，请邓同赋，山谷和之。首四句，叙次山作洼樽。“平生四海”以下十二句，叙东坡在黄州寻次山之遗迹。“邓公”四句，叙东坡摩挲邓公之铭。“谪去”至末八句，叙东坡还京与邓同直玉堂。

《谢送碾赐壑源拣芽》

熙宁末，神庙有旨下建州，制密云龙建州茶，以北苑壑源为上，沙溪为下。第一春，谓元丰元年。睿思，盖神宗便殿也。桥山，谓作神宗裕陵也。右丞，谓李清臣邦直。校书郎，山谷以元丰八年召为校书郎也。春风，谓茶。

《以小龙团及半挺赠无咎并诗用前韵为戏》

佳人，谓无咎。棋局，谓团茶下隐隐有此文，盖箆痕也。鸡苏、胡麻、俗人煮茶，多以此二物杂之。晋有羌人姚馥，但言渴于酒，群辈呼为渴羌。

《送谢公定作竟陵主簿》

谢公，谓师厚。公定盖其子也。竟陵与襄阳皆在汉水之滨。“四海”句，以习凿齿比公定才行之高。“拄笏”句，以王徽之比公定襟怀之雅。

《僧景宗相访寄法王航禅师》

首二句，山谷自叙近状。三、四句，指智航。“一丝”句，谓智航无挂无碍，脱离世网。“万古”句，慨世人为物所牵，如蚁之旋磨。末二句，谓智航能以法力致雨，熟其田园，不须令小僧景宗乞化也。

《次韵子瞻咏好头赤图》：“精神权奇汗沟赤。”

《铜马相法》曰：“汗沟欲深长。”

《观伯时画马》

元祐三年春，东坡知贡举，山谷与李伯时皆为其属，故试院中作数诗。仪鸾司掌奉供帐之事，翰林司掌供御酒茗汤果及内外筵设。太极老君与傅先生木钻，使穿一石槃厚五寸许，积四十七年而石穿，遂得神丹。

《记梦》

《洪驹父诗话》谓，山谷见一贵宗室携妓女游某寺，此篇记其事也。僧惠洪《冷斋夜话》谓，山谷昼卧醽池寺，梦与一道士游蓬莱，觉而作此诗。二说未知孰是？

《次韵子瞻送李豸》

豸字方叔，东坡知贡举，而豸不第，有诗送之，“巨浸”二句，言其所成者大。“风蝉”二句，劝其不求速化。

《次韵子瞻寄眉山王宣义》

王淮奇，字度源，蜀之青神人，东坡叔丈人也。东坡有《王丈求红带》诗。“林间醉著人伐木”：闻伐木喧噪之声，犹以为追呼也。

《听宋宗儒摘阮歌》

翰林尚书，当是宋景文公。耆域，天竺高僧也。尝以净水一杯，杨柳一枝，起滕永文之病。

《答黄冕仲索煎双井并简扬休》

王戎封安丰侯，善发谈端。此引以比扬休。“秋月澄江”，言诗之清绝如此。“夜堂”句，不知何指。

《再答冕仲》

“春溪蒲稗没凫翁”：《急就篇》颜注曰：“翁凫，颈毛也。”“他日过饭随家风”：《汉书·鲍宣传》：“俱过宣一饭去。”“走谒邻翁称子本”：称子本，谓称贷于邻家以治具。韩文：“子本相侔。”

《戏答陈元舆》

元祐二年八月，陈轩为主客郎中。轩，字元舆，陈汀州亦犹称郑冠氏、孙阳翟之类。任注云：“东门拜书，当是拜诰于东上阁门。”小人，山谷自谓也。“迎笑”句，谓少妇也。“夜窗”句，谓寒宵也。“秋衣”句，谓侍妾熏衣也。谓元舆虽甘枯淡，恐有少妇寒宵熏衣，意根复动耳。

《再答元舆》

牛铎，山谷自比。黄钟，以比元舆也。邂逅，谓不期而得之。补衮，谓名位也；谓名位仓卒可得，不如不忘其本也。

《演雅》

“稚蜂趋衙供蜜课”：唐《食货志》有课户，今犹以赋税为国课。此谓蜂以酿蜜为课也。“黄口只知食饭颗”：黄口，小雀也。

《戏答赵伯充劝莫学书及为席子泽解嘲》

“平生”二句，言不好饮。“我醉”二句，言不好色。崔，谓崔瑗。杜，谓杜度。长沙僧，怀素也，自言得草书三昧。任注：“席君盖京师医者，与山谷寓舍相邻，山谷书帖中所谓席三，即其人也。”杭州永明寺智觉禅师延寿著《宗镜录》一百卷。

《戏书秦少游壁》

微服过宋，谓少游过宋之南京，今之归德也。宋父，以喻所盼者之父。百牢，喻百两之礼。鹳鸽，喻此女也。秦氏，喻少游之夫人。兄，喻少游之子已长矣。“忆炊”句，喻少游昔年与妻同贫苦。“未肯”句，喻妻意不欲少游纳妾。“莫愁”句，劝少游妻无怨其夫。“但愿”句，言富贵后不妨广置姬妾也。任注云：“观此诗意，当是少游过南京时有所盼。主翁待少游厚，欲令从归，而其家难之也。”

《送少章从翰林苏公馀杭》：“即如常在郎罢前。”

顾况诗曰：“隔地绝天，直至黄泉，不得在郎罢前。”

《使余王丞送碧香酒用子瞻韵戏赠郑彦能》

王诜晋卿，尚蜀国公主，其家酒名碧香。彦能，名仅，汉赐丞相。上尊酒，言贫者无此骨相，不能邀给赐也。“应怜”二句，皆谓王怜山谷，怜其坐则无毡，出则被谤也。

《再答景叙》：“赐钱千万民犹饥，雪后排檐冻银竹。”

元祐二年十二月，以大雪寒，出钱百万，令开封府赐贫民。银竹，谓冰柱也。

《次韵李任道晚饮锁江亭》

任道，名仔，梓人，寓江津二十余年。锁江亭，在戎州之东，今叙州也。唐改豫章曰钟陵，山谷自思乡里也。

《送石长卿太学秋补》

“汉文”句，谓徽宗初立也。

《题荣君祖元大师此君轩》

“王师”四句，叙其善鼓琴。“神人”四句，叙其善推命。“程婴”句，状竹之劲。“伯夷”句，状竹之瘦。“霜钟”二句，因竹而及琴，回顾篇首。

《戏赠家安国》

安国字复礼，眉山人，初以武进，后入左选。二苏，谓东坡、黄门，亦眉山人，皆有赠安国之诗。

《和王观复洪驹父谒陈无已长句》

“九鼎”句，谓无已有前辈典型，足为士林之重。一角，以无已比麟，谓如学士中之瑞也。“砥柱”句，言无已独立于颓波之间。

《送密老住五峰》

密老，盖法昌之嗣。“螺蛳吞大象”：法昌《法身颂》中语也。“美酒无深巷”：古语也，谓酒之美者，虽在深僻之地，人必就沽。山谷之意，以为密老但解法昌宗旨，何患不为人所知哉？

《武昌松风阁》

山谷以崇宁元年壬午九月至鄂，东坡已于前一年辛巳死矣。故曰“东坡道人已沈泉”。文潜时谪黄州安置，尚未到黄，故曰“何时到眼前”。

《次韵文潜》

凌江，即凌云、凌波之类。韩诗：“遂凌大江极东陬。”任注云：“三豪，当是东坡先生及范淳夫、秦少游，于时皆死矣。”“有人”二句，谓安民修政，自有庙堂诸人身任兹责，吾辈政可隐幾学道，息诸妄念尔。末二句，言贤愚邪正，久而自明，犹水清而石自见。

《次韵元实病目》

首二句，言为道者惟恐心之不灰，为学者惟恐见之不博，各异趣也。

《花光仲仁出秦苏诗卷思两国士不可复见开卷绝叹因花光为我作梅数枝及画烟外远山追少游韵记卷末》

仲仁，盖衡州花光山长老。梦蝶真人，用《庄子》事。篱落逢花，用陶潜事，以比秦少游逢花便醉也。法融禅师入牛头山幽栖寺，有百鸟衔花之异。少游卒于滕州，其子处度稿殡于潭，故有长眠橘洲之句。霜前草，言喜尚未死也。

《太平寺慈氏阁》

元结在零陵寻得岩洞，名曰朝阳岩。结为舂陵刺史，死已久矣，故曰“不闻皂盖下”。愚溪，怀柳子厚也。

《题淡山岩》第二首

征君，谓周贞实，零陵人，居淡山石室，秦始皇三征不起，遂化为石。元次山有大回中小回中诗，言樊水之回洑也，此借用以言岩洞之回环。

《明远庵》

渊明好眠，空瓶亦好卧，故曰“同此趣”。瓮头，初熟酒也。梨花，酒杯样制如此。

《戏答欧阳诚发奉议谢予送茶歌》

欧阳昔年曾为东坡所赏，馈之以酒。兹又与山谷往还，馈之以茶。欧阳君必多髯，故用宋华元于思事。

《和范信中寓居崇宁遇雨》

庆、旻，盖崇宁两禅僧。徽宗崇宁三年，诏天下置崇宁寺观，为上祈年。

《还家呈伯氏》：“强趋手板汝阳城，更责愆期被诃诟。”

山谷初到汝州，时镇相富公以到官逾期下吏。

《流民歌》

熙宁二年，河北于旱后又遭水灾，流民南渡就食襄叶间。所云疏远之谋，老生常谈者，山谷是时必陈救荒之策也。

《答和甫庐泉水》：“此邦虽陋有佳士。”

当指德平言之。

《赠赵言》

“北门”六句，山谷时在北京，谓他人不顾而赵言独来相寻访也。

《次韵晁补之廖正一赠答诗》

《晁无咎集》云：“及第东归，将赴调，寄李成季。”又云：“复用前韵答明略，并呈鲁直。”“顷随计吏西入关”以下七句，俱言其不得志。“轻裘”句，言其登科也。

《再次韵呈廖明略》：“君既不能如钟世美，匦函上书动天子。”

元丰元年十一月，钟世美以内舍生上书，称旨得官。世美盖党附王安石者，山谷此言特戏之耳。

《走答明略适尧民来相约奉谒故篇末及之》

“省庭无人与争长”：唐宋进士曰省试。韩公诗：“下驴入省门。”此云“省庭”，皆指试进士言之。“比邻著作相劳苦”：指尧民也。

《答明略并寄无咎》

“已得樽前两友生”：谓尧民、明略。“更思一士济阳城”：谓无咎时在济州也。嗣宗，谓无咎之诸父，以无咎比阮咸也。

《次韵呈明略并寄无咎》

“一夫鄂鄂独无望”四句，言举世混浊不清，是非不明，故但当拄笏看云，不问荣枯耳。后忽幻出一梦，梦与二子对酒，奇甚。

《再答明略》第一首

“读书糊口”，言不能有为于时也。“南箕北斗”，言故人各在天一方也。“当时”四句，言良友远别，不复向时人索知音也。

《次韵孔著作早行》

“但问无恙”者，言过家不遑久处也。“何意”句，言更不能过访亲长也。韩文以孔戣之白而长身类孔子，山谷此诗以孔著作之好古发愤类孔子。史注云：“先言明经使者，又言北行河决，盖比之汉平当也。”平当以明经为博士，又以明经《禹贡》使行河。

《次韵无咎阎子常携琴入村》

山谷尝写《梁父吟》，跋云：“武侯此诗乃以曹公专国，杀杨修、孔融、荀彧耳。”此用《梁父吟》，亦跋中之意也，“村村”四句，咏入村也。晋石崇及卫瓘传，皆言饭化为螺谷。“成螺”句，借用以言谷已坚栗也。公子，谓晁氏之群从也。

《赠张仲谋》

首二句，山谷自言近状也。平日出门极少，今张君遣骑来迎，故往张氏，尽醉极欢。

《送薛乐道知郧乡》

首八句，叙昔年交好，重以婚姻，近年同居京师也。“城头”

四句，叙送薛出都。史注云："无玉佩以赠送，而徒折柳，与千里驹不相称也。"国藩疑"不"字有误，或作惭对千里驹耳。"念君"以下九句，论其到官后饮酒奉亲行孝。至末六句，嘱其过南阳问讯谢家也。南阳，汉之南都、宋之邓州。山谷继室，南阳谢师厚之女。诸谢，谓公静、公定辈。

《对酒歌答谢公静》

"南阳城边"十句，言雨雪严寒，小民贫饿可忧。而又以不居其位，忧亦无益，故作宽解之词。青童之辞，盖有劝以枉尺直寻致身通显者，而答以但当饮酒，诡辞谢之也。

《谢公定征南谣》

熙宁八年，交趾入寇陷钦、廉、邕三州。神宗以赵卨为招讨使，郭逵为宣抚使，讨平之。而费钱帛甚多，二广之民大困。标枪大盾，南蛮所执之军器也。合浦，廉州也。晋兴，邕州也。后汉永和二年，日南徼外蛮反，李固荐张乔、祝良为刺史、太守，募蛮夷自相攻，岭外悉平。

《送刘道纯》

刘格，字道纯，刘恕道原之弟，为司马温公、苏东坡所知。道纯时当为铜陵主簿，故首四句云尔。七、八句，谓道纯对众人自神王，而众人则以白眼向之。"皆朱颜"句，谓长醉不省事也。阿翁，谓刘凝之。子政，谓道原也。诸儿，曰羲仲，曰和叔，曰秤。

《次韵子瞻春菜》

“莼丝色紫菰首白”：“菰”与“苽”同，雕胡也。“惊雷菌子出万钉，白鹅截掌鳖解甲”：万钉，喻菌子之形。鹅掌、鳖甲，喻菌子之色与味。“软炊香粳煨短茁”：短茁，笋之初出者。

《次韵子瞻与舒尧文祷雪雾猪泉倡和》：“老农年饥望人腹。”

按：《说文》：“望字从臣，月满也。望字从亡，望其还也。”《庄子》：“无聚禄以望人之腹。”谓无禄以满人之腹，当取盈满之义，不取盼望之义，当从臣，不从亡。山谷曰“年饥望人腹”，盖误用《庄子》耳。闵雪，用《穀梁》“闵雨”字。岂云，犹曰岂止。得微，犹云得无也。“宁当罪系葛陂渊”句，后汉费长房曰：“东海君有罪，吾前系于葛陂，今出之，使作雨。于是雨立注。”齐博士，指舒尧文，时为教授。“请天”二句，尧文告龙之词。尔，指龙也。从公指东坡也。

《答王道济寺丞观许道宁山水图》

首四句，叙昔在京师见许作画。“异时”至“非笔力”十四句，叙许曾在黄家作画。先君、我君，似皆指山谷之父。史注云：“张京兆，疑是张乖崖。”自“自言”以下至“市尽倾”，叙许自言在蜀画八幅山水，而黄家在汴梁以十万钱购得也。

《听崇德君鼓琴》

朝议大夫王之才妻南昌县君李氏，尚书公泽之妹，能临松竹木石等画。山谷有《姨母李夫人墨竹诗》，又有《观崇德君墨竹歌》。

《次韵答杨子闻见赠》

首六句，叙昔在京师宴游之盛。第七句，元注云："太和县，古白下。"分吞声，犹云甘吞声，以其独唱无和，故甘吞声不复道及也。

《答永新宗令寄石耳》

自"荷眷私"以上，赞石耳之佳。自"吾闻"以下，言不以石耳难得之物累民。

《奉答茂衡惠纸长句》

征南，谓索靖为征南司马。黄门，谓史游也。梵语伽佗，此言讽诵。

《长句陈适用惠送吴南雄所赠纸》："桄榔叶风溪水碧。"

桄榔，木，广南所出。南雄，亦隶广南。

《追忆予泊舟西江事次韵》

按：山谷以元丰六年十二月移监德平镇，此诗题曰追忆，当在已离太和之后。

《次韵郭明叔长歌》

"鹏翼"句，指郭。"燕巢"句，山谷自谓也。山谷时自太和还家，故云见社。

《奉送时中摄东曹狱掾》

时中盖太和同官，将赴庐陵郡城摄事。首四句，山谷自述近状。"遣骑"句，山谷遣人邀时中来同饮也。"昨日"句，时中甫自外归，又将赴郡也。

《次韵和答孔毅父》：“六年国子无寸功，犹得江南万家县。”

六年国子监，谓作北京教授也。万家县，太和也。

《更用旧韵寄孔毅甫》

湓浦、庾公楼、香炉峰，均指毅甫时在江州也。

《寄朱乐仲》：“故人昔在国北门。”

国北门，谓北京大名也。

《戏赠曹子方家凤儿》

拣芽蜡，茶名也。凤儿，当是子方侍婢。末句，恐其以闽语而变娇音也。

《和曹子方杂言》

龟藏六，谓首尾及四足凡六皆藏也。六用，又借用《楞严经》字。

《奉谢刘景文送团茶》

鹅溪，蜀绢也。以绝细之绢为罗，使茶如雪落也。粟面，盖茗花也。

《谢景文惠浩然所作廷珪墨》

苏家，谓苏浩然墨也，用高丽煤杂远烟作之。李成，营丘人，有《骤雨图》。

《戏答仇梦得承制》

秦少游作《任师中墓表》云："元丰中，朝廷治西南乞第之罪，至于斩将帅，绌监司，两蜀骚然，四年而后定。"黄口儿，指夏主乾顺方幼也。

《玉京轩》

前六句赋山，后六句赋轩。

《宫亭湖》

史注引神仙栾巴一事，又引《高僧传》安清一事。山谷似专指栾巴事。"一官四十已包羞"：山谷以乙酉生，至元丰七年甲子，去太和而北行，恰四十岁。

《别蒋颖叔》

蒋之奇，字颖叔。新法行，屡为福建通判、淮东运副、江西河北等运副，又为陕西运副，后为淮南转运使、江淮荆湖等路发运副使。此诗当在蒋为陕西运副时也。金城千里，谓秦中。"三品"句，蒋于元丰六年奏计，赐三品服。"凿渠"句，蒋在淮南始凿泗州股渠，以避长淮之险。

《书石牛溪旁大石上》

石牛洞，在三祖山山谷寺之西北，其石状如伏牛，因以为名。初，李伯时画鲁直坐石上，因此号山谷道人，题此诗于石上。

《岩下放言》

史注："《文选》陆士衡有连珠五十首，山谷效其体而更其名曰放言。”国藩按：冠鳌台池亭之末，不用偶句。灵椿之首，不用韵语，又不与连珠体相合。此体篇无定句，句无定字，盖杂言之类耳。

《二十八宿歌赠别无咎》

有心，谓虎犀与蜜。无心，谓药材同一死也。神龟为江使渔者豫且网得之，宋元王问卫平而知之。见《史记·龟策传》。“无南箕”云者，谓卫平之口更大于南箕也。“此二”句，言神龟以慧而死，与上六句同意。觜觿，龟也，谓等蓍龟耳。“岁晏张弓”二句，不知所谓。

《再和公择舅氏杂言》

自“觑文字”以上，感其教养之德。自“更蒙著鞭”以下，专谢其赠研。

《赠郑交》

山谷以元丰六年解官太和，过武宁，闻惟清上人当至延恩寺，因谒郑交问消息，题此诗于郑交草堂之壁。大士，指惟清也。丈人，指郑交也。“坏衲”句，谓惟清尚未来延恩也。“白头”句，谓交也。老禅，指延恩长老法安师也。

《和游景叔月报三捷》

元祐二年八月，禽西蕃首领果庄青宜结，槛送阙下。盖游师雄与种谊所定之谋，而谊与姚兕所攻破者。师雄有绝句四首，七律一首，山谷并和之。景叔，师雄字也。

《王圣美三子补中广文生》

“囊书”句，当是馈以书籍，故曰“当赠钱”，“舍中犊子”句，《晋书》石勒之母曰：“快牛为犊子时，多能破车。”

《次韵王定国扬州见寄》

元丰中，导洛水入汴河，谓之清洛。首二句云者，谓山谷在汴京昼夜思王，犹清洛水之昼夜流下扬州也。

《同子瞻韵和赵伯充团练》

“金玉”句，指赵谓宗室富贵之家而能自处于寂静也。“仙班”句，谓东坡与赵同在朝列也。两宫，指宣仁后及哲宗也。老臣，指文吕诸公。

《送顾子敦赴河东》第二首

青牛，谓老子乘青牛。“车也”句，当谓功成名遂身退之语。

第三首：“行台无妾护衣篝。”

《汉官仪》：尚书郎入直台中，女侍史二人执香炉烧熏以从入，使护衣服。此句谓顾未携家往耳。

《次韵宋楙宗僦居甘泉坊雪后书怀》：“马瘦三山叶打门。”

元稹《望云骓歌》曰：“胯耸三山尾株直。”山谷此句，用“官清马骨高”之意。

《次韵宋楙宗三月十四日到西池都人盛观翰林公出遨》：“还作遨头惊俗眼。”

蜀人好游乐，谓成都帅为遨头，此借用。

《次韵张昌言给事喜雨》

第五句，谓朝廷以旱故减常膳。第六句，谓遍走群望以祷雨。

《次韵奉酬刘景文河上见寄》

归鸿，用雁寄书事。石友，指刘。潜郎，山谷自谓。

《和答元明黔南赠别》

绍圣二年山谷年五十一岁，以国史事为蔡卞所中伤，谪黔州安置。与其兄元明出尉氏许昌，出汉沔，趋江陵，上夔峡，四月二十三日到黔州。后元明别去。

《赠黔南贾使君》

“春入”二句，任注谓皆言故园无主之意。国藩以为此诗盖送贾出行者。山谷放臣，既少欢悰；贾又出巡，城中无主，故待贾征还日，莺花梨枣皆有主耳。

《次韵奉答少激纪赠》第二首

少激，登元祐三年进士第，时东坡知贡举，山谷为其属，颇有师友渊源。自绍圣改元，东坡谪窜，时去而势移矣。三、四句，言蜀国凄怆。五、六句，言交旧離疏。少激与坡皆蜀人，故因坡贬而言蜀中苍凉之状。

《次韵马荆州》

马城，字中玉。山谷自馆阁迁贬，故以刘向自比。荆州，即汉之南郡，故以中玉比马融也。

《赠李辅圣》

三句，谓将逐冥鸿而远引。四句，谓不复浮沈京洛风尘间也。

《和高仲本喜相见》

南浦，山谷自蜀放远过万州，曾见仲本，万州即唐南浦郡。

《和中玉使君晚秋开天宁节道场》

徽宗以十月十日降诞，为天宁节。开启，盖九月十日。

《新喻道中寄元明用觞字韵》

山谷以崇宁四年四月省元明于萍乡，同住十五日而去。任注以为别后所作。然“获稻”殊不类四月间事，未知其审。末二句指元明送山谷至黔中时事。

《湖口人李正臣蓄异石九峰东坡先生铭曰壶中九华并为作诗云云》

末二句，言壶中九华石虽为人偷取，而石钟山则不能偷去，犹可听其音响。

《次韵德孺五丈惠贶秋字之句》

三、四句，言未应鬓发遽白，岂不见有却老之丹砂邪？末二句，言区区忧国之心，徒过计耳。

《宜阳别元明用觞字韵》：“老大永思堂下草。”

明月湾、永思堂皆在双井堂，在先墓之侧，故以永思为名。

《再次韵兼简履中南玉三首》

第一首锁江主人、第二首江津道人、李侯皆谓李任道也。任道名仔，本梓人，寓居江津。第三首“经术”二句，指当世诵法王氏之学者。抱关，用萧望之事。

《罢姑熟寄元明用觞字韵》：“追随富贵劳牵尾。”

《太玄经》：“勤首曰劳牵，不于其鼻于尾弊。”范注曰：“牵牛不于鼻而于尾，故劳弊。”

《送刘季展从军雁门》第二首

代州五台山有仙人迹，石岩出美石，金刚窟出药草。三句五句，皆承石言。四句六句，皆承草言。

《送徐隐父宰馀干》第一首

“赘婿”句，用《唐书·张允济传》事。“长官”句，用《唐书·冯元叙传》事。第二首：“江南生贤”句，谓徐穉生于南昌也。第三句承首句，言徐陵。第四句承次句，言徐穉。

《池口风雨留三日》

池口，即今池州府江口。山谷之官太和县，自此经过。

《思亲汝州作》

富郑公以前宰相判汝州，山谷为叶县尉，九月至汝州，吏责其愆期，拘留至岁晚。五、六句，言丞相不以为罪，吏或谗之，三人成虎耳。末二句，言事本极小，而传播故乡，老母悬念也。

《次韵戏答彦和》

《传灯录》："布袋和尚形裁腲脮，蹙额皤腹。"此借以喻彦和之肥伟。

《和答孙不愚见赠》

五、六句，谓因奉台相之笔牍，而困于簿领。因迎使星之鞍马，而困于风埃也。

《世弼惠诗求舜泉辄欲以长安酥共泛一杯次韵戏答》

舜泉，河北酒名。

《闰月访同年李夷伯子真于河上子真以诗谢次韵》："十年不见犹如此。"

自治平丁未与李同唱第，至是十一年矣。

《次韵元日》

前一岁十二月，山谷谪授涪州别驾，黔州安置，故此诗有"霜威""嚼蜡"等语。

《卫南》："白鸟自多人自少。"

此句用杜诗"江湖多白鸟，人少豺虎多"二句之意。

《题落星寺岚漪轩三首》

三诗非一时所作，故语有重复。

《次韵胡彦明同年羁旅京师寄李子飞三章》

“看除日月坐中铨”：唐制三铨选士，曰尚书铨，曰侍郎中铨，曰侍郎东铨。宋有侍郎左右选，胡彦明隶左选，故曰中铨。第二首：“丁未同升乡里贤”：胡与山谷以治平四年丁未同登第。

《次韵奉寄子由》

山谷之兄元明寄子由诗云：“钟鼎勋名淹管库，朝廷翰墨写风烟。”管库，谓子由监筠州盐酒税也。子由思东坡，山谷思元明，故曰“脊令各有恨”也。

《寄黄从善》：“渴雨芭蕉心不展。”

渴雨见《云汉诗》笺。

《廖袁州次韵见答并寄黄靖国再生传次韵寄之》

干宝作《搜神记》、徐铉作《稽神录》，廖君当有小说。

《观王主簿家酴醾》

《冷斋夜话》云：“诗人咏花，多比美女。山谷咏酴醾，独比美丈夫。”

《登赣上寄余洪范》：“二川来集南康郡。”

二川，章水、贡水也。

《同韵和元明兄知命弟九日相忆二首》

第二首阿熊、阿秦，当是山谷兄弟小字。山谷兄弟五人，长大临，字元明；次庭坚，字鲁直；次叔献；次叔达，字知命；次仲熊，字非熊，即此诗所谓熊也。阿秦可类推已。

《子范徼巡诸乡捕逐群盗几尽辄作长句劳苦行李》："乃兄本是文章伯。"

子范之兄李观，字梦符，为清江尉，其文尝为欧阳公所称。

《喜太守毕朝散致政》："万夫争处首先回。"

万夫争处，即功名富贵也。

《次韵君庸寓慈云寺待韶惠钱不至》："马祖峰前青未了，郁孤台下水如空。江山信美思归去，听我劳歌亦欲东。"

马祖峰，在太和。郁孤台，在虔州。时君庸在虔，山谷在太和，皆有思归之意。

《赵令许载酒见过》："买鱼斫鲙须论网。"

论网，谓数网而论价，言其贱也。

《初望淮山》："想见夕阳三径里，乱蝉嘶罢柳阴阴。"

三径乱蝉，指双井家林也。

《漫书呈仲谋》："不然吾已过江南。"

过字疑当作返。

《曹村道中》

首句"嘶马萧萧苍草黄"，第三句"瓜田余蔓有荒陇"，苍字有字疑误。

《食瓜有感》："藓井筠笼浸苍玉，金盘碧筯荐寒冰。"

食瓜者先以井水浸之，或以竹笼置井中。苍玉，喻瓜之皮。寒冰，喻瓜之瓤也。

《讲武台南有感》

有感者，哀逝也。

《七台峰》

后六句，以七人比山之七峰。

《灵寿台》："何时暂取苍烟策，献与本朝优老成。"

苍烟策，谓竹之根节可作杖者。优老成，用孔光灵寿杖事。

剑南诗集

《望江道中》

此由判建康府改判隆兴府，道出望江。隆兴，今江西南康府也。

《送刘改之东归》

五、六句言迹今虽在斜谷，情已若出玉关也。

《八月二十二日嘉州大阅》

王炎辟先生干办公事，是时当随王至嘉州。

《六月十四日宿东林寺》："远客岂知今再到。"

先生自蜀归，迁江西常平提举。江西水灾，出峡后，舟过荆州武昌，自九江登岸赴南昌，故经过东林寺。先生昔尝判隆兴府，故曰今再到。

《过采石有感》

先生至江西不久，即召还与祠，又出江，自小孤金陵至浙江还家，故过采石。

《归云门》："微官行矣闽山去。"

《宋史》先生本传但载自江西召还与祠，即起知严州，不载闽山微官之事。

《奏乞奉祠留衢州皇华馆待命》

先生自建安至铅山至玉山、常山，遂达衢州。

《行至严州寿昌县界得请许免入奏仍除外官感恩述怀》

先生自蜀归山阴后，一出官于建安，再官于抚州，自抚州谢事后至高安一行，又还至严州，得免入奏之命，从此又归山阴矣。

《临安春雨初霁》

先生还自蜀中，一为江西常平，即归山阴数年，今始入朝，旋即还山。此诗之末句已决矣。考其时，当在孝宗淳熙十三年丙午之春。

《纵笔》第三首："行省当年驻陇头。"

行省，谓蜀帅王炎辈开幕府于陇蜀。

《感愤秋夜作》

此诗已自严州谢事还家矣。

《舟中大醉偶赋长句》

三句，谓初离严州。四句，谓已归山阴也。

《醉中浩歌罢戏书》

此时解军器少监之职，又回山阴矣。

《自局中归马上口占》

先生自绍熙元年还山，家居十有三年。至是嘉泰二年，以孝宗、光宗两朝实录及三朝史未就，诏同修国史实录院同修撰，免奉朝请，寻兼秘书监。明年，书成致仕。

《舟行钱清柯桥之间》："逾年梦想会稽城。"

先生以壬戌六月十四日入都门，癸亥五月十四日去国，中有闰月，相距恰及一年，至是又归山阴。

《和高子长参议道中二绝》："共忆扁舟罨画溪。"

罨画溪，在越州思乡也。

《思政堂东轩偶题》："唤起十年闽岭梦。"

先生尝为福州宁德主簿，故曰"闽岭梦"。

《游仙》

罗涧谷选放翁诗，有《游仙》七古一首，即飘飘、初珥、玉殿三绝句合成者。

《赠道友》

凡游仙及学道诗，都无事实，缥渺〔缈〕恍惚，语在可解不可解之间。太白最多，放翁亦屡为之。此末二首，又似先生自述之词。

朱子文集

《戊申封事》

此篇正文一万一百一十字，公之自注、夹行书写者又二千九百一十四字。北宋之万言书，以苏东坡、王介甫两篇为最著。南宋之万言书，以公此篇及文信国对策为最著。文章则苏、王较健，义理则公较精。篇中约分四节：第一节，言所以不上殿入对而仅陈奏封事之故。第二节，陈大本一端。第三节，言急务六事。第四节，辨驳当时士大夫四说。第三节所指各务，皆切中时政之得失。其戆直殆过于汲黯、魏徵，其气节之激昂，则方望溪氏以拟明季杨、左者，庶几近之。他人谏其事，公则格其心。他人攻君之失，公则并纠大臣近臣之过。第二节、第四节所论，皆本其平日读书学道深造有得之言，实有诸己而后以献诸君。初无一语取办于临时者，此非文士所可袭取也。惟过于冗长，似一笔书成，无修饰润色之功，故乏劲健之气、铿锵之节。其逐段夹行分注，以达未尽之意，似不可以为训。第四节辨驳四说，似不宜羼入此篇之内，学古者不可不知。

“往者渊觌说抃之徒”

龙大渊、曾觌、张说、王抃，皆以近习而至卿相。

“独有前日臣所面奏者”

所面奏者，即内侍甘升也。

“岂有一毫爱戴陛下之心哉”

方望溪谓朱子封事，虽明季杨、左之忠直敢言，无以过之，当即谓此等处耳。

“是以除书未出，而其物色已定；姓名未显，而中外已逆知其非第一流矣。”

此等语实甚戆直，孝宗以其为贤者而优容之耳。

“一遭飞语，则体究具析。”

体究具析，皆宋时公牍字样，犹今曰惩究，曰查办也。

“盖取版曹岁入窠名之必可指拟者，号为岁终羡余之数，而输之内帑。顾以其有名无实，积累挂欠，空载簿籍，不可催理者拨还版曹。”

窠名，犹今日款目。版曹，今之户部也。必可指拟者，犹今日有著之款。不可催理者，犹今日无著之款。

“徒使经费阙乏，督趣日峻，以至废去祖宗以来破分良法。”

旧法：州县催理官物已及九分以上，谓之破分。诸司即行住[①]

①住，疑为“往”之误。

催，版曹亦置不问，贫民些少拖欠亦得迁延以待蠲免。自曾怀用事，始除此法，旧欠悉行拘催。

“而祈以姓名达于陛下之贵将，贵将得其姓名，即以付之军中，使自什伍以上节次保明，称其有材武堪任将帅，然后具为奏牍而言之陛下。”

今军中士卒禀保而后具奏，当时盖有此例。咸丰十年，王有龄令军中将士具呈公保何桂清，请免治罪，或亦仿其例与。

“夫将者三军之司命”节

理直而气刚。

“至于屯田，则彼自营者尤所不愿。故朝廷不免为之别置使者，以典治之，而屯兵之众资其拨遣，则又不免使参其务。然闻其占护军人，不肯募其愿耕者以行，而强其不能者以往。”

屯田之众，须由军中拨交屯田使者，不得不令参与其事。占护，犹今言霸占、袒护也。

“屯田不立漕运烦费”

水路输送曰漕，陆路输送曰运、曰转。凡物皆然，不独米粮也。

“伏惟陛下察臣之言，以究四说之同异，而明辨之。”

因循奋勉。老庄管商，即上文所驳之四说也。

元遗山诗集

《寄希颜二首》

希颜时在徐州粘合幕。两首殆非同时作，故再用元龙事。

《横波亭自注为青口帅赋》

青口帅，即移剌粘合。初帅彭城，雷希颜在幕，杨叔能、元裕之皆游其门，时望甚重，金亡降宋。

《叶县雨中自注时崧前旱尤甚》

遗山侨居崧山，故以家乡旱为忧。

《围城病中文举相过》

围城，天兴元年元围汴京也。文举，白华也。

《永宁南原秋望》

永宁，即今河南府永宁县。天兴元年，遣帅守永宁元村寨。十一月，为元兵所破。遗山此诗盖在未设防戍以前。

《甲午除夜》

金亡以甲午正月，遗山是年在聊城度岁。

《出都》

元之中都，即今顺天府也。遗山于金亡后曾至燕京四次。

《卫州感事二首》

金哀宗自汴京突围出走河北，令白撒攻袭新卫州，为史天泽所败。哀宗单舸走归德。遗山此诗盖国亡后，过卫州而凭吊也。

《赠冯内翰二首序中云丙申夏六月公自东平将展墓于镇阳以某在冠氏枉驾见过》

冠氏县，宋、金属大名府，今曰冠县，属东昌府。遗山自金亡，拘管聊城，旋即寓居冠氏。冯公，盖真定人，寓居东平。镇阳即真定也。还家省墓，故过冠氏，一访遗山。丙申之夏，金亡已三年矣。

阳明文集

文章之道，以气象光明俊伟为最难而可贵。如久雨初晴，登高山而望旷野。如楼俯大江，独坐明窗净几下，而可以远眺。如英雄侠士，裼裘而来，绝无龌龊猥鄙之态。此三者，皆光明俊伟之象。文中有此气象者，大抵得于天授，不尽关乎学术。自孟子、韩子而外，惟贾生及陆敬舆、苏子瞻得此气象最多。阳明之文，亦有光明俊伟之象。虽辞旨不甚渊雅，而其轩爽洞达如与晓事人语，表里粲然，中边俱澈，固自不可几及也。

《申明赏罚以厉人心疏》："盗贼习知官府之不彼与也。"

与，敌也。《左传·襄二十五年》："一与一。"谓一人敌一人也。吾乡谚语曰个打个。《史记》龙且曰："吾平生知韩信为人易与耳。"谓易敌也。此"与"字之古义也。阳明云不彼与，犹俗云官府不敢惹他也。

“题封钦依备行前来”

钦依，今曰钦遵。备行，今曰行知，或曰咨行、移行。

“夫任不专，权不重”节

自请旗牌，恐人疑为贪权，故又自明其脱屣名位之素志。

望溪文集

《送左未生南归序》

“而孙之死”二句，承接牵强。

《矫除积习兴起人材札子》

望溪先生古文辞为国家二百余年之冠，学者久无异辞。即其经术之湛深，八股文之雄厚，亦不愧为一代大儒。虽乾嘉以来，汉学诸家百方攻击，曾无损于毫末。惟其经世之学，持论太高，当时同志诸老，自朱文端、杨文定数人外，多见谓迂阔而不近人情。此疏阅历极深，四条皆确实可行，而文气深厚，则国朝奏议中所罕见。

“兵部之实，在戢将校之骄气，以绥靖兵民。”

此条立论太高，多不切于事实。今之兵部与将校并不相接，何能戢其骄气？

孙文定集

《三习一弊疏》

乾隆初，鄂、张两相当国，蔡文勤辅翼，圣德高宗，聪明天亶，如旭日初升，四海清明，每诏谕颁示中外，识者以比之典谟誓诰。独孙文定公以不自是，匡弼圣德，可谓忧盛危明，以道事君者矣。纯庙御宇六十年，盛德大业始终不懈，未必非此疏裨助高深。厥后嘉庆元年、道光元年，臣僚皆抄此疏进呈。至道光三十年，文宗登极，寿阳相国祁隽藻亦抄此疏进呈。余在京时，闻诸士友多称此疏为本朝奏议第一。余以其文气不甚高古，稍忽易之。近年细加䌷绎，其所云"三习一弊"，凡中智以上，大抵皆蹈此弊而不自觉。而所云"自是之根不拔，黑白可以转色，东西可以易位"，亦非绝大智慧猛加警惕者不能道。

文选

扬子云《长杨赋》："骫属而还。"注：善曰："委属而还，谓委择其事，连属而来还也。骫，古委字。"

按：骫，骫㬇也。属，连属也。骫㬇者，敧斜联翩之状，谓翩然相引而还。善说非也。

"拮隔鸣球"

拮隔，与《尚书》之"戛击"音义同。

潘安仁《西征赋》："税驾西周。"

对洛阳之东周言，则长安为西周。对巩县之东周言，则洛邑为西周。

古文辞类纂

桐城姚姬传郎中鼐所选《古文辞类纂》，嘉道以来，知言君子群相推服。谓学古文者，求诸是而足矣。国藩服膺有年，窃见其中亦小有疵误，兹摘举于左。

论辨类：太史公谈《论六家要指》

司马迁《自序》中，述其父太史公谈论六家要指，诸家互有得失，而终以道家为本。此自司马氏父子学术相传如是。其指要，则谈启之。其文辞，则迁之为之也。在《自序》篇中，仅文中之一段，故无首尾裁成之迹。今姚氏割此为一篇，而标其目曰《论六家要指》，失其义矣。迁作《五帝本纪》、《夏本纪》，所引《尧典》、《禹贡》等书，尚多改经文之旧，此述其父之语，岂独无所删改？且如《管晏列传》中，管仲自述感鲍叔之言，岂得遽录以为管仲之文？《淮阴侯传》中，韩信说高祖定三秦一节，岂得遽录以为韩信之文邪？

奏议类：匡稚圭《论治性正家疏》

此疏凡分三段：首段言遵祖。次段言治性。末段言正家。姚氏目以治性、正家，则首段无所附丽。

匡稚圭《戒妃匹劝经学疏》

《汉书·匡衡传》“成帝即位，衡上书戒妃匹，劝经学威仪之则，曰”云云。国藩按：此疏凡三条，妃匹一也，经学二也，威仪三也。自“妃匹之际”至“远技能”止第一节，言妃匹也。自“窃见圣德纯茂”至“宜究其意”止第二节，言经学也。自“臣又闻圣王之自为动静周旋”至末第三节，言威仪也。今姚氏录此文，标其目曰《戒妃匹劝经学疏》，是于三条独遗其一，而于班书所叙，若未之深究者，亦一失也。

书说类：乐毅《报燕惠王书》

应入奏议。

骈体文钞

蔡邕《陈留东昏里库上里社碑》

汉碑多酬应谀颂之文，此碑亦专为虞氏而作。

王延寿《桐柏庙碑》

韩退之《南海神庙碑》蹊径似仿此文，而青胜于蓝，不啻百倍。

附：　广韵

一东：衷

《左传》：“楚辟我衷。”按：谓楚邪而我正也。

二冬：农

《吕刑》：“农殖嘉谷。”王念孙曰：“农，勉也。”《广雅》云：

"农，勉也。"《左传》："小人农力以事其上。"

三钟：从

《左传·昭五年》："以乱大从。"杜注："乱大，和顺之道。从，顺也。"《左传》："吾所问日食从矣。"按：谓子之言皆验矣。

五支：披

《左传》："又披其邑。"注："披，析也。"按：谓分析之也。

离

《左传·昭元年》："楚公子设服离卫。"注："离，陈也。"

九鱼：居

《左传》："民其居乎。"注："民将有事，不得安也。"

如

《左传·昭十三年》："则如违之，以待所济，则如与之，以济所欲。"按：如，犹云不如。

二十一欣：勤

《书》："周公咸勤。"谓劳勉也。

二十二元：藩

《左传·昭元年》："货以藩身。"按：犹卫也。

二十三魂：敦

《庄子》：“使士敦剑。”注：“敦，断也，试使用剑相截断也。”《庄子》：“敦杖蹷之乎。”赜注：“敦，读曰顿，竖也。”

二十五寒：奸

《庄子》：“以奸者七十二君。”注：“犯也。”

二仙：鲜

《左传·昭五年》：“葬鲜者自西门。”杜注：“不以寿终为鲜。”

四宵：桥

《庄子》：“欲恶去就，于是桥起。”按：桥读上声，谓昂起劲挺也。《礼记》：“奉席如桥衡。”《庄子》又云：“桥运之相使。”并同。

十一唐：傍

《庄子》：“求禅傍者斩之。”注：“棺之全一边者，谓之禅傍。禅音膳。”

十七登：能

《书》：“不能厥家人。”按：相处久而安也。《左传》：“不能其大夫至于君祖母。”《书》：“柔远能迩。”与此义同。又《左传·昭十一年》：“而不能其民。”

十八尤：由

《左传·昭八年》：“犹将复由。”按：谓将萌蘖滋长也。

十九侯：钩

《庄子》："一君无所钩用。"注："钩，取也。"

二十一侵：淫

《左传》："淫刍荛者。"按：谓纵淫之。

二肿：壅

《左传·昭十一年》："楚将有之然壅也。"注："乃所以壅积其恶也。"

六止：以

《左传·昭三年》："君求以贪。"按：以，与已同。

理、李

《左传·昭十三年》："行理之命。"注："即行李也。"按：司理，亦作司李。《汉书》："有黄帝李法。"与理同。

八语：圉

《庄子》："其来不可圉。"按：与御同。

二十八狝：选

《左传·昭元年》："针惧选。"按：谓指数其罪也。《诗》云："不可选也。"与此义同。

六至：自

《左传·昭五年》："不敢自也。"按：犹云不敢从也。

九御：著

《左传·昭十一年》："朝有著定。"注："朝内列位常处，谓之表著。"《左》又曰："则固有著矣。"

十遇：寓

《庄子》："寓而政于臧丈人。"寓，犹付托也。

十一暮：故

《庄子》："证曏今故。"注："今故，犹古今。"

胙

《左传》："以胙乃勋旧。"

布

《礼记》："季氏旅归四布。"按：谓四方货财也。《庄子》："千金之布多矣。"

十三祭：际

《庄子》："仁义之士贵际。"按：言交际也。《左传》云："尔未际飨大夫以落之。"《庄子》又云："不应诸侯之际。"

蔽

《书》："丕蔽要囚。"按：谓盖覆也。犹《易》言"冒天下之道"之"冒"。《论语》"一言以蔽之"，《吕览》"功名蔽天地"，皆当以此训通之。一训决也，断也。

二十六慁：慁

《左传》：“主不慁宾。”按：谓主不以宾为冐扰而安之也。《史记》：“无久溷子。”与此慁同。

二十一裥：间

《左传》：“间晋而取诸杞。”按：候晋之间隙也。

二十七号：奥

《左传·昭十三年》：“国有奥主。”按：谓在内也。

四十一漾：冐

《庄子》：“证冐今故。”注：“冐，明也。”

十七薛：说

《左传》：“子产立伯有后，公孙泄何为曰说也。”“杜蒉饮酒之役，晋侯立荀跞以说焉。”

彻

《左传·昭二年》：“彻命于执事。”按：犹达命也。

十九铎：落

《庄子》：“络马首，穿牛鼻。”与络同。

二十陌：莫

《庄子》：“莫然有间。”注：“定也。”

择

《吕刑》：“敬忌罔有择言在身。”王引之曰：“择，读曰斁。斁，败也。”

二十二昔：昔

《庄子》：“蚊虻噆肤，则通昔不寐矣。”注：“昔，夜也。”

二十五德：国

《庄子》：“未得国能。”按：曰国能者，犹士曰国士，马曰国马，奕〔弈〕曰国手，琴曰国工耳。

二十八盍：阖

《庄子》：“阖胡尝视其良。”注：“阖，语助也。”按：与曷同。

篇目索引

目录

经

经

毛诗

史

史记

后汉书

三国志

子

集

阮步兵集

陆宣公集

韩昌黎集

杜樊川集

剑南诗集

编制者：陈书良

图书在版编目(CIP)数据

曾国藩读书录(修订全本)/陈书良校点.—长沙:岳麓书社,2017.3
(曾国藩著作单行本)
ISBN 978-7-5538-0637-2
Ⅰ.①曾... Ⅱ.①陈... Ⅲ.①读书笔记—中国—清代
Ⅳ.①G792
中国版本图书馆 CIP 数据核字(2016)第 178619 号

ZENGGUOFAN DUSHULU
曾国藩读书录(修订全本)
作　　者:[清]曾国藩
校　　点:陈书良
责任编辑:刘　文
责任校对:舒　舍
封面设计:罗志义

岳麓书社出版发行
地址:湖南省长沙市爱民路 47 号
直销电话:0731—88804152　88885616
邮编:410006
岳麓书社网址:www.yueluhistory.com

2017 年 3 月第 1 版第 1 次印刷
开本:640×960　1/16
印张:28.5
字数:345 千字
印数:1—3 000
ISBN 978-7-5538-0637-2
定价:45.00 元

承印:长沙超峰印刷有限公司

如有印装质量问题,请与本社印务部联系
电话:0731—88884129